Widmung

In stillem Mitgefühl widme ich dieses Buch an erster Stelle allen Menschen, die seit längerem unter schwerer Krankheit leiden - und keinen Weg aus ihrer Hoffnungslosigkeit und Verzweiflung finden können.

In diese Widmung beziehe ich aber auch Angehörige und Freunde ein, die diesen leidenden Menschen Tag und Nacht aufopferungsvoll zur Seite stehen, mit ihnen fühlen, ihnen ihr Schicksal erleichtern, ihnen Liebe und Geborgenheit schenken.

Ihnen allen möchte ich mit diesem Buch wieder Hoffnung geben - eine Hoffnung, die wirklich begründet ist, das versichere ich Ihnen aus vollem Herzen. Ja, auch bei den schwersten Leiden und in scheinbar "aussichtslosen" Fällen ist entscheidende Hilfe möglich - oftmals zumindest eine Linderung, manchmal sogar Heilung, auf wie wunderbare Weise auch immer dies geschehen mag. Das jedenfalls erlebe ich seit fast vierzig Jahren, in denen ich kranken Menschen durch Geistiges Heilen zu helfen versuche, im Vertrauen auf die Allmacht Gottes - und bis heute kann ich selber kaum fassen, welch unglaubliche, von keinem Arzt mehr für möglich gehaltene Fortschritte viele Patienten machen, sobald ich ihnen meine Hände auflege, aber auch, wenn ich mich von fern im Gebet auf sie konzentriere oder ihnen ein mit Heilenergie aufgeladenes Amulett mitgebe. In Tausenden von Fällen, die von der Schulmedizin schon aufgegeben waren, habe ich auf diese Weise kleine und große Wunder miterlebt, und voller Demut danke ich dem Himmlischen Vater, der mich in seiner Gnade zu Seinem Werkzeug auserwählt hat. Inzwischen habe ich aufgehört, diese Wunder erklären zu wollen. Ich habe gelernt, sie geschehen zu lassen. Mein Leben habe ich der Aufgabe gewidmet, sie mit Gottes Hilfe möglich zu machen, und dies wird meine Berufung bleiben, solange ich lebe.

Frankfurt, Weihnachten 2007

Christos Drossinakis

Stimmen

«Für die einzigartige Fähigkeit von Christos Drossinakis, Menschen geistig zu heilen, und für die hohe Wirksamkeit der Art und Weise, wie er behandelt, gibt es starke wissenschaftliche Belege.»

Der russische Biophysiker **Professor Dr. Alexander Dubrov**.

«Drossinakis´ phänomenale Fähigkeiten machen ihn für uns Forscher zu einer unerschöpflichen Datenquelle.»

Der bulgarische Physiker **Professor Dr. Ing. Dr. Sc. Philip Philippov**, Technische Universität Sofia.

«Christos Drossinakis ist brilliant, schlicht ein Phänomen. Seine überragende Begabung ist wohl gottgegeben. (...) Zweifellos ist er Europas fähigster Heiler. In der Geschichte der westlichen Alternativmedizin gebührt ihm ein fester Platz. (...) In unserem *Scientifc Research Center for Medical Biophysics* in Sofia haben seit Mitte der neunziger Jahre mehr als 600 Heiler aus über zwanzig Ländern anbiophysikalischen Tests teilgenommen; von diesen erzielten 58 sehr gute Ergebnisse, 23 ausgezeichnete. Doch ausschließlich Christos Drossinakis gelang es in allen Tests, eine Bioresonanz-Interaktion zu erzeugen - und dieser Effekt ist für Therapiewirkungen entscheidend.»

Dr. Ignat Ignatov, Direktor des «Wissenschaftlichen Forschungszentrums für Medizinische Biophysik» (SRCMB) in Sofia

«Christos Drossinakis ist ein begeisterungsfähiger und begeisternder Heiler mit großer Ausstrahlung, der vielen Menschen ein wichtiger Begleiter und eine große Stütze ist, wenn es lebensbedrohliche Krankheiten zu überwinden gilt. Seine Fähigkeiten sind vielfach dokumentiert.»

Der Schweizer Biochemiker und Molekularbiologe
Professor Dr. Alex Eberle, Universität Basel.

«Die Arbeit von Christos Drossinakis hilft, zwischen den unterschiedlichen Welten des Heilens und Forschens eine Brücke zu schlagen. Sein Werk kann dazu beitragen, dass Geistiges Heilen im Rahmen der wissenschaftlichen und medizinischen Forschung Anerkennung findet.»

Der niederländische Zellbiologe
Professor Dr. Roeland van Wijk, Universität Utrecht.

«Um die letzten Zweifel an der Wirksamkeit Geistigen Heilens auszuräumen, hat sich Christos Drossinakis dankenswerterweise immer wieder den unterschiedlichsten Tests gestellt. Die Auswertungen zeigen eindrücklich, dass ein fähiger Heiler durchaus unter verschiedensten Umständen durchgehend Erfolge aufweisen kann.»

Der Schweizer Physiker und Grenzwissenschaftler
Professor Dipl.-Ing. Alex Schneider

«Von Christos´ Heilfähigkeit war ich bei einem Symposium von Biophysikern in St. Petersburg sehr beeindruckt. Dorthin war ich mit einem schweren Herzleiden gekommen, aber schon nach zwei Sitzungen bei Christos ging es mir wesentlich besser. Vor meiner Reise nach Russland hatte mich mein Arzt noch eindringlich gewarnt, ich könnte die Strapazen nicht überleben. Doch als ich mich zwei Monate später einen erneuten Belastungstest unterzog, waren meine Werte bedeutend besser. Die Münze, die Christos für mich in St. Petersburg 'energetisiert' hat, trage ich immer bei mir. Ich würde es sehr begrüßen, wenn Christos die USA besuchen würde, und würde einige Anstrengungen unternehmen, dass es dazu kommt. Er ist klarerweise ein begnadeter Heiler, und ich würde mir wünschen, dass eine breitere Öffentlichkeit seine Begabungen kennen lernt.»

Prof. em. Dr. Robert Van de Castle
Universität von Virginia in Charlottesville,
Direktor des Labors für Schlaf- und Traumforschung,
Ex-Präsident der *Parapsychological Association*, USA

«Der Forschung mit ihm hat Christos Drossinakis ein ungeheures Potential zu bieten. Auch ich habe durch ihn Heilung erfahren, mit einem starken positiven Effekt.»

Prof. Dr. med. Justine Owens
Abteilung für Innere Medizin der
Universität von Virginia in Charlottesville, USA

«Mir liegt daran, dass Christos´ Tätigkeit auch in den Vereinigten Staaten ein breiteres Publikum findet. Ich würde es sehr begrüßen, wenn auch hier bei uns mit ihm geforscht werden würde.»

Prof. Dr. Bernard Williams
Präsident des *Center for Environmental Medicine Studies*,
Universität von Kansas.

«Nachdem ich auf die erstaunlichen biophysikalischen Studien mit Christos Drossinakis aufmerksam geworden war, lud ich ihn im Herbst 2001 in mein Institut ein. Ich begegnete einer charismatischen Persönlichkeit mit einem brennenden Forscherdrang, wie ich ihn mir von manchen meiner Kollegen wünschen würde. Es ist unmöglich, ein wahrhafter, seriöser Wissenschaftler zu sein und sich *nicht* von den Phänomenen herausgefordert zu fühlen, die dieser Ausnahmeheiler unter kontrollierten Laborbedingungen zuverlässig zustande bringt.»

Prof. Dr. Marin Marinov
Physiker, Direktor des Instituts für Angewandte Physik
der Technischen Universität Sofia

«Das wohlwollende Interesse des hochbegabten Bioenergie-Therapeuten Christos Drossinakis hat unserem Forscherteam eine Reihe von wissenschaftlichen Experimenten mit bisher einzigartigen Ergebnissen ermöglicht. Sie bestätigen objektiv die Realität des Phänomens der "Mikro-Psychokinese".»

Prof. Dr. Andrei G. Lee
Physiker und Mediziner,
Präsident der russischen Gesundheitsorganisation *The Health*,
Direktor einer Klinik für Neurosepatienten, Moskau

«Im Herbst 2002 führten wir drei Tests durch, bei denen Christos Drossinakis von Frankfurt aus auf unterschiedliche Versuchsanordnungen - Wasserproben, Blutserum, Würmer - in unserem Moskauer Institut einzuwirken versuchte. Alle drei Tests zeigten, dass ein geistiger 'Ferneinfluss' tatsächlich existiert.»

Prof. Dr. Stanislav V. Zenin
Physiker, Leiter "Problem Laboratory" im
Russischen Gesundheitsministerium, Moskau

«Bei biophysikalischen Messungen der Bio-Lumineszenz von Drossinakis´ Händen erhielten wir gerade spektakuläre, zweifellos hochsignifikante Ergebnisse. Sie sollten uns vorsichtig machen gegenüber allzu schneller Verdammung heilerischer Fähigkeiten bestimmter Menschen.»

Prof. Dr. Fritz-Albert Popp, Physiker,
Leiter des Internationalen Instituts für Biophysik, Neuss

Inhalt

Dr. Maren Hoffmann
Meine Hochachtung für einen großen Heiler 13

Vorwort
Es ist Gott, der heilt 17

Erleuchtung -
die Gnade des göttlichen Lichts 20

Eine Erfahrung mit dem Tod -
und eine wundersame Rettung 25

Wie ich eine Kuh rettete 29

Kinderjahre als Weisheitsschule 33

Vom Leben und vom Sterben 42

Mit Tieren geistig verbunden 51

Der trotzige Prophet auf der Schulbank 62

Die Karriere, die nicht sein sollte 69

Ein "Schmuckkasten" als Heimat 73

Klar sehen - ohne Grenzen 79

Hausbesuche als Liebesdienst,
Heilen als Sterbebegleitung 106

Der Eintritt in eine neue Welt 110

Psychomord an einer Heldin -
Zum Gedenken an Tanja S. 121

Das Geheimnis des Amuletts 133

Die Energie der göttlichen Liebe -
So gehe ich beim Heilen vor 145

Die Last des unheilen Umfelds 167

Streng vertraulich -
Wenn Ärzte zu mir kommen 181

Der Meilenstein von Überlingen 188

Nie zu spät -
Geistheilung für ältere Menschen 192

Nie zu früh -
Geistiges Heilen bei Kindern 195

Überflüssig, gefährlich, unbewiesen?
Die Irrtümer der unheiligen Irmgard 203

"Was nichts kostet, kann nichts wert sein"
Die leidige Honorarfrage 212

Verfolgt wie ein Verbrecher -
Mein langer Kampf um Gerechtigkeit 219

Heilen lernen
Vom Heiler zum Lehrer -
Ein neuer Lebensabschnitt beginnt 228

Lesetipps:

Das Phänomen Christos Drossinakis -
Der meistgetestete Heiler der Welt 233
Die heilende Kraft der Liebe.
C. Drossinakis - Ein Geistheiler im Blickpunkt der Wissenschaft . . 234
Psi-Diagnose.
Krankheiten erkennen - Christos Drossinakis im Test 235
Die ganze Wahrheit - Ein Heiler wehrt sich gegen Rufmord 236

Im Internet:
www.drossinakis.de

Meine Hochachtung für einen großen Heiler

Von Dr. Maren Hoffmann

Jahrtausendelang war ein Großteil der Menschheit von allen wichtigen Informationen ausgeschlossen; der Zugang zu ihnen war das Privileg einer kleinen Elite von Mächtigen, Wohlhabenden, des Lesens Kundigen. Der Wissenshorizont der Übrigen reichte oft nicht weiter als bis zum nächsten Dorf.

Heute, im Informationszeitalter, hat sich das radikal geändert, ja ins Gegenteil verkehrt. Eine unübersehbare Vielfalt von Zeitungen und Zeitschriften, Hunderte von Fernsehsendern mit oft globaler Reichweite, das weltumspannende Internet, Abertausende von Büchern zu jedem beliebigen Thema überschwemmen uns mit einer nie dagewesenen Flut von Fakten, Halbwahrheiten, Gerüchten. Wir Heutigen dürsten nicht länger nach Informationen - wir drohen darin zu ertrinken. Inmitten dieses gewaltigen Datenmeers kommt es mehr denn je auf unsere Fähigkeit an, das wirklich Wichtige vom Nebensächlichen, das Gesicherte vom Ungewissen zu unterscheiden. Wir müssen filtern, selektieren können.

Das gilt insbesondere, wenn es um unsere Gesundheit geht. Am Beginn des dritten nachchristlichen Jahrtausends haben Schwerkranke, wenn die Schulmedizin zuwenig oder überhaupt nichts mehr für sie tun kann, die Wahl zwischen Hunderten von alternativen Behandlungsmethoden; jede dieser Methoden wird von Hunderten, ja Tausenden von Therapeuten angeboten - in Flyern und Broschüren, in Inseraten, in Internetauftritten, bei Vorträgen, an Messeständen. Welche Methode ist die richtige, welche Anbieter beherrschen sie wirklich - und welche meisterhaft?

Als Medizinjournalistin habe ich Geistiges Heilen als eine vielversprechende Behandlungsweise kennengelernt, die auch dann noch einen Ausweg zu eröffnen vermag, wenn Ärzte mit ihrem Latein am Ende sind. Und ich begegnete Hunderten von sogenannten "Heilern" im In- und Ausland, beobachtete ihre Vorgehensweise, überprüfte ihre angeblichen Erfolge, sprach mit Behandelten. Wenn ich vor dem Hintergrund dieser Erfahrungen von Ihnen die Frage gestellt bekäme: "Welchem Heiler würden Sie sich denn zuallererst anvertrauen, wenn Sie selber schwerkrank und von der Schulmedizin aufgegeben wären?", so würde ich ohne Zögern antworten: "Niemand anderem als Christos Drossinakis - solange er noch unter uns weilt und Termine für mich frei hat." Denn wieso sollte ich mich mit zweiter Wahl zufriedengeben, wenn der Beste Zeit für mich hat?

Während der zwei Jahre, in denen Christos Drossinakis am vorliegenden Buch arbeitete, hatte ich Gelegenheit, diesen Ausnahmeheiler in den unterschiedlichsten Situationen zu begleiten und dabei gründlicher kennenzulernen als irgendein anderer jener aberhundert Journalisten, die über ihn bisher geschrieben, ihn interviewt und gefilmt haben. An über hundert Praxistagen durfte ich miterleben, auf welch unnachahmliche Weise er mit Patienten arbeitet, ließ mir von den Behandelten hinterher ihre Erfahrungen berichten, und wurde Zeugin von großartigen, geradezu unfassbaren Genesungen. Spätabends, wenn der letzte Patient die Praxis verlassen hatte, beobachtete ich beeindruckt, wie Drossinakis anschließend noch, gegen Müdigkeit und Erschöpfung ankämpfend, stundenlang weit entfernten Hilfesuchenden auf geistigem Wege heilsame Energien vermittelte - vor sich ein Foto der Leidenden, versunken in Trance, die Hände zum Gebet gefaltet. Ich spürte seine Verzweiflung, seinen Kampf gegen Tränen angesichts des Leids vieler seiner Patienten; ich erlebte seinen Stolz, seine unbändige Freude mit, wenn es ihm wider Erwarten gelungen war, einen Heilungsprozess in Gang zu setzen. Ich verfolgte aus nächster Nähe mit, wie er sich in Forschungsinstituten geduldig den unterschiedlichsten Tests und Experimenten unterzog - und beteiligte Wissenschaftler dabei jedesmal in Erstaunen versetzte. Mehrmals fuhr ich mit ihm nach Griechenland, in seine über alles geliebte Heimat, wo ich nach Spuren jener entscheidenden Begegnungen und Erlebnisse suchte, die diesen Mann bis heute geprägt haben. Bei langen Spaziergängen entlang von Sandstränden und durch Olivenhaine ließ ich mir von ihm seine bewegende Lebensgeschichte berichten, die voller Zeichen und Wunder ist. Bei alledem kam ich einem der faszinierendsten, charismatischsten Menschen nahe, denen ich je begegnet bin. Und es erfüllt mich mit Stolz, dass ein unergründliches Schicksal gerade mich dazu auserkoren hat, als erster die Geschichte dieses großartigen Heilers lesen zu dürfen, ehe sie zur Druckerei geht. Sie ist ehrlich und authentisch, sie bewegt und erhellt. Und sie deckt sich voll und ganz mit den Eindrücken, die ich selbst von diesem außergewöhnlichen Mann sammeln konnte.

Christos Drossinakis, am 28. März 1942 in Griechenland, in Chalkida auf Euböa geboren, kann zu den herausragendsten Heilern unserer Zeit gerechnet werden. Sein außergewöhnlicher Entwicklungsweg zeichnete sich schon in früher Kindheit ab, wie Sie in diesem Buch erfahren werden - mit gerade zwei Jahren hatte er seine erste mediale Erfahrung -, und dieser Weg führte ihn bis auf den heutigen Tag zu einer überwältigenden Fülle von Erfahrungen, die wahrhaftig in die Dimension des Wunderbaren reichen; auch von ihnen wird in diesem Buch ausgiebig die Rede sein.

Ein hervorstechendes Merkmal seiner Tätigkeit als sogenannter "Geistheiler" hat sich durch Jahrzehnte hindurch nicht verändert: Ohne Ansehen der Person spendet er all jenen die Segnungen seiner Fähigkeiten und Kräfte, die der Hilfe bedürfen: der unbekannten, in Einsamkeit lebenden Rentnerin nicht minder engagiert wie dem einstigen Schah von Persien, der in grenzenlosen Reichtum lebenden Tochter einer berühmten griechischen Reedersdynastie, den Angehörigen diverser Königshäuser in aller Welt, Präsidenten und Politikern, Professoren und Unternehmern (über die alle er sich in der Öffentlichkeit zu schweigen verpflichtet hat). Stets galt für Christos Drossinakis ein ehernes Gebot: "Wer auch immer meine Hilfe braucht und wünscht, für den tue ich mein Möglichstes. Im Leiden an einer schweren Krankheit gibt es keine Kassen- und Standesgrenzen; die Schmerzen eines verarmten Obdachlosen oder eines ganz normalen Familienvaters können ebenso peinigend und quälend sein wie die eines bedeutenden Staatsmannes und die Beschwerden einer berühmten, schönen Filmschauspielerin." Ihnen allen will Christos Drossinakis "Zeichen der Hoffnung" setzen, wenn sie durch die herkömmlichen Methoden und Mittel der konventionellen Medizin keine Linderung, Besserung oder gar Heilung erfahren haben; wenn sie auf oft fatale und demütigende Weise aus dem offiziellen Medizinbetrieb als "therapieresistent", also als hoffnungslose Fälle aussortiert worden sind.

Dabei muss er oft gegen hartnäckige Vorbehalte kämpfen. Denn immer noch gilt Geistiges Heilen weithin als Hokuspokus, auf den nur verzweifelte Kranke hereinfallen können, die in ihrer Not nach jedem Strohhalm greifen. Immer noch behaupten Kritiker, Geistigem Heilen fehle jegliche wissenschaftliche Grundlage, es wirke bestenfalls als Placebo, sei pure Scharlatanerie.

Dieses Vorurteil zu widerlegen, bemüht sich Christos Drossinakis mit bewundernswertem Idealismus, Mut und Beharrlichkeit. Seit Anfang der neunziger Jahre hat der berühmte Heiler aus Griechenland, der seit 1970 in Frankfurt am Main lebt und praktiziert, an über 50 wissenschaftlichen Studien teilgenommen - ohne dass er je auch nur einen Cent Honorar dafür erhalten hätte. Von Medizinern, Biologen und Psychologen, von Physikern und Chemikern ließ er sich immer wieder aufs Neue auf die Probe stellen. Dazu reiste er, ausnahmslos auf eigene Kosten, zu Universitäten und Forschungsinstituten in aller Welt: von Neuss bis Stuttgart, von Halle bis Basel, von St. Petersburg bis Kyoto, von Sofia bis Moskau. Jedesmal setzte er sich dem Risiko des Scheiterns aus, das mit wissenschaftlicher Forschung zwangsläufig verbunden ist. Doch in fast allen Untersuchungen bestätigte sich: Von herausragenden Geistheilern wie ihm geht eine Kraft aus, deren physikalische Natur noch weitgehend im Dunkeln liegt - deren Wirkungen sich aber zweifellos messen lassen, an den unterschiedlichsten Objekten, mit den unterschiedlichsten Methoden und Apparaturen. Diese Kraft zeigt sich an schwerkranken, aus schulmedizinischer Sicht "austherapierten" Patienten ebenso wie an Einzellern, an isolierten Tumorzellen, in Hirnströmen, in Wasserproben; sie wird in Elektrographen und Restlichtverstärkern, in Spektrometern und Enzephalogrammen, mit Infrarotkameras und Elektronenmikroskopen sichtbar.

Inzwischen gilt Christos Drossinakis als meistgetesteter Heiler der Welt: Kein anderer ist häufiger und intensiver von Ärzten und Wissenschaftlern beobachtet und geprüft worden. Im Vergleich mit mehreren hundert Heilern aus zahlreichen Ländern Europas erzielte er mit Abstand die besten und dauerhaftesten Resultate. Sie bestätigen seine außerordentlichen Fähigkeiten, die Tausende von Schwerkranken schon dankbar erfahren haben. Wenn Sie die bahnbrechenden Forschungen mit Christos Drossinakis näher interessieren, seien Ihnen meine Bücher *"Die heilende Kraft der Liebe"* und *"Psi-Diagnose"* ans Herz gelegt (s. Anhang: Lesetipps).

Andererseits wäre es für Hilfesuchende unklug, Heiler in erster Linie an Forschungsergebnissen zu messen, die sie unter den künstlichen, praxisfernen Bedingungen von wissenschaftlichen Studien zustande bringen. Mindestens ebenso wichtig sind die Erfahrungen, die inzwischen Abertausende von Patienten mit den phänomenalen Heilfähigkeiten von Christos Drossinakis gemacht haben. Im Interesse aller "Aussortierten" des Medizinbetriebs bleibt zu hoffen, dass er ihnen diese Fähigkeiten noch möglichst lange zugute kommen lassen wird. Und damit das geschehen kann, dürfen sie im heutigen Meer von Informationen über sogenannte "Heiler" nicht ertrinken. Die Lage, in der sich ein Schwerkranker in der heutigen esoterischen Heilerszene befindet, erinnert mich an die eines Schiffbrüchigen auf hoher See, der zu verdursten droht, obwohl er doch von unendlich viel Wasser umgeben ist. Christos Drossinakis ist - um im Bild zu bleiben - einer der ganz wenigen Menschen, die eine göttliche Gnade dazu auserkoren hat, den Dürstenden zu retten.

Vorwort
Es ist Gott, der heilt

Gott ist Geist. Dieser Geist durchdringt und ordnet alles, was ist. Auch unser Leben. Aber warum leiden wir dann? Wieso gibt es Behinderung, Krankheit und Schmerz? Nicht nur viele Patienten stellen diese Frage. Auch mich als Heiler beschäftigt, ja quält sie immer wieder, und sie verfolgt mich in schlaflosen Nächten, in denen ich über die oft herzzerreißenden Schicksale meiner Patienten grüble. Ich möchte verstehen, um Antworten geben zu können - auch wenn ich weder Priester noch Philosoph bin. Wie kann ich Schwerkranke trösten, die mich voller Verzweiflung, auf der Suche nach einem tieferen Sinn in ihrem Leid, darauf ansprechen? Und warum sollte ausgerechnet *ich* ihr Leid lindern können? Menschen, die sich mir in ihrer großen Not anvertrauen, will ich mit einer solchen berechtigten Frage nicht alleine lassen. Was sage ich Ihnen?

In Gottes Welt gibt es kein sinnloses Leid. Was auch immer uns widerfährt - es geschieht nicht umsonst. Immer liegen darin auch Chancen. Chancen für die Betroffenen: innezuhalten, sich zu besinnen, zu lernen, innerlich zu wachsen. Chancen auch für ihre Umgebung: Anteil zu nehmen,

statt wegzusehen; Mitleid aufzubringen; nach Kräften beizustehen. Und stets liegt es in der Gnade Gottes, Hilfe zu bringen - selbst dann, wenn eine Lage schon aussichtslos scheint; wenn Ärzte bereits aufgegeben haben.

Manchmal bedient sich Gott dazu eines Werkzeugs. Er lässt Menschen die Kraft seines Geistes weitergeben - durch eine andächtige Fürbitte, eine liebevoll aufgelegte Hand. "Geistheiler" werden solche Menschen genannt.

Ich bin einer von ihnen. Im Laufe von vier Jahrzehnten konnte ich Tausenden helfen, bei denen alle Hoffnung vergeblich schien - den "Behandlungsresistenten", den "Austherapierten" unseres Medizinbetriebs. Weltweit ist kein anderer Heiler häufiger und intensiver als ich von Ärzten und Wissenschaftlern beobachtet und getestet worden, während ich mit Schwerstkranken arbeitete. Stets wurden mir Erfolgsquoten von mindestens 50, zumeist 70 bis 80, vereinzelt sogar von 100 Prozent bescheinigt - bei Leidenden wohlgemerkt, bei denen alle herkömmlichen Behandlungsversuche bereits versagt hatten.

"Wie machen Sie das?", werde ich immer wieder staunend gefragt. Meine Antwort ist immer die gleiche: *Ich* "mache" überhaupt nichts. *Es* wirkt durch mich. Ich bin nichts weiter als ein Kanal, durch den eine göttliche Kraft fließt, die zu begreifen unseren Verstand vielleicht für immer überfordert. Aber müssen wir sie überhaupt begreifen? Sie wirkt, und diese Effekte sind messbar, fühlbar. Genügt das nicht?

In diesem Buch schildere ich Ihnen die entscheidenden Stationen auf meinem Lebensweg zum Heiler - einem Weg, der nicht nur aus einem Beruf eine Berufung gemacht, sondern mich persönlich Gott viel nähergebracht hat, als ich je zu hoffen wagte. Ich berichte Ihnen von Erfahrungen und Begegnungen, die mich geprägt haben; ich erkläre Ihnen, wie ich als Heiler arbeite, und lasse Sie miterleben, was in mir vorgeht, wenn ich mich

Schwerkranker annehme. Und vor allem will ich Ihnen Mut machen: Mut zur Hoffnung. Mut, sich nicht mit einem vermeintlich unabänderlichen Schicksal abzufinden, bloß weil Ärzte mit ihrem Latein am Ende sind. Mut, auf der Suche nach Heilung, oder zumindest Linderung, neue Wege zu gehen, nachdem sich die bisherigen als Sackgassen erwiesen haben. Was Geistiges Heilen bewirken kann, muss niemand glauben - er muss einfach nur zulassen, dass es geschehen kann.

Wenn es Gott ist, der heilt - kann in meiner Praxis dann nur jenen geholfen werden, die an ihn glauben? Das widerspricht nicht nur meiner tagtäglichen Erfahrung mit Patienten unterschiedlichster religiöser Überzeugungen, ja selbst mit unbelehrbaren Atheisten - es wäre auch unvereinbar mit dem Wesen Gottes. Gott ist unendliche Liebe, unendliche Güte, unendliche Barmherzigkeit. Und deshalb hilft er durch mich *bedingungslos*. Nur auf eines kommt es an: *Vertrauen*. Vertrauen auf eine Chance, die - glauben Sie mir - *immer* besteht, allen Medizinstatistiken, allen ärztlichen Prognosen zum Trotz.

Erleuchtung - Die Gnade des göttlichen Lichts

Ein ums andere Mal habe ich erlebt, wie die Dunkelheit der Nacht als Ausdruck von Hoffnungslosigkeit und Ausweglosigkeit plötzlich einem neuen, hellstrahlenden Licht wich, das für die von Leid und Schmerz betroffenen Menschen den Beginn eines neuen Lebens ankündigte und bedeutete. In solchen Ereignissen kommt die wahre Bedeutung von "Erleuchtung" zum Ausdruck, nach der so viele interessierte und suchende Menschen fragen und streben. Immer wieder wird in esoterischen Seminaren der vermeintliche Meister und Lehrer gefragt: *Wie kann ich Erleuchtung erlangen?* Die wenigsten, die solche Fragen stellen, wissen wirklich, worauf sie dabei aus sind. Daraufhin erhalten sie die kuriosesten Gebrauchsanweisungen, wie sie auf den Weg zur Erleuchtung gelangen und schließlich das ersehnte Ziel erreichen können.

Heute weiß ich, dass wir Erleuchtung, oder den Weg einer Entwicklung dorthin, in keiner Weise lernen und nicht planen können. Es gibt kein Rezept dafür, wie ein Mensch zum Erleuchteten werden kann. Mehr noch: Eine solche Möglichkeit gibt es für niemanden.

Und doch will ich das Thema Erleuchtung, das so erstaunlich viele Menschen beschäftigt und bewegt, damit nicht als erledigt bezeichnen. Denn ebenso weiß ich heute aus eigenem Erleben, was Erleuchtung sein kann. Und ich weiß, dass man sie nur *geschehen* lassen kann. Das ist die wahre Art von Erleuchtung, die ein menschliches Leben verändert, prägt und auf einen Weg bringt, den der Betroffene sich selbst gar nicht hat vorstellen können.

Woran ich dabei denke, möchte ich mit Erinnerungen an meine ersten Lebensjahre beschreiben, die für mich beschwerlich und mühsam waren - vermischt mit Erinnerungen an die Erzählungen meines Großvaters und meiner Eltern. Sie geben Zeugnis von einem Erlebnis der Erleuchtung, zu dem kein Meister, Lehrer oder Guru einem Menschen verhelfen kann, auch wenn dieser noch so sehnlich nach Erleuchtung strebt.

Die ersten drei Jahre nach meiner Geburt Ende März im Kriegsjahr 1942 auf der griechischen Insel Euböa habe ich selbst als sehr schwer erlebt und empfunden. Ich war genau das, was mit dem treffenden Begriff vom "Kriegskind" bezeichnet wird. Unsere Familie lebte in den fürchterlichen Jahren des Zweiten Weltkriegs und auch noch nach den Kampfeinsätzen deutscher Truppen in Griechenland wie viele andere in bitterer Armut. Die Arbeit meines Vaters als Friseur erbrachte gerade das, was in der deutschen Sprache treffend mit "zu wenig zum Leben und zuviel zum Sterben" umschrieben wird. Wir litten unter ständigem Hunger, und für die kalten Wintermonate hatten wir keine ausreichende wärmende und schützende Kleidung. Obendrein bestimmte Angst den Tagesablauf, das spürte ich schon in diesem frühen Kindesalter. Recht genau nahm ich die Atmosphäre um mich herum, in unserer Familie wahr, obwohl ich von dem, was gesprochen wurde, zumeist nichts verstand. Doch die Angst vor den vielen Soldaten, den Besatzern, den Partisanen und Kollaborateuren sowie den willkürlich diktierten Lebensbedingungen mit Ausgangssperre blieb mir nicht verborgen.

In diese düstere, bedrückende Zeit wurde ich hineingeboren. Schon im Alter von gerade eineinhalb Jahren litt ich unter den schwerwiegenden Folgen der mangelhaften, zuweilen gar völlig fehlenden Nahrung. In vielen Staaten Europas grassierte zu dieser Zeit eine Diphtherie-Epidemie. Auch in Griechenland starben viele Kinder und Erwachsene an dieser Krankheit. Aufgrund meiner schwachen Konstitution hatte auch ich mich infiziert. Ich erinnere mich, dass mein Hals fast zugeschwollen war, weshalb die getrunkene Milch nicht aufgenommen werden konnte; beim Versuch, sie zu schlucken, wurde sie durch die Nase wieder herausgedrückt. Außerdem war ich weitgehend gelähmt; reglos lag ich im Bett wie ein lebender Leichnam, der weder seine Beine und Füße, noch seine Hände und Arme bewegen konnte. Monatelang war mir nicht einmal eine Regung meines Kopfes möglich. Die Stellung meiner Augen auch nur ein wenig zu verändern, bedeutete für mich einen ungeheueren Kraftakt, nach dem ich in völlige Erschöpfung versank.

Aber selbst in dieser für mich und meine Eltern schwierigen Zeit war mein Innenleben höchst lebendig. So ist zu erklären, dass ich mit Empfindungen und Gefühlen genau wahrnahm, was um mich herum geschah. Ich spürte die Traurigkeit, die meine Eltern empfanden, und ich spürte, dass es eine Traurigkeit war, die sie in Liebe zu mir empfanden. Sehnlichst hatten sie sich gewünscht, dass ich - nach dem frühen Tod des ersten Sohns - unbeschwert als fröhliches und gesundes Kind würde aufwachsen können. Nun aber beherrschte das Drama um den kleinen Christos, um mich, das gesamte Familienleben.

Merkwürdig war nur: Immer wenn ich meine Aufmerksamkeit auf meinen Großvater lenkte, spürte ich nichts von Hoffnungslosigkeit und Verzweiflung. Eher empfand ich dabei so etwas wie eine unerschütterliche Gelassenheit, die ich heute als Zuversicht und Gottvertrauen bezeichnen möchte.

Viele Jahre später erzählte mir mein Großvater, wie treffend ich seine innerliche Verfassung, seine fast schon freudige Erwartung der bevorstehenden Ereignisse wahrgenommen hatte. Ich erfuhr von ihm, wie er zu diesem unerschütterlichen Glauben daran, dass mein Leben eine ereignisreiche Zukunft haben werde, gekommen war. Und er erzählte mir, weshalb er den Voraussagen mehrerer fachkundiger Ärzte, ich werde in den nächsten Monaten meines zweiten Lebensjahres mein irdisches Leben beenden, keinen Glauben schenkte.

Nicht nur für mich, für viele Menschen auf Euböa und weit darüber hinaus hatten die Ahnungen, Eingebungen und Prophezeiungen meines Großvaters, Janis Halvatzis, ein ganz besonderes Gewicht. Bis er im biblischen Alter von 102 Jahren starb, stand er im Ruf, einer der größten Wahrsager und Heiler Griechenlands zu sein; zeitweilig war er, auf Einladung begeisterter Klienten, auch in den USA tätig gewesen. Bis heute verdanke ich ihm so ziemlich alles, was ich bin.

An einem kühlen Winterabend, nach einem Tag, an dem es heftig geregnet hatte und schwere Stürme über die Insel getobt waren, trat mein Vater weinend zu mir ans Bett, an das ich nun schon seit Monaten gefesselt war. In diesem Moment wollte ich meinen Vater trösten, doch ich konnte weder etwas sagen, noch die Arme und Hände heben, um ihn zu berühren. Dabei hatte ich erstmals außerkörperliche Erfahrungen: Es kam mir so vor, als trete mein Geist aus meiner leiblichen Hülle, um die Geschehnisse an anderer Stelle und aus anderem Blickwinkel bewusst wahrzunehmen. Solche Erfahrungen hatte ich später noch oft. Ich sah in dieser Situation, dass mein Vater vor meinem Bett kniete, eine meiner Hände in seine linke Hand nahm und mit seiner anderen Hand liebevoll über meinen Kopf strich. Ich sah, wie Tränen in seinen Augen schimmerten, während er tapfer dagegen ankämpfte, in Gegenwart seines geliebten Kindes zu weinen. Nie zuvor hatte ich ihn derart niedergeschlagen und verzweifelt erlebt.

Dann wandte er langsam seinen Blick zu jenem eigenartigen, von Kerzenlicht erhellten Bild an der Wand, einer Ikone. Und er begann, leise und gleichmäßig zu sprechen. Intuitiv wusste ich, das knapp zwei Jahre alte Kind: Mein Vater betete. Er sprach ein Gebet für mich, seinen sterbenskranken Sohn. Eindringlich bat er, seinen Sohn Christos von seinem Leiden und der Lähmung zu befreien, ihm die Gesundheit und seinen Eltern die Freude wiederzugeben - oder ihn ganz aus diesem Leben in die göttliche Obhut zu nehmen. "Gnädiger Herr, allmächtiger Vater", so hörte ich ihn murmeln, "inständig bitte ich dich, erlöse mein Kind von seinem Leiden."

Mein Vater schloss sein Gebet mit der Bitte, dass ihm sein Wunsch - so oder so - erfüllt werden möge. Mit zitternder Hand bekreuzigte er sich.

Heute kann ich ermessen, wie groß die Verzweiflung meines Vaters zu jener Zeit gewesen sein muss. Denn in seiner Hilf- und Hoffnungslosigkeit hatte er völlig vergessen und verdrängt, was mein hellsichtiger Großvater Jahre zuvor - nach dem frühen Tod des ersten Kindes - geweissagt hatte: "Es werden dir und deiner Frau noch zwei Söhne und zwei Töchter geboren werden. Der zweite Sohn wird vielen Menschen in ihrem Leiden helfen, manchen wird er sogar das Leben retten. Im Alter von eineinhalb Jahren wird er aber selbst durch schweres Leiden gehen müssen und eine belastende Krankheit durchmachen, die ihn bis in die Nähe des Todes führen wird. Doch er wird wieder gesund werden - und größere mediale, paranormale Fähigkeiten entwickeln, als ich selbst sie jemals besessen habe."

Mein Vater: War es sein Gebet, das mir das Leben rettete?

All diese hoffnungsfrohen Prophezeiungen eines ungewöhnlichen, ganz besonderen Kindes hatte mein Vater im tiefsten Tal seiner Verzweiflung vergessen. Jetzt hieß es für ihn nur noch im Namen seines todkranken Kindes: "Stirb oder werde!".

Ich erinnere mich recht genau an das Unfassbare, Unerklärliche, das unmittelbar nach dem Gebet meines Vaters geschah. Bis heute haben sich in mein Gedächtnis klare, deutliche Bilder davon eingebrannt, obwohl ich doch nicht einmal zwei Jahre alt und zudem von schwerer Krankheit erschöpft war. Wie kann ich das noch wissen, sechzig Jahre später? Weil das, was sich nun ereignete, zum Beeindruckendsten gehört, was sich in meinem Leben an Ereignissen und Erfahrungen angesammelt hat.

Plötzlich wurde in dem dunklen Zimmer das Dämmerlicht der Kerze vor der Ikone, so schien es mir, heller und heller, bis es sich im ganzen Raum ausgebreitet hatte; es füllte ihn vollständig aus, bis schließlich keine Quelle dieser Helligkeit mehr zu erkennen war. Dann richteten sich gleißende Lichtstrahlen auf mich, die meinen ganzen Körper wärmend einhüllten. Trotz meiner Lähmung, trotz der fast völligen Erstarrung hatte ich das Gefühl, dass ich langsam hochgehoben wurde und regelrecht schwebte.

Bis heute wundere ich mich, dass ich in jenem magischen, unheimlichen Augenblick überhaupt keine Angst empfand und nicht in Panik geriet. Im Gegenteil, es durchströmte mich ein mit Worten nicht zu beschreibendes Glücksempfinden, ein grenzenloses, allumfassendes Gefühl von liebevoller Verschmelzung, die vor allem meinen Vater einschloss.

Dann, ebenso plötzlich, überfiel mich eine große Erschöpfung, ich versank in einen tiefen und langen Schlaf. Trotzdem habe ich mit meiner außerkörperlichen Wahrnehmungsfähigkeit alles um mich herum so erlebt, als befände ich mich im normalen Wachzustand.

Als ich am nächsten Tag aufwachte, begann ich allmählich und noch schwerfällig wieder Hände und Füße zu bewegen. Dann die ganzen Arme und die Beine, den Kopf.

Und dabei sah ich wieder dieses ungewöhnlich helle Licht, das heller als das Tageslicht strahlte, den Raum erfüllte und erleuchtete. Und ich spürte wieder diese Wärme, die meinen ganzen Körper durchflutete. Erneut überkam mich dieses grenzenlose, allumfassende Glücksgefühl. Mein Geist war wieder "anwesend" in dem Zimmer, wo meine Großeltern ein Gespräch mit meiner hoffnungslosen und weinenden Mutter führten. Sie unterhielten sich über meine Beerdigung. Dabei betonte doch mein Großvater immer wieder, dass ich am Leben bleiben würde. Nachdrücklich sagte er: "Christos ist in Gottes Hand."

Nur wenige Tage später konnte ich schon aufrecht im Bett sitzen. Kurz darauf unternahm ich die ersten noch mühsamen, anstrengenden Gehversuche auf schwachen Beinen - auch getrieben von dem sehnlichen Wunsch, mit meinem Bruder, meinen Eltern, meinem Großvater endlich wieder die Spiele zu spielen, die ich über alles liebte. Noch konnten meine Beine und die erschlaffte Muskulatur mich nur einige Schritte weit aufrecht halten und tragen, bevor ich hinfiel. Aber bald war es mir schon fast wieder möglich, mich normal zu bewegen, wie die gesunden Kinder aus der Nachbarschaft.

In unserer Familie wurde überglücklich von einem Wunder gesprochen. Schon als kleines Kind hörte ich oftmals dieses Wort, ohne zu wissen, was es bedeutete. Dazu an anderer Stelle mehr.

Wenn mich nun heute jemand fragt: "Was ist Erleuchtung?", dann erzähle ich von dieser Erfahrung und sage: *Das* ist Erleuchtung. Erleuchtung geschieht - oder auch nicht. Aber wenn sie geschieht, dann erleben wir sie wahrhaft als etwas Wunderbares, als etwas Erhebendes, etwas Erfüllendes. Eben als etwas Erleuchtendes, etwas, das Licht selbst in die dunkelsten, hoffnungslos scheinenden Phasen unseres Lebens bringt.

Heute ist es für mich offenkundig, dass das Erlebnis einer Erleuchtung auch mit einer Prüfung verbunden ist. Damit meine ich keine Prüfung in dem Sinne, dass am Ende eines Lehrgangs zu einem vorher festgesetzten Termin die bestandene Prüfung über einen bestimmten Lehrstoff mit einem Diplom oder Zeugnis bestätigt wird. Nein, es sind Prüfungen damit verbunden, die für uns recht schmerzlich sein könnnen, psychisch wie körperlich. Und diese Prüfungen richten sich, so meine Erfahrung, nicht nach menschlichen Wunschvorstellungen, Absichten und Zeitplänen. Wenn wir uns dessen bewusst werden, fangen wir an, etwas von der Tugend des Zulassens und Geschehenlassens zu entwickeln.

Eine Erfahrung mit dem Tod - und eine wundersame Rettung

Eines Tages, ich selbst war vielleicht gerade fünf Jahre alt, ging ich mit meinem Großvater spazieren. Es war ein Frühlingstag voller wohltuender Wärme, mit der unvergleichlich lauen Luft, die vom Meer her über die Insel wehte, und dem eigenartigen strahlenden Licht, mit dem ich aufgewachsen bin und das ich bis heute als ein wundervolles Geschenk der Schöpfung verstehe. Es war ein idealer Tag, um tiefen Frieden zu fühlen und zu genießen. Aber es war mehr als nur die friedvolle Stimmung nach den überstandenen schweren Kriegsjahren. Es gab auch ein inniges Gefühl der Verbundenheit, ja des Glücks für mich, weil ich diesen Spaziergang gemeinsam mit meinem geliebten Großvater machen konnte.

Wir waren erst ein kurzes Stück der Wegstrecke gegangen, da sah ich einen kleinen, vielleicht vier Jahre alten Jungen. Ich hatte ihn schon öfter getroffen, doch jetzt sollte es eine besondere, eine unvergessliche Begegnung sein. Beim Anblick dieses Jungen fuhr ein solch starkes Gefühl der Lähmung in meine Beine, dass ich auf der Stelle stehen bleiben musste, denn ich konnte mich nicht mehr weiterbewegen. Dann verkrampfte sich mein ganzer Körper, und stechende Schmerzen erfüllten meinen Kopf. In dieser Verfassung fing ich hemmungslos an zu weinen.

Mein Großvater beugte sich, offenbar ohne in Panik zu geraten, zu mir herunter, fasste mich behutsam an den Schultern und versuchte mich zu beruhigen. Er musste wohl geahnt, als hellsichtiger Mann vielleicht sogar schon gewusst haben, dass dies eine besondere Situation für mich war; dass ich nicht nur einfach deshalb weinte, weil mir ein spitzes Steinchen in den Schuh geraten war. Es geschah wohl mehr aus Fürsorglichkeit, als er mich fragte, was mir denn Schmerzen bereitete und warum ich weinte. Und doch drückte diese Frage ein tiefes Verstehen aus, denn Schmerz empfand ich wahrlich beim Anblick des Jungen.

Stockend, mit tränenverschleierten Augen antwortete ich: "Opa, ich werde diesen Jungen nie wiedersehen!"

Einige Stunden später wurde dieses Kind von einem Auto überfahren und getötet.

Meine kindliche Fröhlichkeit wurde nicht nur dieses eine Mal von tiefer Traurigkeit erschüttert - das ist wörtlich zu verstehen, denn für mich waren solche Erfahrungen immer wieder erschütternd. Schon früher hatte sich, wie es mein Großvater prophezeit hatte, bei mir die Fähigkeit gezeigt, Ereignisse vorauszusehen. Und immer kam es dabei zu den gleichen körperlichen Erscheinungen, wenn sich bei mir der Abschied von einem Menschen durch seinen Tod auf diese ungewöhnliche Weise ankündigte: Mein Körper verkrampfte sich, die Beine wurden von Lähmung befallen, mein Kopf schmerzte stark

In solchen Situationen litt ich, ohne dass ich das Leiden gesucht hatte. Es fiel mich an wie der buchstäbliche Regenguss aus heiterem Himmel. Glücklicherweise wurde ich bei diesen Erfahrungen nicht alleingelassen. Denn mein Großvater hatte ja selbst angekündigt, dass ich ein hochsensitives Kind mit ungewöhnlichen medialen Fähigkeiten sein werde. Er war davon so überzeugt - und wurde in dieser Überzeugung schon in meinen ersten Lebensjahren viele Male bestätigt -, dass er mich in dieser Entwicklung behutsam förderte und begleitete, so schwierig und schmerzlich sie auch manches Mal für mich war.

Heute, Jahrzehnte später, kann ich beschreiben, was in solchen Momenten bei mir geschah, was in mir vorging - und dass es ein entscheidender Schritt auf meinem Weg zum Heiler war. Schon früh zeigte sich meine Fähigkeit, mit den Gefühlen, mit dem Innenleben anderer Menschen, auch mit der besonderen Atmosphäre von wichtigen, entscheidenden Situationen regelrecht zu verschmelzen. Mitfühlend wurde ich eins mit ihnen. So konnte ich bei anderen Menschen "sehen", unter welcher Belastung sie gerade litten, ohne dass ein Wort darüber gesprochen wurde. Ich spürte ihre Gefühle, vollzog sie nach, machte sie zu meinen und verstand auf diese Weise, aber ich litt dann auch häufig mit ihnen.

Alles, was ich mit den Augen betrachtet habe, habe ich in Wahrheit mit meinen Gefühlen "gesehen". Schon als kleines Kind wurde mir bewusst, dass ich die Welt, das Leben um mich herum nicht mit dem Verstand, sondern nur mit meinen Gefühlen, mit meiner Fähigkeit zum tiefreichenden Fühlen erfassen und wirklich verstehen kann.

Das Erlebnis einer Verschmelzung, die dabei geschieht, hat sich bis heute nicht wesentlich verändert. Es konnte sogar sein, dass eine solche Verschmelzung zur Auflösung von räumlichen und körperlichen Grenzen führte.

So geschah es, als ein kleines Mädchen in unserer Nachbarschaft verunglückte.

An jenem Tag war ich, wie es nicht selten vorkam, in einen Starreschlaf versunken. Viel ist über ein derartiges Phänomen gerätselt und geschrieben worden, viele Mediziner und Wissenschaftler anderer Fachgebiete haben versucht zu ergründen, was in der Zeit einer solchen *Katalepsie* - so der Fachbegriff -, die äußerlich betrachtet dem Zustand eines Toten ähnelt, im Organismus, im Körper geschieht.

Dabei machte ich eine erstaunliche Feststellung, die mich zutiefst erschütterte: Während ich erstarrt auf meinem Bett lag, spielte ich zugleich draußen mit den anderen Kindern. Vermutlich hat sich in dieser Situation das als *Bilokation* beschriebene Phänomen ereignet, bei dem sich ein lebender Mensch, oder zumindest sein Geist, gleichzeitig an zwei verschiedenen Orten zeigt. Ich halte es für wahrscheinlich, dass ich bei diesem Vorfall der phänomenale "doppelte" Christos gewesen bin, der zu jeder Regung unfähig im Bett lag und der doch gleichzeitig draußen, ein ganzes Stück weit entfernt, bei den spielenden Kindern gegenwärtig war.

Jedenfalls habe ich alles gehört, was die Kinder geredet haben, ich habe ihr Lachen und ihr Rufen wahrgenommen - und ich habe, wie ich es bis heute in wichtigen, vor allem lebenswichtigen Situationen erlebe, wieder diese Wärme gespürt, die sich in meinem ganzen Körper ausbreitete und mir ein grenzenloses Glücksgefühl vermittelte.

Andererseits gilt dieser Zustand auch für die Wahrnehmung von Gefahren, wie das folgende Beispiel zeigt.

Ein Mädchen war in kindlichem Übermut auf eine schmale, meterhohe Mauer geklettert - und stürzte kopfüber herunter. Während es fiel, hielt ich das Kind in der Art eines Schutzengels so auf, dass es auf meinem Körper aufschlug. Das habe ich deutlich gespürt, während ich zugleich weit entfernt im Bett lag.

Von diesem Moment an litt ich mehrere Wochen lang unter starken

Kopfschmerzen, genauso wie das Kind aus der Nachbarschaft nach seinem Sturz, auch wenn es ansonsten wie durch ein Wunder unversehrt geblieben war.

Während dieses Unfalls hatte ich mich in meinem Bett keinen Zentimeter bewegt, ich weiß es bis heute genau.

In späteren Jahren habe ich oft über solche Begebenheiten und Erlebnisse nachgedacht, ob es ein Muster zu erkennen gab, einzelne Teile eines paranormalen Puzzles, die irgendwie zusammengehören. Tatsächlich habe ich ein solches Muster von verblüffenden Zusammenhängen erkannt, wiederholte und ähnliche Erfahrungen wiesen immer wieder darauf hin: Wenn ich in einem solchen totenähnlichen Starrezustand gefangen war, dann ging es auffallend oft um die Rettung und Bewahrung eines Lebens, um die Abwehr einer lebensbedrohlichen Gefahr. Ähnliche Erlebnisse habe ich noch heute bei meinen Fernheilungen.

Auch die folgende Begebenheit erscheint schwer verständlich, ja geradezu unglaublich.

Einige hundert Meter von meinem Elternhaus war ein Kind unter den vollgeladenen Wagen eines Pferdegespanns gekrochen, um einen Apfel hervorzuholen. Da scheute das Pferd und zog den Karren so weit nach vorn, dass das Kind von einem der hinteren Räder so erfasst wurde, dass es auf seine Brust drückte.

In diesem Moment stand ich da als ein Riese. Mit einer unglaublichen Kraft hielt ich das ängstliche Pferd fest. Mehrere Menschen liefen herbei und versuchten den Karren anzuheben, um das eingeklemmte Kind zu befreien. Doch das Pferd wich stur keinen Zentimeter von der Stelle. Es war wie gelähmt. In diesen Sekunden, in denen es um Leben und Sterben ging, habe ich wie selbstverständlich die Mutter von dem Unfall "benachrichtigt". Ich war mit ihrer inneren Welt verbunden, während sie sich bei der Arbeit in ihrer Küche befand. Ohne bewussten Grund wurde sie unruhig und verfiel in einen Schockzustand. Dann rannte sie wie eine Irre aus dem Haus zu dem Pferdegespann; denn sie "wusste" bereits, was draußen geschehen war.

Ein solches Geschehen vermag die Parawissenschaft noch mit Telepathie zu erklären, die ich schon als Kind wie selbstverständlich praktizierte. Doch was dann geschah, ist auch mir bis heute ein Rätsel und gibt Zeugnis davon, dass sich an jenem Tag, in diesen Sekunden und Minuten, etwas Außergewöhnliches in meiner Heimatstadt Chalkida ereignet hatte. Denn was mehrere kräftige Menschen zuvor vergeblich versucht hatten, gelang der schmächtigen Frau mit ihren zierlichen Händen allein: Mit geradezu übermenschlicher Kraft hob sie den schwer beladenen Karren an, und die Helfer konnten ihr Kind unter dem Rad hervorziehen.

Woher hatte die Frau diese plötzliche, außergewöhnliche, unglaubliche Kraft? War es ein Wunder? Sicher war es eines in dem Sinne, als das Wunder der Liebe, wie es eine Mutter zu ihrem Kind empfindet, übermenschliche Kräfte verleihen kann. Zugleich bestätigt diese Geschichte auch eine Erkenntnis, die mich auf meinem Lebensweg bis heute begleitet hat: Vieles von dem, was wir mit unserem normalen Verstand für unmöglich halten, kann tatsächlich geschehen - nicht nur bei einem ungewöhnlichen Vorfall wie dem geschilderten, sondern auch bei Krankheit und Leiden, seien sie noch so schwer und scheinbar hoffnungslos. Hoffnungslos ist eine Situation erst dann, wenn wir aufhören zu glauben, dass das Wunder der Erlösung möglich ist - so wie das kleine Kind von der Last des Rades erlöst wurde. Von solchen "Wundern" werde ich noch ausführlich zu berichten haben.

Wie ich eine Kuh rettete

Eine Kuh soll geschlachtet werden. Na und?, werden viele mit einem Achselzucken ohne Bedauern sagen. Was ist denn schon Besonderes dabei? Täglich werden tausende Kühe geschlachtet, damit sie zu Filets, Steaks, Schinken und Wurst verarbeitet werden können und gutes Geld bringen: für den Bauern und Viehverkäufer, für den Fleischgroßhändler, für den Metzger. So ist es eben, so war es schon immer.

Halt - bei diesem Gedanken muss ich Einspruch einlegen. Denn ich weiß, dass es nicht immer so war.

Ich weiß es aus eigenem Erleben. Ich weiß, dass es auch ganz anders sein kann, in jeder Hinsicht anders. Was ich damit meine, will ich erzählen, so, wie es sich zugetragen hat, damals, als ich ein Kind war, das im Friseurladen seines Vaters den Kunden die Haarreste von den Jacken gebürstet hat.

Eines Tages ließ sich Onkel Giorgios, ein Bauer aus der Nachbarschaft, von Vater die Haare schneiden. Wie es bei einem Friseur so üblich ist, wurde viel erzählt, während die Schere vor sich hin klapperte: Lustiges, Ernstes, Belangloses. Meistens hörte ich diesen Gesprächen nur beiläufig zu, denn zum einen war ich noch zu jung, um alles verstehen zu können, zum anderen besaß ich die Gabe, schnell Unwichtiges von Wichtigem zu trennen, jedenfalls, was für mich wichtig schien. Allzu viel blieb dann nach einem Tag im Laden meines Vaters nicht übrig von dem vielen Palaver der Männer.

Doch an jenem Frühlingstag, ich war wohl gerade sechs Jahre alt, ließ mich Onkel Giorgios wie elektrisiert aufhorchen, als er eher beiläufig erzählte: Eine Kuh aus seiner Herde sei auf der Wiese umgefallen. Nun liege sie auf dem Boden, könne nicht mehr aufstehen, habe Schaum vor dem Mund. Sie sei wohl nicht mehr zu retten. Er habe den Metzger für den Nachmittag bestellt.

Bei dieser Äußerung meldete ich mich entschlossen zu Wort: "Vater, die Kuh ist von einem bösen Blick getroffen. Ich kann sie retten!" Und zu dem Bauern gewandt, rief ich aus: "Du darfst sie nicht schlachten lassen, ich werde sie retten."

Da saß nun der Bauer, den ich gut kannte, in dem Friseurstuhl und wusste nicht so recht, ob er schmunzeln oder verärgert sein sollte über den vorlauten Dreikäsehoch Christos, der sich auch noch anmaßte, ein "Wunder" zu versprechen. Glücklicherweise mischte sich Vater in seiner ruhigen Art ein und sprang mir bei: "Wenn Christos so etwas sagt, dann ist auch etwas dran, glaube mir, ich weiß es."

Inständig flehte ich, dass es ihm gelingen möge, den Bauern zu überzeugen. Denn ich war wie besessen von diesem einen Gedanken: Die Kuh sollte leben, und ich wollte sie retten. Unschlüssig überlegte Onkel Giorgios eine Weile hin und her. Dann willigte er ein: ‚Ich habe ja nichts zu verlieren."

Gleich nach dem Haareschneiden setzte mich Vater auf sein Fahrrad und fuhr mit mir zum Bauernhof, galt es doch, keine Zeit zu verlieren. Wer weiß, vielleicht hätte es sich der Bauer doch noch anders überlegt.

Kaum waren wir an der Weide angekommen, da wusste ich wie selbstverständlich, was ich zu tun hatte, so, als würde ich jeden Tag sterbende Kühe vor dem frühen Tod bewahren. Ich bat, wie es nach orthodoxem Ritus üblich war, um ein paar Tropfen Olivenöl sowie einen Teller mit klarem Wasser. Mit einem Finger habe ich in das Öl getippt, habe dabei gebetet und auf der Stirn der Kuh drei Kreuze gezogen. Dazu ließ ich Wasser auf das Öl tropfen. Jeder Tropfen zerfloss daraufhin - für mich ein klares Zeichen, dass die Kuh ein Opfer dessen war, was mit "bösem Blick" bezeichnet wird. Darauf habe ich das Öl mit dem Wasser vermischt und auf dem Kopf der Kuh dreimal verrieben.

Dem Bauern, der wie mein Vater interessiert zugeschaut hatte, sagte ich nun ohne das geringste Zögern: ‚Deine Kuh wird in einer halben Stunde wieder aufstehen." Heute weiß ich, dass mir damals selbst gar nicht be-

Meine Familie, von li. oben nach re. unten: mein älterer Bruder Iannis, meine Mutter, ich (der Junge mit dem quergestreiften Pulli); mein Großvater, meine Großmutter, meine beiden Schwestern Angelika und Asimula, mein Vater. Die Aufnahme muss um 1950 entstanden sein.

wusst war, was ich ankündigte. Es war, als wenn eine Stimme von allein aus mir heraus sprach. Eine Stimme, welche die Wahrheit kannte und sich getrieben von dem innigen Wunsch zu Wort meldete: Diese Kuh sollte leben - und nicht durch das Messer eines Metzgers getötet werden.

Vater und der Bauer warteten gespannt, was nun wirklich geschehen würde, während ich eher gelassen und zuversichtlich das Tier betrachtete. Nach ungefähr einer halben Stunde begann die darniederliegende Kuh sich zu bewegen, heftig mit den Beinen zu zucken und zu rudern. Würde sie es schaffen? Würde sich bewahrheiten, was ich angekündigt hatte? Kein Zweifel, sie richtete sich halb auf, winkelte die Vorderbeine an, stemmte sich kraftvoll vom Wiesenboden hoch - und stand. Stand da, wie eine ganz normale, gesunde Kuh auf einer Wiese steht.

In diesem Moment sah ich einen Ausdruck von glücklichem Stolz in Vaters Augen, und mich selbst durchströmte ein Hochgefühl, das mich wirklich hätte hochheben können: Sie lebt, sie wird nicht umgebracht.

Da kam der Metzger hinzu, denn er wollte die kranke Kuh noch auf der Weide schlachten. Verwundert wandte er sich an Bauer Giorgios: ‚Du hast mir doch gesagt, die Kuh liegt im Sterben. Von Liegen kann ja wohl keine Rede sein, und vom Sterben schon gar nicht." Mit einem bedeutungsvollen Blick wies der Bauer auf mich. Der Metzger ahnte wohl, welche Rolle ich bei dieser verwunderlichen Geschichte gespielt habe. Und wie der Bauer, so musste auch er wissend schmunzeln.

Bei mir selbst hielt sich das Wissen darüber, was sich an jenem Frühlingstag ereignet hatte, in Grenzen, ich war mir ja in keiner Weise bewusst, dass ich eine todkranke Kuh "geheilt" hatte. Ich war nur erfüllt von der Freude, dass mein Wunsch in Erfüllung gegangen war. Die Kuh lebte, es war ein Glückstag für mich - und natürlich für die Kuh.

In meiner Kindheit durfte ich viele glückliche Tage auf dem Bauernhof von Onkel Giorgios verbringen. Ich war dort der Natur so nah, vor allem den vielen geliebten Tieren: Ziegen, Schafen, Kaninchen, Tauben, Hühnern. Es war wie ein kleines Paradies für mich.

Von den Landwirten - ganz besonders von Maria, der gutmütigen, wohlbeleibten Bäuerin - wurde ich mit Äpfeln, Milch oder frischen Eiern großzügig bedacht und auf diese Weise für die schwere entbehrungsreiche Zeit meiner ersten Lebensjahre mehr als entschädigt. Maria, selbst kinderlos, hat mich wie ihr eigenes Kind geliebt, und bald waren ihr Haus und Hof mein zweites Zuhause.

Es war ein kleines Paradies für mich, in dem ich manches Mal wie eine Figur erschienen sein muss, wie sie sich der berühmte Maler Breughel in seinen zeitgenössischen Bildern vom bäuerlichen Leben nicht trefflicher hätte ausdenken können. Wer hat schon als kleiner Junge Milch direkt vom Ziegeneuter getrunken? Ich habe mich unter eine bestimmte Ziege gelegt; habe ihre Hinterbeine festgehalten und dann direkt aus ihrem Euter getrunken - während die Ziege ganz zuhig abwartete, bis ich meinen Durst gestillt hatte.

Bauer Giorgios lachte nur fröhlich, wenn er dieses wahrlich nicht alltägliche Bild sah, und ermunterte mich noch. Zum Dank für ihre Geduld sammelte ich für die Ziege schmackhaftes Futter, redete stundenlang mit ihr und streichelte sie dabei wieder und wieder über das rauhe Fell. Täusche ich mich, dass sie meine Zuwendung und meine Zuneigung genossen hat? Wohl nicht, denn sie akzeptierte mich immer wieder als ihren ungewöhnlichen Kostgänger, wenngleich er doch so gar nichts Zickleinhaftes an sich hatte.

Kinderjahre als Weisheitsschule

Mein Großvater war ein Weiser, mein großer Lehrer und Meister. Er weihte mich in das Mysterium des Heilens ein, das immer noch weit davon entfernt ist, von der Wissenschaft entzaubert zu werden. Zwar erleben wir eine Vielzahl von großartigen Heilungen - für mich selbst sind sie fast alltäglich, "normal" geworden. Und doch wirken in jedem einzelnem Fall auf eine letztlich nicht erklärliche Weise heilsame, heilende Kräfte.

Wie einen kostbaren Schatz hat mein Großvater an mich weitergegeben, was er durch seine vielen Erfahrungen an Erkenntnis und Wissen gesammelt hat; was er insbesondere vom Heilen wusste. Sein sehnlichster Wunsch an mich, und letztlich sein Vermächtnis, war es, dass ich die ungeheure Macht Geistigen Heilens später zum Wohle möglichst vieler kranker Menschen einsetzen sollte. Dazu wollte er mich befähigen. "Auf dem langen Weg, der vor dir liegt, musst du dich selbst und deine Methode unbedingt entwickeln", sprach er eindringlich zu mir, als ich ein kleiner Junge war. "Dann kannst du besser werden, als ich es bin."

Mein Großvater: weise und liebevoll führte er mich auf den Weg zum Heiler.

Wenn ich heute an diese großväterliche Ermahnung zurückdenke, und wenn ich mir vor allem klar mache, welche Stufe der Fähigkeiten und Möglichkeiten ich seither erreicht habe, wo ich heute angelangt bin, welch langen Entwicklungsweg ich dazu beschritten habe - dann muss ich sagen: Meine Lebensreise glich bisher der Fahrt des Odysseus. Tatsächlich war es eine jahrzehntelange Odyssee durch meine eigene innere Welt, eine Welt der Gefühle und Empfindungen. Auf dieser Reise habe ich oft gezweifelt, und manchmal war ich verzweifelt; auf ihr habe ich euphorische Stimmungen erlebt, aber auch tiefe Traurigkeit; ich erhielt Bestätigung und kämpfte gegen heftige Widerstände; und immer wieder litt ich unter Einsamkeit, wenn ich mich, meine tiefsten Empfindungen nicht mitteilen konnte.

Immer wieder hatte ich mit kranken Menschen zu tun, die mit großen Erwartungen zu mir kamen. Mit enormen Wünschen und Hoffnungen. Mit Problemen und Belastungen, die sie loswerden wollten - und über die sie reden, mir beschreiben und erklären wollten. Doch Großvater hat mir früh einen wichtigen Rat gegeben: "Traue nicht den Erklärungen der Kranken, auch dann nicht, wenn sie selbst fest überzeugt sind zu wissen, was die Ursache ihrer Krankheit ist. Denn der Mensch", so fuhr er fort, "kann viel zu verstehen meinen - und sich dabei oft irren. Nur deine eigene innere Stimme kann sich nicht täuschen, und solange du sie nicht unterdrückst oder manipulieren willst, wird sie dich nicht irreleiten. Denke immer daran: Jede Krankheit hat eine andere Ursache, meist sogar mehrere Ursachen. Und diese sind sehr oft nicht gleich zuerkennen. Schon gar nicht zeigen sie sich oberflächlich. Aber wenn du einem kranken Menschen wirklich helfen willst, dann musst du die Ursache ansprechen. Bevor du das kannst, musst du sie finden und die Antwort auf die Frage wissen: Wo liegt die Ursache? Wenn ein Kranker zum Beispiel sagt: "Ich habe Kopfschmerzen!", so hüte dich vor dem Fehler zu glauben - und danach zu handeln -, Kopfschmerzen fänden selbstverständlich im Kopf statt, wie es der Name schon ausdrückt. Oh nein, mein Junge, es gibt viele Möglichkeiten, wo die Ursache für die Kopfschmerzen liegen kann. Natürlich kann das auch der Kopf sein. Doch dann musst du weiterfragen: Was hat dazu geführt, dass dieser Mensch Schmerzen ausgerechnet im Kopf hat? Wieso gerade hier? Was ist es, das ihm "Kopfzerbrechen" bereitet? Steckt die wirkliche Ursache vielleicht in einem anderen Teil seines Körpers? Oder ist gar ein anderer Mensch die Ursache - einer vielleicht, der mit seinem Verhalten buchstäblich Kopfschmerzen bereitet, indem er Druck, Zwang und Anspannung erzeugt? Oder ist der sogenannte böse Blick, ein Fluch oder ein starkes Gefühl von Missgunst die Ursache, die alle tatsächlich - vergiss das nicht - auf telepathischem Weg auf einen Menschen einwirken können, wie die Erfahrung zeigt? Oder liegt die Ursache in einem Reinkarnationsproblem, das nicht erkannt und deshalb ungelöst ist? Auch damit wirst du dich beschäftigen müssen. Oder ist etwa eine äußerliche Störquelle die Ursache: eine ungünstige Wohnung, irgendein störend wirkender Faktor im Lebensumfeld des Kranken?"

"Du siehst, es gibt viele Möglichkeiten", so fuhr mein Großvater fort, "dies sind nur ein paar wenige. Bedenke aber immer: Allein mit deinem wachen Verstand kannst du die wahre Ursache für eine Krankheit niemals entdecken, niemals herausfinden."

"Zunächst musst du dich in dich selbst versenken, in deine tiefsten Wahrnehmungen. Dann erst kannst du einen Kranken von seinen Kopfschmerzen befreien, und noch viel, viel mehr."

"Warum dieses Versenken in dich selbst? Weil Heilung kein äußerlicher Vorgang ist. Nein, sie ist alles andere als ein oberflächliches Geschehen. Das aber, mein Junge, heißt auch, dass du immer, wenn du helfen willst, eines der heiligen Gebote für das Heilen beachten musst:

Heile zuerst in dir, was du durch einen Kranken empfindest. Heile deine negativen, störenden, belastenden, krankmachenden Empfindungen in dir selbst - dann erst kannst du auch dem Kranken zur Heilung verhelfen. Glaube mir: Es ist wichtig, was ich dir jetzt sage, ich habe es wieder und wieder so erfahren, ich habe immer wieder die Bestätigung für dieses Mysterium des Heilens erlebt. Es ist so etwas wie ein Schlüssel zum Himmelreich des Heilwerdens. Vergiss diesen Schlüssel nie, verliere ihn nie, trage ihn immer in deinem Herzen. Und wenn es notwendig ist, dann schließe mit ihm das Tor zum Heilwerden auf. Du kannst es, ich weiß es."

Es war für mich immer wieder faszinierend, Großvater zuzuhören, wenn er mich in die Geheimnisse seiner Heilkunst und seines großen Wissens einweihte. Nicht nur; weil er dann von einer Welt sprach, die ganz anders war als das, was wir mit unseren Augen sehen können. Sondern auch deshalb, weil er so fesselnd erzählen und erklären konnte, mir auf so wunderbare Weise verständlich machte, wonach ich schon als Kind wissbegierig suchte.

Welch ein himmlisches Glück, dass mich Großvater bei meiner Suche, in meiner "anormalen" Entwicklung förderte und bestätigte! Und welch ein Glück, dass auch mein Vater mich nicht als ein ungeratenes schwarzes Schaf der Familie ansah und behandelte - wie es häufig Kinder mit paranormalen Fähigkeiten erleben und ertragen müssen; vielmehr anerkannte auch er, dass sein Sohn Christos eben ganz anders war als andere Kinder.

So ermöglichte er es mir, in seinem kleinen Friseurbetrieb meine Fähigkeiten gleich zur Anwendung zu bringen: Unter seiner Aufsicht durfte ich nämlich einen "Service" der ganz besonderen Art anbieten, der nicht nur den Kunden einen spürbaren Nutzen einbrachte, sondern für meinem Vater sicher auch einen geschäftlichen Gewinn bedeutete. Denn bald schon hatte sich herumgesprochen, dass man bei meinem Vater nicht nur die überlangen Haare weggeschnitten bekam, sondern gleich auch von Kopfschmerzen erlöst wurde. Ohne Aufpreis, versteht sich.

Das ging so vor sich: Damals, in den ersten Nachkriegsjahren, quälten sich viele Männer mit Tuberkulose und den typischen Beschwerden herum: starker Husten, heftige Schmerzen, Verkrampfungen. Da war es nicht ungewöhnlich, dass mich ein Kunde während des Haareschneidens bat: "Komm, Christos, lege deine Hand auf meinen Kopf, auf meine Brust, damit die Schmerzen endlich verschwinden." Ich erfüllte solche Wünsche nur zu gern. Und ich freute mich, wenn das ständige quälende Husten ein Ende fand und ich den Kunden bald schon entspannt buchstäblich aufatmen sah.

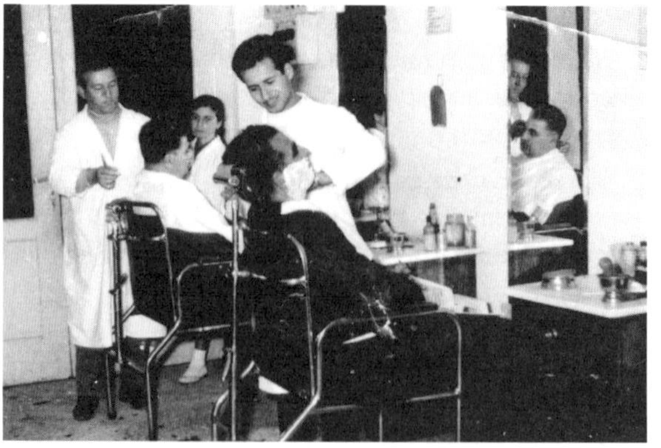

Im Friseurladen meines Vaters (ganz li.): mein Bruder (stehend, groß), im Hintergrund meine Schwester Angelika, die Friseuse geworden ist.

Doch ich habe nicht nur gewartet, bis ich um Hilfe gebeten wurde. Oft wusste ich schon im voraus, wer mich brauchte - und aus welchem Grund. Denn irgendwie fühlte ich intuitiv, ob und wo ein Kunde meines Vaters Schmerzen oder sonstige Beschwerden hatte. Er musste gar nicht darüber sprechen. Ich habe ihm dann auf ganz kindlich-unbefangene Weise versprochen: "Du hast Kopfweh, Onkel. Bleib ruhig sitzen, ich werde sie jetzt wegnehmen."

Wenn ich mich mich an diese Zeit zurückerinnere, muss ich selbst schmunzeln: Das war damals bestimmt der ungewöhnlichste Friseurladen in ganz Griechenland - einer, in dem die Kunden auf ungewöhnliche Weise gut "behandelt" wurden, so gut, dass sie befreit von unerwünschtem Haarwuchs und von lästigen Beschwerden wieder nach Hause gehen konnten.

Doch das alles war weit mehr als ein kindliches Spiel, mehr als der Wunsch eines kleinen Jungen, an der Welt der Erwachsenen teilzunehmen. Für mich war es eine wichtige Schule und Lehre, die das, was ich von Großvater an tiefreichenden Einweisungen erfuhr, gleich in die Praxis umsetzte. Ohne Leistungszwang und ohne Druck. Es geschah, wie es sich ergab.

Ebenso selbstverständlich ergab es sich bald auch, dass ich Großvater, meinen Lehrer und Meister, in meine Erkenntnisse und Wahrnehmungen einweihen konnte. Dazu gehörte zum Beispiel, dass ich schon früh die für mich damals überraschende Feststellung machte: Beschwerden und Leiden können auf telepathischem Weg auf einen Menschen übertragen werden, wobei der Kranke diesen ursächlichen Zusammenhang nicht erkennen kann.

Nie werde ich vergessen, was sich damals mit jener Mutter zugetragen hat, die mit starken Kopfschmerzen zu Großvater kam. Er hat sie oft behandelt, doch die Schmerzen wollten nicht weichen.

Eines Tages erkannte ich den Grund dafür - mit meinen Gefühlen, so wie es mir Großvater selbst erklärt hatte: "Großvater, ich sehe nicht, dass die Frau krank ist. Aber ich sehe, daß ihr Kind krank ist."

Großvater sah mich zunächst verblüfft an. Sollte er etwas Entscheidendes übersehen haben?

Er zögerte nicht lange, sondern bat die Frau, beim nächsten Mal ihre kleine Tochter mitzubringen. Tatsächlich war das Mädchen auffallend unruhig und fing immer wieder zu weinen an, ohne dass äußerlich ein Grund dafür zu erkennen gewesen wäre. Ich beobachtete es ganz genau, während Großvater seine Behandlung begann. Nach einiger Zeit beruhigte sich das Kind - und die Kopfschmerzen der Mutter waren verschwunden.

Wer denkt schon an einen derartigen Zusammenhang? Wer forscht nach solchen versteckten Ursachen? Auch in der ärztlichen Praxis dürfte das kaum je geschehen. Großvater aber sah mich mit einem wissenden und anerkennenden Blick an - so, als wollte er mir wortlos sagen: Du bist auf dem richtigen Weg, Christos, mach weiter so!

Nicht weniger überzeugend war für ihn die Geschichte von dem Mann mit den Rückenschmerzen: Heute zählen derartige Beschwerden zu den häufigsten überhaupt. Und erfreulicherweise setzt sich allmählich die Erkenntnis durch, dass Rückenschmerzen nicht immer einfach Rückenschmerzen sind, sondern häufig nur ein Symptom für eine tiefliegende Ursache.

Nun, Großvater legte diesem Mann die Hand auf, während ich neugierig und aufmerksam zusah. Doch schnell drängte es mich auszusprechen, was ich wirklich empfand: "Großvater, die Ursache für seine Schmerzen ist nicht der Rücken. Sie ist im Magen." Großvater sah mich fragend an. "Weißt du", erklärte ich, das Kind, meinem weisen Lehrer, "manchmal, wenn du den Mann behandelst, bekomme ich einen Druck auf meinem Magen. Da ist es!" Und zur Bekräftigung drückte ich die Hand gegen meinen Bauch.

Tatsächlich hatte der Mann eine chronische Gastritis, und nun konnte Großvater ihm helfen. Heute bezeichnen wir das, was hierbei geschehen war, als "Psi-Diagnose".

Solche frühen Erfahrungen waren sehr wichtig für mich, und noch heute bin ich dankbar für sie, weil sie mir bestätigten: Das, was Großvater mir erklärt hatte, "funktionierte" tatsächlich; und es funktionierte genau so, wie er es mir klargemacht hatte. Die Erfolge, die sich daraufhin einstellten, gaben mir Sicherheit bei den ersten selbständigen Schritten auf dem langen Weg, der vor mir lag. Dieses Erlebnis gehört zu dem, was ich mir bis heute bewahrt habe: Wenn ich Druck in meinem Körper spüre, dann überprüfe ich, wo genau dieser Druck, das heißt die Störung und Beschwerden sitzen. Dann kann ich mich in die "Ursache" für die Krankheit versenken. Und umgekehrt: Wenn ich diesen Druck in meinem Körper nicht mehr spüre, dann weiß ich: Die Beschwerden klingen ab, sie verschwinden, bis hin zur vollständigen Heilung. Ich bezeichne diesen Vorgang als "Kontrolle durch Autosuggestion". Zu dieser Methode gehört ebenso die Kontrolle der Aura eines Kranken, in der ich wie in einem Buch die Veränderungen lesen kann. So überprüfe ich, ob es dem Kranken wieder besser geht.

Schließlich sind meine eigenen Empfindungen ein ganz wichtiges Instrument, mit dem ich Veränderungen im Organismus eines Kranken feststellen kann. Es ist im Grunde ganz einfach: Das Gefühl der Erleichterung signalisiert Besserung. Das klingt fast zu einfach, aber ich habe tausendfach die Bestätigung dafür erhalten, dass meine Empfindungen mich auch dabei nicht täuschen.

Überhaupt kommt Empfindungen und Gefühlen eine überragende Bedeutung zu bei dem, was wir Heilung nennen. Heilung, so weiß ich heute, wird erst möglich durch einen "Kosmos" der Gefühle und Empfindungen. Und diese werden von der Psyche des Heilers und von seinem Glauben an die Kraft gesteuert, die wir Gott nennen.

Wenn der Heiler fähig ist, diese Empfindungen bewusst zu steuern, dann kann er den Zugang zur göttlichen Heilkraft finden. Großvater hat mir hierzu erklärt: "Wenn du die Welt von innen her verstehst, dann kannst du auch deine eigene Innenwelt, deine Gefühle verstehen. Wenn du deine Innenwelt, deine Gefühle verstehst, dann hast du einen Zugang zu Gott."

Ganz nüchtern möchte ich die Erfahrungen, die ich auf der erwähnten, von mir durchlebten Odyssee gemacht habe, so zusammenfassen: "Heilung ist nicht nur durch Konzentration auf einen bestimmten Körperteil zu erreichen. Heilung ist ein komplexes Geschehen, bei dem ich mir viele Aspekte bewusst machen muss. Und Heilung ist auch nicht nur Handauflegen." Was beim Handauflegen tatsächlich geschieht, möchte ich genauer beschreiben, denn über diese legendäre Heilweise, die schon in den Schriften der Bibel erwähnt wird, gibt es viele Vermutungen, aber wenig Wissen.

Großvater hat mir damals, vor rund sechzig Jahren, genau erklärt, was durch das Handauflegen geschieht, wie es geschieht und vor allem: wie es wirksam sein kann.

"Es genügt nicht, einfach die Hand aufzulegen", erläuterte er mir, "das würde einem Kranken überhaupt nicht helfen. Wichtig ist vielmehr, dass du selbst einen besonderen Zustand erreichst, eine Art Trance, die sich deutlich von deinem Wachbewusstsein unterscheidet. Wenn du diesen Zustand erreicht hast, dann lege die Hand auf die Brust des Kranken. Lasse sie tief und immer tiefer in den Körper dieses Menschen hineinsinken, ganz langsam. Verschmelze mit dem Leib des Kranken, so als ob es keine körperliche Grenze zwischen dir, deiner Hand und ihm gäbe. Ignoriere diese natürliche Grenze, wenn du es willst, dann existiert sie für dich nicht."

"Wenn du einfach nur die Hand auflegst, wirst du niemals eine Heilwirkung erreichen. Denn dann bleibst du an der Oberfläche. Heilung beginnt nicht mit deiner und durch deine Hand. Heilung beginnt in dir selbst, indem du alle deine Gefühle und Emotionen unter Kontrolle bringst. Das heißt, indem du mit allen Gefühlen in dir selbst "heilst". Du musst fähig sein, die Heilung des Kranken in deinem Geist, in deiner Seele, in deinen Gefühlen zu erleben, du musst seine Heilung gleichsam in dir selbst vorwegnehmen. Du musst die Hoffnung und den Glauben, welche der Kranke benötigt, in dir selbst aktivieren - und dann auf ihn übertragen. Dann wird diesem Kranken geholfen. Und vergiss nie: Die medizinische Diagnose darf dich überhaupt nicht interessieren. Für diese sind ausgebildete Ärzte zuständig. Deine Kräfte, deine Fähigkeiten sind von anderer Art und Natur, und sie wirken anders."

"Dich muss interessieren, den besten Weg zu finden, wie du dich in dich selbst versenken kannst, um so den Heilungsprozess - oder genauer: den Selbstheilungsprozess - eines kranken Menschen in dir - denke daran: in dir! - vorzubereiten, in dir geschehen zu lassen. Erst dann kann er im Kranken ablaufen. Darauf musst du dich konzentrieren, nur darauf. In dem Moment, in dem du auf diese Weise jeden Kontakt mit der Welt des Äußerlichen beendest, kannst du den Kontakt zum tiefsten Inneren eines kranken Menschen herstellen. So schaffst du eine Verbindung zu ihm, eine geistige, seelische und auch bioenergetische Verbindung, durch welche eine entscheidende Veränderung und schließlich Heilung erst möglich wird. Heilung geschieht, indem du auf diese Weise die wunderbaren Selbstheilungskräfte eines Menschen wiedererweckst, ihnen wieder zum kraftvollen Leben und Wirken verhilfst. So wirst du zu einem Magier der Heilkraft. Du musst sie nicht neu erschaffen, sie ist schon da. Mit deinen gottgegebenen Fähigkeiten und Möglichkeiten brauchst du sie bloß zu erwecken! Du musst nur die 'Verbindung' zwischen einem Kranken und dieser Kraft herstellen. Und diese heilende Kraft heißt Gott."

Nach tausendfacher Erfahrung im Laufe mehrerer Jahrzehnte weiß ich heute, wie wahr all das ist, was Großvater mir einst ans Herz legte. Wenn ich also das berühmte Handauflegen praktiziere, dann ist es, als sinke meine Hand in den Körper des Kranken tief hinein. Genauso erleben es auch viele Kranke selbst, wie sie mir immer wieder berichten. Dabei empfinde ich deutliche Wärme - und eine intensive Gottesnähe. Und ich spüre, wie zwischen meiner Hand und dem Körper des Kranken ein belebender Energiefluss in Gang kommt.

Mehr noch: Oft nehme ich dabei einen "Hilfeschrei" aus dem tiefsten Inneren des Kranken wahr. Ich höre ihn wort- und tonlos, es ist ein wichtiges Signal, ein telepathischer Impuls, sozusagen ein Hilfeschrei seines Unterbewusstseins.

Nach all den Jahren mit solchen beeindruckenden Erfahrungen muss ich auch heute noch gestehen: Dieses Geschehen ist für mich ein unverändertes Mysterium. Wie ist es letztlich zu erklären? Was fügt sich zusammen zu jener „;Einheit" von Heiler und Krankem, von der mein Großvater immer wieder gesprochen hat? Wieso, auf welche Weise wird sie zur Voraussetzung für Heilung? Ich weiß es nicht. Aber ich weiß, dass auch ich selbst von diesem wunderbaren Wirken nicht unberührt bleibe. Vielleicht ist es sogar so, dass ich jedesmal, wenn dieser heilsame Kontakt zustande kommt, auch selbst mit neuer Kraft gesegnet werde - auf dass ich bereit sein kann für einen weiteren Menschen mit einer anderen Krankheit.

Dann wird auch das möglich, was manche Ärzte und medizinische Wissenschaftler geringschätzig, oft geradezu verächtlich, mit dem Fehlbegriff "Spontanremission" abzutun versuchen. Damit wollen sie sagen: Da ist etwas Unerklärliches geschehen, woran der "Heiler" keinerlei Anteil hat.

Welch ein Irrtum!, muss ich heute sagen, denn es ist unzweifelhaft, dass solche zunächst unerklärlich scheinenden Spontanheilungen tatsächlich vorkommen. Was hierbei eigentlich geschieht, habe ich soeben dargelegt: Der betreffende Kranke ist imstande, seine Selbstheilungskräfte zu erwecken und zu aktivieren. Dies kann ihm günstigstenfalls auch alleine gelingen, ohne Mitwirkung eines Geistheilers.

Leider gibt es kein Patentrezept, das allen Kranken dieser Welt empfohlen werden könnte, um sich von ihren Leiden und Beschwerden befreien zu können. Und noch etwas sehr Wichtiges muss ich klarstellen - eine Besonderheit, die wenig bekannt ist, aber doch unbedingt berücksichtigt werden sollte: Spontanheilungen werden von vielen Kranken als erstrebenswertes

Ziel angesehen, als das Erlebnis, das sie schlagartig von ihren Krankheiten erlöst. Leider trifft das nur in seltenen Fällen zu. Viel häufiger zeigt sich - auch das hat mir mein Großvater ausführlich und sehr verständlich erklärt -, dass unerfreuliche Nebenwirkungen auftreten und ein Kranker nur die einen Beschwerden gegen andere eintauscht.

Wie ist das zu erklären, wie kann es dazu kommen? Ich möchte es anhand eines Beispiels verständlich machen, an das ich mich aus den Unterweisungen meines Großvaters erinnere:

"Wenn du beispielsweise bei einem schwer Asthmakranken versuchst, seine Atemnot zu heilen, dann kann es sein, dass bei einer Spontanheilung seine Beschwerden, oberflächlich betrachtet, kuriert sind. Tatsächlich aber werden sein Organismus und seine Organe mit diesem Hau-Ruck-Effekt überfordert. Denn bedenke: Viele seiner Organe waren jahre- oder gar jahrzehntelang blockiert, sie befinden sich in einem Starrezustand. Wie sollen sie aber wieder zu einer natürlich-gesunden Funktion kommen, wenn sie nun eine Art Schock durch plötzliche Umwandlung verkraften müssen? Das können sie nicht, sie sind überfordert und reagieren dann mit anderen Beschwerden. Denn die bessere Atmung, um bei diesem Beispiel zu bleiben, verführt die Organe des Kranken zu größerer Leistung als zuvor im Krankheitszustand. Doch die Herz- und die Lungenfrequenz muss sich erst einmal an die neuen, ungewohnten körperlichen Belastungen gewöhnen und anpassen. Und dafür brauchen die Organe, also Herz und Lunge zum Beispiel, ihre Zeit. Das bedeutet für dich, mein Junge, ganz einfach: Lass dir Zeit. Und lass dem Organismus des Kranken Zeit, wieder gesund, wieder wirklich heil zu werden."

Ich weiß, denn ich erfahre es immer wieder: Viele Kranke hören das gar nicht gern, denn nach vielen Jahren des Leidens und der vergeblichen Odyssee durch Arztpraxen und Kliniken möchten sie möglichst schnell endlich erlöst werden. Und Erlösung ist für sie gleichbedeutend mit einer schlagartigen, vollständigen "Spontanheilung". Nun soll der Heiler bitteschön dafür sorgen, dass sich diese einstellt.

Nun verstehen Sie vielleicht ein wenig besser, warum ich Hilfesuchenden einen solchen Wunsch in der Regel nicht erfüllen mag und kann. Ich habe dazu meinen Großvater sprechen lassen, doch heute kann und muss ich seine Erklärung mit genau denselben Worten wiederholen.

Ebenso verstehen Sie nun hoffentlich etwas mehr von den Zusammenhängen: Es ist keine unlautere Absicht von mir, wenn ich einen Kranken prinzipiell mehrere Male "behandeln" muss. Geistiges Heilen ist keine magische Gesundheitszauberei. Ein allmähliches, behutsames Vorgehen ist im Grunde ganz im Sinne des Kranken, es erfüllt letztlich seinen Wunsch, gesund zu werden.

So muss ich jedem Kranken, der zu mir kommt und Linderung oder gar Befreiung von seinen Leiden erhofft, diesen wichtigen Rat geben: Bringen Sie auch Geduld mit. Dies ist eine wichtige Medizin, mit der Sie viel zu Ihrer Genesung beitragen können. Wer eine möglichst schnelle Heilung erwartet und fordert, erweist Kranken keinen guten Dienst. Denn Heilen und Heilwerden sind keine programmierbaren Vorgänge nach dem Schema eines Automaten: "Geld rein - Gegenwert raus." Letztlich bleiben sie Mysterien, und das, was mein Großvater zum Thema Spontanheilung erklärt hat, lüftet nur einen Zipfel des großen Geheimnisses.

Ich kann nicht verhehlen, dass mich das immer wieder zum Ausdruck gebrachte Missverständnis, das ich hier noch einmal beschrieben habe, gelegentlich auch müde macht und mich zweifeln lässt: Ist es richtig, was ich mache?

Die Antwort kann ich mir ganz schnell geben. Ich muss mir nur die Frage stellen: Was wäre, wenn ich nicht oder nicht mehr die Fähigkeiten hätte, Menschen und Tieren in der Weise zu helfen, wie es mir gegeben ist? Ich weiß genau: Dann wäre ich sehr "arm" und unglücklich, arm im Geist vor allem. Diese Brücke zu meiner Mitwelt, zu Menschen und Tieren, möchte ich niemals abbrechen. Denn sie trägt mich, sie gibt meinem Leben Sinn.

Vom Leben und vom Sterben

Woher hast du deine Fähigkeiten?", werde ich immer wieder gefragt. "Waren sie einfach ‚da'? Oder hast du sie bei irgendwem erlernt?"

Die Antwort ist komplizierter, und vermutlich liegt sie in der Geschichte meiner Familie. Sie ist in meinem Elternhaus zu finden, ganz besonders aber in meiner außergewöhnlichen Beziehung zu meinen Großeltern. Was ich als Heiler und Seher kann, hat eine geheimnisvolle familiäre Vorgeschichte. Sie hat mich in einem Maße geprägt, das weit über alles hinausgeht, was Vorfahren teils durch ihre Gene, teils durch Erziehung an ihre

Nachkommen weitergeben. Es ist mehr, und um dieses mysteriöse "Mehr" soll es auf den folgenden Seiten gehen.

In einem spirituellen Sinn hat meine Lebensgeschichte schon lange vor meiner Geburt begonnen. Damit meine ich nicht einfach die biologische Vererbung von besonderen Neigungen und Begabungen. Ich glaube, es geht um viel mehr, wenn sich in meiner Familie besondere heilerische und hellsichtige Fähigkeiten gezeigt haben. Meines Erachtens findet hier nicht bloß eine genetisch erklärbare Übertragung statt wie bei der Weitergabe von bestimmten Wesenszügen, von Körper- und Gesichtsmerkmalen. Niemand braucht esoterisch herumzuspekulieren, um zu ergründen, weshalb ich von meinem Vater die markante Nase habe, von meiner Mutter das ausgeprägte Kinn, von der Großmutter das ebenmäßige Gesicht. Aber wie kommt es, dass ich zum Heiler und Seher wurde? Hier spielt etwas "Höheres" mit: eine göttliche Gnade, die aus unerfindlichen Gründen einem bestimmten Menschen zuteil wird - die er im Laufe seines Lebens aber auch wieder verlieren kann, wenn er sich der Bedeutung dieser Gabe nicht bewusst wird oder als unwürdig erweist. Das Wirken dieser "höheren" Macht erweist sich an immer wiederkehrenden "Wundern", wie sie schon meinen Vorfahren widerfuhren - und auch auf meinem eigenen Lebensweg ein ums andere Mal Zeichen setzten.

In diesem besonderen Sinn sehe ich mich als Erbe meiner Ahnen, insbesondere meiner Großeltern und meiner Eltern.

Auf eine geradezu wunderbare Weise hat offenbar eine göttliche Kraft ihre schützende "Hand der Gnade" über uns gehalten - gerade in schwierigsten Zeiten und Situationen, in denen der menschliche Verstand an seine Grenzen stößt.

Von einigen dieser wundersamen Begebenheiten möchte ich nun erzählen. Sie trugen sich zu, als ich der kleine todkranke Christos war; bewusst erlebt habe ich sie nicht, ich kenne sie nur aus Erzählungen des Vaters, der Mutter und des Großvaters. Und dennoch: Wenn ich mich heute an diese Erzählungen erinnere, so scheint es mir, als sei ich leibhaftig dabeigewesen, als hätte ich mich mit allen meinen Sinnen dort, an jener Stelle befunden, wo es zum Beispiel für meinen Vater um Leben oder Sterben ging. Denn mehr als einmal wurde er, wie durch ein Wunder, vor dem scheinbar unausweichlichen Tod gerettet.

Aber zunächst möchte ich auf einige wichtige Einzelheiten der Geschichte der Familie Drossinakis näher eingehen. Um zu verstehen, weshalb mein eigenes Leben keinen anderen Verlauf genommen hat, sind sie von entscheidender Bedeutung.

Mein Großvater mütterlicherseits - geboren in der Türkei auf der Mittelmeerinsel Marmaras - war mit Fähigkeiten gesegnet, die ihn zu einem Hochsensitiven machten. Schon damals, Anfang des 20. Jahrhunderts, trugen sie ihm einen famosen Ruf als Hellseher und telepathisch begabten Mann ein. Dabei war Großvater eigentlich "nur" ein einfacher Hirte, der sich um etwa 500 Ziegen und Schafe kümmerte. Tatsächlich aber war er - und das wie selbstverständlich - zu weit mehr fähig, als nur Tiere zu hüten.

So "wusste" er von jeder Familie der Inselnachbarschaft intuitiv im voraus, welches Kind wann in sie hineingeboren werden würde. Ebenso "kannte" er irgendwie den Todestag von vielen Menschen der weiteren Umgebung. Als ich heranwuchs, wurde mir immer klarer, dass Großvater ein besonderer Mann war, einer, der sich durch ungewöhnlichen Scharfsinn auszeichnete, der nicht einfach mit einem logischen Verstand gleichzusetzen war. Großmutter war eine ungewöhnliche Kräuterheilkundige - wahrlich eine Schamanin, als die sie in vergangenen Kulturen verehrt worden wäre. Sie bewahrte und praktizierte in der Tat ein uraltes überliefertes Wissen, das bedauerlicherweise mehr und mehr in Vergessenheit geraten ist. In einer der folgenden Geschichten sollte dieses Wissen eine immense Bedeutung erlangen.

Erst 1922, als nach dem Ersten Weltkrieg erneut kriegerische Konflikte zwischen Türken und Griechenland ausbrachen, übersiedelten meine Großeltern auf die Insel Euböa nach Chalkida, rund hundert Kilometer nordöstlich von Athen. Dort wurde ich geboren. Vielleicht war es kein Zufall, dass das Schicksal meine Großeltern ausgerechnet nach Chalkida führte, in eine altehrwürdige, zu einer frühen Hochkultur gehörende Stadt, deren erste Zeugnisse von Historikern auf über 6000 Jahre zurückdatiert werden.

Auch die eigene Familie hat Großvater mit seinen hellsichtigen Voraussagen nicht verschont. Das tat er gewiss nicht deshalb, weil er Freude daran hatte, andere zu schockieren. Nein, seine Weissagungen verstand er als einen wichtigen Teil der Wahrheit über das menschliche Leben, als ein Aufzeigen von Wesentlichem, das allzuoft übersehen oder verdrängt wird. Warum den Tod verschweigen? Warum das abwegige Spiel mitmachen, dem so viele Menschen zum Opfer fallen, indem sie sich auf absurde Weise vorgaukeln, der Tod werde immer nur "die Anderen" treffen, nicht sie selbst oder die eigene Familie? Nein, Großvater verstand seine hellseherischen Botschaften als einen Akt der Aufklärung, mit dem die Menschen seiner Umgebung ein wenig mehr erkennen und verstehen konnten von dem Mysterium, das der ewige Zyklus von Werden und Vergehen, von Geburt und Tod darstellt.

Eines Tages sagte Großvater meinen Eltern voraus: Es werde ihnen ein

Sohn geboren werden. Doch Gott der Schöpfer werde ihn nach nur einem Lebensjahr wieder zu sich nehmen.

1935 wurde kam der erste Sohn meiner Eltern zur Welt; er war kaum ein Jahr alt, als er trotz intensiver Rettungsversuche an einer schweren Krankheit starb.

Neben jener grauenvollen Weissagung hatte Großvater meiner Mutter aber noch eine tröstliche Prophezeiung mitgeteilt: Wenige Jahre nach dem schmerzlichen Verlust, so vertraute er ihr an, werde sie noch zwei Söhne und zwei Töchter gebären.

Bald darauf wurde unsere Familie vom nächsten Krieg heimgesucht. Mein Vater wurde zum Militär eingezogen. Angst und Unsicherheit vor dem Ungewissen machten sich breit, erdrückend schwer lasteten sie auf der Bevölkerung der Insel. Krieg - das bedeutete ständige Sorge und Furcht, schmerzhaftes Leiden und Sterben, Verlust, Trauer, nicht jedoch durch natürliches Geschehen, sondern durch Gewalt und Willkür. Nun plötzlich hatte die Kralle dieser Gewalt auch in unser Familienleben eingegriffen. Ein unerbittlicher Marschbefehl beorderte Vater nach Albanien, in den Kampf gegen deutsche Truppen.

Eine scheinbar unbedeutende Begebenheit trug sich wie beiläufig zu, als Vater bei einem kurzen Heimaturlaub in vertrauter Umgebung Erholung von den körperlichen und psychischen Belastungen des Krieges genießen konnte. Als er, voller Angstgefühle, wieder seine Sachen für die Rückkehr an die Front zusammenpackte, drückte Großmutter ihm eine kleine Bibel in die Hand, gerade so groß, dass sie in die Jackentasche seiner Uniform passte. Scheinbar war es nur eine rituelle Geste von liebevoller Zuwendung und Fürsorge, wie wir sie von ungezählten Großmüttern und Müttern dieser Welt in allen nur erdenklichen Gefahrensituationen kennen. Doch schon die eindringlichen Worte, die Großmutter damit verband und keinen Anflug von Zweifel aufkommen ließ, machten deutlich, dass mit dem Geschenk dieser kleinen Bibel viel mehr geschehen war als das, was Vater in diesem Moment darin sehen konnte. "Nimm diese Bibel mit dir, trage sie immer bei dir, und dir wird nichts passieren. Du kommst gesund wieder zu deiner Familie zurück."

Bald darauf sollten sich Großmutters Worte auf eine schier unglaubliche Weise bewahrheiten.

Voller Angst war mein Vater an den Einsatzort in Albanien zurückgekehrt, gezwungenermaßen. Immer wieder gingen ihm Gedanken und Bilder des Schreckens durch den Sinn. Er wollte doch niemanden töten, er wollte auch selbst nicht getötet oder verwundet werden. Doch das, was als

Kriegsmaschinerie bezeichnet wird, zog ihn unerbittlich hinein in das mörderische Geschehen.

Kaum von seinem Heimaturlaub zur Truppe nach Albanien zurückgekehrt, wurde er in ein Gefecht geschickt. Es war ein makabrer Kontrast: Warmes, wohltuendes Sonnenlicht schien auf das Land, doch die Luft war erfüllt vom dröhnenden Lärm des Krieges. Hinter einem Felsbrocken hatte Vater Stellung bezogen und gleichzeitig Schutz gesucht vor den tödlichen Geschossen der Deutschen. Selbst in dieser extremen Situation wollte er nicht seiner Überzeugung untreu werden: Er wollte niemanden töten, ja nicht einmal verletzen. Also zielte er mit seinem Gewehr nur scheinbar auf feindliche Soldaten, tatsächlich aber recht gezielt daneben, wenn er einen Deutschen ausgemacht hatte.

Da plötzlich geschah es: In der feindlichen Linie, genau ihm gegenüber, bäumte sich ein deutscher Soldat, von einer Kugel getroffen, schreiend auf. Vater war verstört, wusste zunächst nicht, wie er sich verhalten sollte. Einfach weitermachen, unbeirrt weiter teilnehmen an dem tödlichen Spiel Krieg, als sei es eine selbstverständliche Pflichterfüllung? Das war ihm schlagartig unmöglich geworden. Was aber tun mit dem Wissen, dass der Feind gegenüber qualvoll leidend in seinem Blut lag - und elendiglich krepierte? Nach den ersten Schrecksekunden musste mein Vater nicht lange nachdenken. Wie von einer unsichtbaren Kraft, von einem unbegreiflichen nachdrücklichen Impuls angetrieben, erhob er sich im Kugelhagel des Gefechtes aus seiner Deckung; zwischen den Fronten rannte er zu dem getroffenen "Feind" hin. Er rannte nicht um sein eigenes Leben, sondern um das eines ihm völlig unbekannten Soldaten. Dort angekommen, wie durch ein Wunder unverletzt, blickte er zurück. Im selben Moment sah und hörte er, wie an genau jener Position, wo er soeben noch in Stellung gekauert hatte, mit einem fürchterlichen Krach eine Granate einschlug und alles im Umkreis von vielen Metern in zigtausend Stücke zerfetzte.

Wie ein Zuschauer erlebte er diesen Granateneinschlag, so als hätte er schon gar nichts mehr mit ihm zu tun, denn jetzt ging es darum, die starke Blutung des wimmernden Deutschen zu stoppen, ihm die Wunde zu verbinden, ihm Wasser zu geben, ihn in Sicherheit zu bringen.

In all der Hektik und bei aller Anspannung fiel ihm auf, dass der schwer verwundete Mann ein ausgeprägtes Muttermal an der rechten Seite der Nase hatte.

Dieses Ereignis schien damit ein glückliches Ende gefunden zu haben. Vater ahnte nicht, dass sich bald eine aufregende Fortsetzung ergeben sollte.

Zuvor aber wurde er ein weiteres Mal auf wundersame Weise vor Verwundung, Schmerz und Leiden bewahrt.

Bei einem der nächsten befohlenen Einsätze kam Vater unvermittelt auf den Gedanken, einfach nur in die Luft zu schießen, um den militärischen Gegner allenfalls zu erschrecken, nicht jedoch zu treffen. Plötzlich wurde er selbst von einem gewaltigen Schlag, irgendwo an der Brust, getroffen und umgeworfen. Noch im Sturz wurde er ohnmächtig. Als er wieder zu sich kam, war der Gefechtslärm verstummt; eine ungewohnte, aber auch unwirkliche Ruhe lag über dem Schlachtfeld. Zunächst wusste er gar nicht, ob er in die Wirklichkeit des Krieges zurückgekehrt war oder sich in einem Traum befand. War er tot, in einer anderen Welt? Doch schnell machte ihm ein brennender Schmerz in der linken Brustseite die Realität wieder bewusst. Er spürte den Schmerz gerade an jener Stelle, wo er am Abend zuvor die kleine Bibel seiner Mutter nach der abendlichen Lektüre in die Brusttasche seiner Uniform gesteckt hatte.

Wie in Trance tastete er nun nach der Bibel, zog sie aus der Tasche heraus - und sah fassungslos, dass eine Gewehrkugel in ihr steckte, aufgefangen von den vielen Seiten mit den heiligen Geschichten. Großmutters Verheißung hatte sich also auf wundersame Weise erfüllt: "Nimm diese Bibel mit, trage sie immer bei dir, und dir wird nichts geschehen!"

In diesem Moment begann Vater hemmungslos zu schluchzen, geschüttelt von Fassungslosigkeit und einem tiefen Gefühl der Dankbarkeit für eine wunderbare Errettung. "In diesem Moment", hat er mir später erzählt, "wuchs mein Glaube an eine höhere Macht, die denkt und lenkt, ins Gewaltige an."

Schlagartig wurde ihm wieder einmal die Nähe von Werden und Vergehen bewusst. War der Zusammenhang etwa Zufall, dass er ein Leben - das eines deutschen Soldaten - so entschlossen gerettet hatte, ohne zu fragen, zu zweifeln und zu zögern - und nun sein eigenes Leben auf wunderbare, unbegreifliche Weise gerettet worden war? Nein, sogleich war ihm klar: Zufall konnte das nicht sein. Es war das Wirken einer höheren Macht.

Diesen Glauben, diese Überzeugung hat mein Vater an seine vier Kinder weitergegeben, auch an mich. Schon frühzeitig hat er mir verständlich gemacht, was der sogenannte "Wunderglaube" wirklich ist, wie wir ihn zu verstehen haben. Und er sagte zu mir: "Wunder geschehen immer wieder und ständig auf der Erde. Vergiss nie: Wenn du ein Leben rettest, das verloren schien - egal, ob das Leben eines Menschen oder Tieres -, so ist das ein Wunder."

In diesem Sinn ist mein eigenes Leben voller Wunder.

Bald nahm diese Geschichte ihre Fortsetzung. Ungefähr ein halbes Jahr später kehrte Vater zur Familie zurück - unversehrt, wie es Großmutter prophezeit hatte, aus einem Krieg, in dem es unendlich viel Leid und viele Opfer, Verwundete und Tote, gegeben hatte. Die Inselbewohner mussten die Besatzung durch deutsche Truppen hinnehmen; dennoch begann sich das Leben allmählich zu normalisieren. Allerdings gab es zuwenig zu essen, ja, oft gar nichts. Zudem machten Partisanen die Gegend mit ihren unberechenbaren Scharmützeln unsicher; immer wieder sorgten sie für gefährliche Situationen, in die auch harmlose Zivilisten unschuldig gerieten.

In dieses recht triste Leben wurde ich hineingeboren, unter schweren Mangelerscheinungen leidend und sterbenskrank. In jenen düsteren Wochen und Monaten sorgte sich mein Vater nicht nur um mich - wie ich es in dem Kapitel "*Erleuchtung - Die Gnade des göttlichen Lichts*" beschrieben habe -, sondern er dachte auch häufig an die ungewöhnliche Begegnung mit dem deutschen Soldaten, der ja eigentlich sein Feind gewesen war. Jenes flüchtige Kennenlernen unter extremen Erschwernissen ließ ihn nicht los. Immer wieder musste er auch Nachbarn Antwort und Erklärung geben auf die Frage: Warum hast du das getan? Warum hast du für einen "Feind" dein Leben riskiert? War das nicht Wahnsinn?

Und Vater blieb bei immer derselben Antwort: "Ich musste es tun, ich konnte nicht anders. In jenem Moment war er kein Feind, sondern nur ein leidender Mensch, der Hilfe brauchte. Es war nicht mehr von Bedeutung, wer er war, woher er kam. Diese Überzeugung hat mir die Kraft verliehen, mitten im Gefecht meinen eigenen Schutz zu verlassen und zu ihm zu rennen."

Ungläubig hörten die Daheimgebliebenen seinen Worten zu. War er nun ein Held? Oder ein Dummkopf?

Davon abgesehen hatte mein Vater natürlich ganz andere Probleme als ethische Diskussionen über umstrittene Heldentaten. Seine Familie hatte nichts zu essen. Und sein Junge, Christos, war sterbenskrank; ohne ein Minimum an Nahrung würde er nicht lange überleben können.

Eines Abends - die Zeit der von den deutschen Besatzungstruppen angeordneten Ausgangssperre war schon angebrochen - wollte sich Vater, tief betroffen von dem erbarmungswürdigen Anblick, den ich bot, auf den Weg zu seinem Bruder machen, um irgendetwas zu essen aufzutreiben. Natürlich wusste er durchaus, dass er nun etwas Gefährliches wagte, etwas Ähnliches wie den irrwitzigen Lauf durch das Gefechtsfeuer, hin zu jenem verwundeten Soldaten. Denn allen Inselbewohnern war bekannt: Wer nach acht Uhr abends ohne Sondergenehmigung auf einer Straße oder im Gelände angetroffen wurde, musste damit rechnen, sofort erschossen zu werden. Wer bei Dunkelheit entdeckt wurde, galt als Partisan, für den es keine Gnade gab.

Vater kannte diesen Schießbefehl. Doch die Sorge um mich, sein schwerkrankes Kind, trieb ihn aus dem Haus, mit zitternden Beinen und einem unheimlichen Druck, der schwer auf der Brust und dem Bauch lastete. Denn auch das war ihm bewusst: Falls er ein Opfer dieses gnadenlosen Schießbefehls werden würde, dann hätte die Familie nicht nur den Sohn, Ehemann und Vater verloren. Dann hätte der kranke Christos wohl verhungern müssen; der ganze Mut der Verzweiflung und die Entschlossenheit, das lebensbedrohliche Risiko einzugehen, wären vergeblich gewesen.

Es war, als hätten Vaters peinigende Gedanken genau das angezogen, wovor er sich fürchtete. Schon an der nächsten Straßenecke, kurz nachdem er unser Haus verlassen hatte, wurde er von einer deutschen Patrouille und einem Offizier schneidend scharf zum Stehenbleiben aufgefordert. Und wie um das Maß des Schreckens übervoll zu machen, stand bei dem Soldaten ein Kollaborateur, das Gesicht unter einer Kapuze verhüllt. Ohne Zögern deutete er auf Vater und behauptete: "Dieser Mann ist ein Partisan!"

Nach den ersten Sekunden des Entsetzens rief Vater beschwörend zurück: "Ich bin kein Partisan! Kennst du überhaupt meinen Namen? Sag dem Deutschen die Wahrheit!"

Da mischte sich der Offizier ein und befahl dem Kollaborateur, Vaters Namen zu nennen, als Zeichen und Beweis für seine Glaubwürdigkeit. Verwundert hörte mein Vater den Klang der Stimme des deutschen Offiziers, als dieser sich ihm zuwandte: "Ich kenne deine Stimme, wir sind uns schon einmal irgendwo begegnet. Was machst du hier draußen, was hast du vor? Du kennst doch die Anordnung der Ausgangssperre und den Schießbefehl."

Vater wollte ihm nichts vormachen; er wollte kein Täuschungsspiel treiben, um seine Haut zu retten. Er sagte einfach die Wahrheit: "Mein Kind, Christos, ist schwer krank, der Arzt hat ihm vitaminreiche Kost verordnet. Aber wir haben nichts mehr. Ich will zu meinem Bruder, um etwas zu essen zu holen ..."

Der Offizier dachte einen Moment nach. "Du brauchst nicht zu deinem Bruder zu gehen. Wir wollen uns davon überzeugen, ob du überhaupt ein Kind hast und ob es wirklich schwer krank ist, wie du behauptest. Wenn du uns anlügst, werde ich dich auf der Stelle erschießen lassen."

Doch Vater erlebte die Bestätigung für seine Überzeugung: Die Wahrheit siegt.

Zu Hause kam der deutsche Offizier an mein Bett. Als er auf mich herabblickte, drehte er seinen Kopf nach links. Da erkannte Vater das unverwechselbare Muttermal am rechten Nasenflügel wieder: Dieser Offizier war eben jener Soldat, dem er im Gefecht in Albanien das Leben gerettet hatte!

Erschüttert von dieser Erkenntnis, ja von dieser Offenbarung umarmte der Soldat Vater, Mutter und auch mich. Er weinte und schluchzte - so sehr überwältigte ihn in diesem Moment das Gefühl darüber, dass er nicht den Befehl gegeben hatte, Vater gleich hinzurichten.

Voller Dankbarkeit seinem Retter gegenüber kündigte er an: "Du brauchst nicht zu deinem Bruder zu gehen, ich gebe euch Essen für euer Kind und für euch."

Dann aber ging er abrupt hinaus und gab den Befehl, den Kollaborateur für seine Lüge zu erschießen. Entsetzt flehte Vater für dessen Leben, bat um Gnade, die auch er selbst erlebt hatte - vergeblich.

Schon am nächsten Tag kam der Offizier in Begleitung eines Adjutanten zurück - mit reichlich Essen für die ganze Familie und für mich.

Dieser Tag hat vermutlich entscheidend dazu beigetragen, dass mein Leben bewahrt wurde und ich allmählich wieder gesund werden konnte.

Jedenfalls begann mit jenem Tag eine ungewöhnliche Freundschaft, die von einem gegenseitigen Geben und Nehmen bestimmt war. Der deutsche Soldat beschaffte uns, was wir brauchten, auch Medikamente für ihm fremde Freunde unsererseits, wenn es sein musste. Dafür erhielt er, was er brauchte: Noch immer peinigten ihn Schmerzen im Bauch, dort, wo das Geschoss ihn getroffen und verwundet hatte. Großmutter wusste ein Mittel dagegen: Sie bereitete eine Kräutermischung für ihn zu und überreichte sie mit den Worten: "Lege sie auf die schmerzende Stelle, und die Schmerzen werden vergehen."

Nur einige Tage später erlebte der Deutsche die verheißene Wirkung.

Eines Tages aber - ich war schon wieder etwas zu Kräften gekommen - sagte ich zu Vater: "Papa, wir werden den Onkel nicht mehr sehen."

Tatsächlich wurde der Deutsche zum Einsatz nach Russland befohlen. Von dort kehrte er nicht mehr zurück.

Doch vergessen haben wir ihn und die ungewöhnliche Geschichte mit ihm nicht, und auch mich beschäftigt und beeindruckt sie bis heute. Denn dass ich heute als Heiler Leben retten und wieder lebenswert machen darf, verdanke ich in einem gewissen Sinn auch dem Umstand, dass Vater damals einem deutschen "Feind" das Leben gerettet hat. Obwohl jener Kollaborateur sterben musste - was meinen Vater tief getroffen hat -, hatte sich da in seinen Augen ein "Wunder" zugetragen. Eine wunderbare Kraft hatte sich offenbart, welche die Grenzen zwischen zwei sich feindselig gegenüberstehenden Lagern überwand und auflöste. "Es war das Wunder der Liebe, das sich hierbei ereignete", hat Vater ständig wiederholt, wenn er mir diese Geschichte wieder einmal ganz genau mit allen Einzelheiten erzählen musste. Und er schloss mit den Worten: "Die Liebe ist die einzige Sprache, die jeder versteht. Die einzige Sprache, in der Menschen Grenzen überwinden und mit ihresgleichen, mit Tieren, mit allen Geschöpfen auf dieser Erde sprechen und sich verständigen können."

Wenn ich mich heute ein weiteres Mal an jene wundersamen Ereignisse von damals erinnere, dann muss ich feststellen: Vater hatte wohl recht.

Mit Tieren geistig verbunden

Mit einem anderen, scheinbar fremden Lebewesen, mit einem Tier zu "verschmelzen", über intensive Empfindungen mit ihm die besondere, unvergleichliche Sprache des Mitfühlens und Verstehens zu sprechen - das gehörte für mich schon von früher Kindheit an zu den beeindruckendsten und unvergesslichen Erlebnissen und Empfindungen. Oftmals waren meine Gefühle, die ich bei Begegnungen mit Tieren empfand, so intensiv, aber auch so ungewöhnlich, dass es mir heute noch schwerfällt, sie in Worte zu fassen. Es gibt Dimensionen unseres Daseins, in denen keine Sprache der Welt ausreicht, um das Erlebte, vor allem das Erfühlte wiederzugeben. Denn dabei werden Grenzen überschritten - Grenzen, die wir gewöhnlich als normal und naturgegeben ansehen, weshalb wir sie gar nicht erst zu überschreiten versuchen.

Doch schon als ich noch ein kleiner Junge war, haben mir Tiere gezeigt, dass wir durchaus ohne Worte, ohne unsere gewohnte Sprache miteinander reden können; sie haben mich gelehrt, dass und wie wir Grenzen überschreiten können. Es gelingt uns nur mit der Kraft des Fühlens - indem wir uns in die vielen Menschen unbekannte Dimension des grenzenlosen Vertrauens und der grenzenlosen Liebe fallen lassen.

Die frühe Begegnung mit einem Fuchs, mit einer fremden Katze, mit einem kleinen Spatz, der von irgendwoher aus der Luft zu mir geflogen kam, erinnern mich immer wieder daran.

Schon als Zweijähriger hatte ich eine große Freude daran - nein, mehr noch, es machte mich richtig glücklich -, wenn ich mit verletzten Tieren spielen konnte und sie dabei wie selbstverständlich "behandelte" - ohne dass mir dies zu jener Zeit allerdings bewusst gewesen wäre. Ich wusste noch nicht, was ich tat und was durch mich geschah.

Was dabei passierte, war nichts Belangloses. Auch wenn es in einem Fall bloß um die spontane Heilung eines kleinen, dünnen Spatzenbeinchens ging, hatte es für mich eine Bedeutung, die weit darüber hinausging.

Um zu verdeutlichen, wovon ich rede, möchte ich den berüchtigten Begriff des sogenannten Placebo-Effekts ins Spiel bringen. Seit es Heiler gibt, mit all ihren mehr oder weniger erstaunlichen Wirkungen und höchst erfreulichen Folgen, sehen sie sich mit dem abfällig gemeinten Vorwurf konfrontiert: Was sie zustande bringen, seien nichts weiter als Placebo-Effekte. Das soll im Klartext heißen: Einbildung, Suggestion, Scheinheilung. Nichts Ernstes, nichts Echtes, nichts "Wirkliches" also.

Sonderbarerweise zeitigt dieses angeblich "Irreale" immer wieder so segensreiche medizinische Realitäten, dass es höchste Zeit ist, den phänomenalen Placebo-Effekt genauer zu erforschen; immerhin gibt es eine Unmenge von Menschen, die bisher durch Placebo-Wirkungen wieder gesund geworden sind. Davon abgesehen wirkt Geistiges Heilen nachweislich auch bei Lebewesen, denen wir schwerlich zutrauen würden, auf Suggestionen hereinzufallen und sich Heilwirkungen einreden zu lassen: nämlich bei Kleinkindern und Tieren. In diesem Kapitel möchte ich Ihnen über einige erstaunliche Erlebnisse berichten, die ich mit Tieren hatte. Urteilen Sie, ob das, wovon ich erzähle, Scheinheilung sein könnte - oder ob es mehr, viel mehr ist.

Soweit ich mich zurückerinnern kann, haben fremde Tiere jeglicher Art immer schon meine Nähe gesucht. Das lag sicherlich auch daran, dass ich Tiere auf eine besondere Art liebte, weit mehr, als es meine Mitmenschen taten. Wie Griechenland-Touristen wissen, zählt bei einem Großteil meiner Landsleute ein Tierleben leider nicht sonderlich viel. Zum typischen Straßenbild gehören Scharen von ausgemergelten, jämmerlich verwahrlosten Katzen, die wild umherstreunen, gezeichnet von Ungezieferbefall und übersät von Kratz- und Bisswunden, die sie sich im täglichen erbarmungslosen Überlebenskampf an aufgerissenen Müllsäcken zugezogen haben; die meisten Hunde führen buchstäblich ein Hundeleben; unzählige Vögel werden aus purer Lust am Herumballern gnadenlos abgeknallt. Die wenigen Tierschützer in Griechenland führen bis zum heutigen Tag einen frustrierend unergiebigen Überzeugungskampf gegen Lieblosigkeit, Gleichgültigkeit, kühles Nutzendenken gegenüber fast allem, was vier Beine hat. Es ist diese weitverbreitete emotionale Kälte gegenüber unschuldigen, hilflosen Tieren, die mich entsetzt, zutiefst traurig macht und oftmals regelrecht anwidert - und zumindest in dieser Hinsicht ist der Grieche Christos Drossinakis ziemlich "aus der Art geschlagen".

Dass mir von klein auf immer wieder fremde Tiere nahe sein wollten, hatte aber noch einen zweiten Grund, wie mir allmählich immer klarer wurde: Viele von ihnen holten sich von mir bei Beschwerden und Krankheiten die Hilfe und Heilung, die sie benötigten. Ihr Glück war es, dass ich sie ihnen tatsächlich geben konnte.

Aber woher und wie konnten die Tiere das wissen - zu einer Zeit, als mir selbst diese Fähigkeit zum Helfen und Heilen noch gar nicht bewusst war?

Ich war vier oder fünf Jahre alt, als ich eines Tages, gegen Mittag, draußen vor dem Haus meine Bohnensuppe aß. Da flatterte keck ein kleiner Spatz heran und ließ sich unmittelbar vor mir auf dem Tisch nieder, anscheinend ohne die geringste Scheu. Da stand er nun, Auge in Auge mit einem Suppe löffelnden Riesen - doch zu meinem Erschrecken stand das Vögelchen nur auf einem Bein; das andere blieb wie eingeklemmt unter seinen kleinen Leib angewinkelt. Intuitiv wusste ich, dass sich dieses kleine Lebewesen von mir Schutz und vor allem Hilfe erhoffte. So wie dieser kleine Spatz soeben auf den Tisch vor mir und damit in mein Leben geflogen war, genauso spontan und rückhaltlos flog diesem winzigen Wesen Gottes in diesem Moment all meine Liebe und Fürsorglichkeit zu. Ich schob meinen Teller zur Seite, nahm den Vogel vorsichtig in die Hand, streichelte ihn behutsam und schaute dabei nach, ob eine Verletzung an seinem angezogenen Bein zu erkennen war. Als sei es das Natürlichste der Welt, ließ der kleine Piepmatz das mit sich geschehen, ganz ruhig, ohne angstvolles Flügelschlagen. Er machte keinerlei Anstalten zu fliehen; stattdessen überließ er sich vertrauensvoll meinen behutsam tastenden Händen, wohl wissend, dass er von mir kein Leid zu befürchten hatte. Ohne weiter nachzudenken, zog ich vorsichtig an dem offenbar verletzten Bein und streckte es. Dabei streichelte ich immer wieder den kleinen unangemeldeten Tischgenossen. Schließlich setzte ich ihn wieder auf den Tisch.

Und das Wunder geschah: Was ich mir erhofft hatte, trat im Nu ein. Jetzt konnte der Spatz plötzlich wieder ganz normal auf beiden dünnen Beinchen über den Tisch hüpfen. Mein Herz klopfte so laut und schnell, dass ich befürchtete, die winzige schreckhafte Spatzenseele könnte dies wahrnehmen und meinen kleinen Schutzbefohlenen angstvoll das Weite suchen lassen. Doch er hatte offenbar gar kein Verlangen, schnell wieder davonzufliegen. Stattdessen setzte er sich ganz frech auf meinen Kopf, pickte erst an meinem rechten Ohr, dann durch meine Haare hindurch auf den Schädel -

allerdings so vorsichtig, dass er mir dabei nicht weh tat. Das machte mich richtig glücklich und ausgelassen. Der kleine Spatz spielte mit mir wie mit einem guten Freund.

In den folgenden Tagen und Wochen kam das mutige Vögelchen einige Male zu mir zurück, turnte auf meinem Kopf herum und spielte vorsichtig mit mir. Ich sprach mit ihm, und obwohl er meine Menschensprache ja nicht im eigentlichen Sinn verstehen konnte, war ich ganz sicher: Er verstand mich. Ich hatte das klare Gefühl, dass wir uns durch gegenseitiges Vertrauen verständigen konnten. So ähnlich beginnt vielleicht das Verstehen zwischen Mutter und Kind, das zunächst jenseits von allem Erklärlichen auf einer Ebene stattfindet, auf der es die Begriffe Angst, Misstrauen und Übelwollen einfach nicht gibt.

Der kleine Spatz hatte wohl meine Freude über sein Dasein wahrgenommen, sonst wäre er sicher nicht zurückgekommen. Ich spürte - und verstand intuitiv über die Grenze zwischen zwei biologischen Arten hinweg -, dass ich einen wertvollen Freund gewonnen hatte, der sich mir zu seinem Schutz anvertraute.

Welch ein erhebender, beglückender Vertrauensbeweis war das für mich, dass sich ein solch kleines Tier mir vollständig "auslieferte", sich mir buchstäblich in die Hand gab - und doch auf seine Weise "wusste", dass ihm durch mich nichts Böses, keine Gefahr oder Verletzung drohte.

Welche Kraft ist es, die ein solches grenzenloses, vertrautes Verstehen möglich macht?

Eines Tages dann flog der kleine Spatz von mir fort und kehrte nicht mehr zurück. Wochenlang suchte ich nach ihm in der ganzen Umgebung, in Bäumen, auf Dächern, in Sträuchern. Aber er kam nicht zurück. Da fühlte ich mit allen meinen Sinnen, wie sehr er mir ans Herz gewachsen war. Und ich spürte den Schmerz eines Verlustes. Mein kleiner gefiederter Freund hatte durch seine Anwesenheit und durch unsere innere Verbundenheit, die ich von Tag zu Tag deutlicher wahrnahm, einen Platz in meinem Leben eingenommen, dessen Leerbleiben nun eine empfindliche und unvergleichlich schmerzhafte Lücke hinterließ.

Viele werden sagen: Ach, das war doch nur ein Vogel, ein Sperling. Was macht das schon?

Für mich aber war er ein Wesen, für das ich eine tiefe Liebe empfunden habe, und fremd war er für mich überhaupt nicht. Ich fühlte mich ihm verbunden, ich sah und empfand ihn als ein Wunder der Schöpfung, dessen beglückende Nähe ich erleben durfte.

Doch es dauerte nicht lange, da wurde ich für den Verlust des kleinen fliegenden Freundes entschädigt. An einem Morgen hatte ich bei mild-warmem Wetter in einer Sandkuhle gespielt. Ich hatte mir einen Ziegelstein geholt und diesen in meiner Phantasie zu einem Lastauto werden lassen. Mit meinen Lippen verlieh ich ihm auch noch die passenden Motorgeräusche, während ich damit durch den Sand pflügte.

Da merkte ich - das heißt, zunächst fühlte ich es, bevor ich es sah -, dass sich mir eine Katze näherte. Ich unterbrach mein Spiel, hob meinen Kopf und blickte in die Richtung, aus der die Katze kam. Zumindest versuchte sie es. Denn es war nicht der normale, geschmeidige, katzenartige Gang, mit dem sie sich bewegte. Mühsam zog sie beide Hinterbeine nach, als seien sie gelähmt.

Es war ein erbarmungswürdiger Anblick, der mir ins Herz stach. Ich wusste sofort, dass die Katze litt und dringend Hilfe brauchte. Ganz dicht kam sie zu mir heran, bis an mein linkes Knie, an dem sie wie zur Begrüßung leckte.

Als wollte sie mich zu etwas auffordern, sah sie mir direkt in die Augen. Nun nahm ich sie in die Hände und streichelte sie vorsichtig. In diesem Moment empfand ich wieder diese schwer zu erklärende Verbindung aus selbstverständlichem Vertrauen und Verstehen. Als würden wir einander schon lange kennen, setzte sich die fremde Katze auf meine Brust, drückte sich an mich und legte ihren Kopf auf mein Herz, so als wollte sie tatsächlich zum Ausdruck bringen: Wir gehören zusammen. Es war das, was ich als "Moment eines Verschmelzens" bezeichne, wie ich ihn immer wieder in einer besonderen, entscheidenden Situation erlebt habe: ein Moment, in dem es um Heilung geht. Alles um mich herum wurde in diesem Augenblick unwichtig. Wichtig war jetzt nur diese Katze, die Hilfe brauchte und der zu helfen ich mir sehnlichst wünschte. Impulsiv öffnete ich meine Hände. Die Katze sprang von meiner Brust herunter, lief einige Meter weit, kehrte zu mir zurück. Kein Zweifel: Jetzt lief sie wieder normal, ohne jedes Anzeichen von Behinderung oder Beschwerden. War es nur Einbildung, als es mir so vorkam, als wollte sie mir mit ihrem auffälligen Hin- und Herlaufen ihr wiedergewonnenes Wohlgefühl zeigen? Auf jeden Fall waren meine Glücksgefühle so groß, dass ich weinte - vor Glück und aus Freude, dass diese Katze ein "neues" Leben geschenkt bekommen hatte. Und sie leckte mir die Tränen ab.

Eine ganze Weile blieb sie noch bei mir und genoss es, auf meinem Schoß zu liegen. Dabei sah sie mich durchdringend und geradezu andächtig an, bevor sie wieder davonlief.

Von da an hat sie sich jeden Abend am Fußende meines Betts zusammengerollt - und mir so in mancher kalten Nacht warme Füße "geschenkt".

Bald darauf wurde die Katze schwanger, und einige Wochen später fühlte ich mich von ihr, unvermittelt, regelrecht "gerufen", geradezu auf telepathische Weise. Eines ihrer Jungen steckte im Geburtskanal fest - es drohte zu ersticken. Im letzten Moment konnte ich ihr ein liebevoller Geburtshelfer sein. Dankbar leckte sie anschließend meine Hände. Auch in dieser Situation habe ich gefühlt und verstanden, welch große Verantwortung ich für Tiere habe - in jeder Situation. Und ich habe bestätigt bekommen, dass alle Geschöpfe Gottes im Grunde mit einer Sprache sprechen - dass sie in einer Art höherer, göttlicher Kommunikation miteinander reden können.

Wertvoll waren solche Begegnungen für mich auch aus einem anderen Grund: Diese Prinzipien, nach denen sich menschliche und tierische Gefühle verbinden, nach denen sie miteinander verschmelzen können, haben mir beträchtlich geholfen, meine Fähigkeiten zu entwickeln, sie so auszuprägen, wie ich sie heute so hilfreich für viele Menschen einsetzen kann.

Wenn ich nun einmal überanstrengt und müde bin, überfordert und belastet von Problemen, dann erinnere ich mich an diese Katze und die wunderbare Begegnung mit ihr, an die intensive Verbindung - und dann geschieht etwas Wunderbares: Schnell fühle ich mich wieder besser, als seien alle Sorgen von einem Schwamm der Glückseligkeit aufgesogen.

Dieses Gefühl der Glückseligkeit war es immer wieder, das ich bei Begegnungen mit Tieren empfunden habe - selbst bei solchen, bei denen vernünftige Erwachsenen entsetzt die Hände über dem Kopf zusammenschlagen.

Mein Großvater nahm mich oft auf seine Spaziergänge mit. Immer wieder ging er auf einen bestimmten Berg, um dort besondere Kräuter zu sammeln, die meine Großmutter für Heilzwecke benötigte. Natürlich konnte ich, der kleine Junge, mit dem kräftigen, ausdauernden Schritt meines Großvaters noch nicht mithalten. So war es nicht verwunderlich, dass ich eines sonnigen Tages müde zurückblieb und im Gras erschöpft einschlief. Doch dabei geschah Ungewöhnliches: Mit meinem Geist verließ ich meinen Körper, stieg in die Höhe und Ferne - und sah einen Fuchs. Einen Fuchs, der deutlich Schaum in seinem Maul hatte. In meiner Vision berührte ich diesen Fuchs mit meinen Händen und führte ihn zu mir.

Ich weiß nicht, wie lange mein Großvater schon auf der Suche nach den wertvollen Kräutern war und wie lange ich dort im Gras gelegen hatte, als ich die Atmung und das Lecken eines Tieres in meinem Gesicht spürte.

Schlaftrunken und irritiert öffnete ich die Augen - und sah direkt vor mir den Fuchs. Ohne jegliche Anstrengung stand er vor mir und blickte mich an, voller Vertrauen und Erwartung.

Sogleich wollte ich mit ihm spielen, streichelte ihn und setzte ihn mir auf den Schoß. Er schmiegte sich dicht an mich und leckte ein weiteres Mal mein Gesicht.

Dann stand ich auf, weil ich mit ihm spielen wollte. Da erst sah ich, dass er das rechte Vorderbein nicht aufsetzen konnte und sich nur schwerfällig fortbewegte.

Ich nahm ihn wieder in meine Hände, untersuchte sein offenbar verletztes Bein und sah, dass in der Pfote ein Dorn steckte, der heftige Schmerzen verursachen musste. Behutsam zog ich den Dorn heraus. Doch der Fuchs lief nicht fort, sondern blieb in meiner Nähe, lief mir hinterher und drückte, wie zum Dank, immer wieder seinen warmen Körper an mich.

Auch als er mich schließlich spielerisch-leicht biss, empfand ich keine Angst, sondern nur Freude über diese innige Begegnung. Was wusste ich als kleiner Junge schon von übertragbaren Wurmerkrankungen und Tollwut? Und wenn ich es gewusst hätte?

Ich lag auf dem Boden, im Gras, auf meiner Brust der Fuchs, der immer wieder mein Gesicht und meine Hände leckte. So fand uns mein Großvater, als er von seiner Kräutersuche mit einem gefüllten Korb zurückkam.

Auch da lief der Fuchs nicht ängstlich fort, sondern zu meinem Großvater hin, um ihn regelrecht zu begrüßen. So als wollte er das ungewöhnliche Geschehen dieses Tages auch noch bekräftigen, trieb mein Großvater das Tier nicht etwa drohend zur Flucht, sondern streichelte es wie einen guten Freund. Ich sah genau die Freude in seinen Augen, in seinem Gesicht.

In diesem Moment waren wir eine kleine Familie, mitten in der unberührten, wilden Natur von Euböa. Mehr noch, wir waren zu dritt "eins". Etwas Seltenes, Kostbares war hier zwischen uns Menschen und jenem "wilden Tier" entstanden. Etwas, was vielen von uns nicht einmal im Zwischenmenschlichen zu erleben vergönnt ist: ein Verstehen ohne Worte, nur durch bedingungslose Liebe für ein anderes Wesen.

Als mich mein Großvater, merkwürdigerweise ohne einen Ton der Besorgnis, fragte: "Hast du denn keine Angst, Christos?", antwortete ich mit überschäumender Freude: "Nein, Opa, ich bin doch glücklich!" Und ich erzählte ihm von meinem Erlebnis mit diesem fremden, wilden Fuchs, der im Schlaf Freundschaft mit mir geschlossen hatte.

Von diesem für mich unvergesslichen Ausflug zurückgekehrt, erzählte ich zu Hause selbstverständlich begeistert von dieser Begegnung. Doch damit löste ich bei meinen Eltern entsetzte Reaktionen aus. Sie dachten sofort an die Gefahren der "wilden Natur". Hätte ich von einem freilebenden Tier denn nicht mit einer lebensbedrohlichen Krankheit angesteckt, von Tollwut befallen werden können?

"Nein", sagte ich, der kleine Junge, zu seinen Eltern, "kein Tier wird mich beißen, weil ich sie alle liebe und mit meinen Gefühlen verstehe." Später fügte ich wissend hinzu, ohne dass es mir jemals jemand erklärt hätte: "Ein Tier beißt einen Menschen nur, wenn der Mensch es nicht versteht." Wenn die natürliche Harmonie zwischen Mensch und Tier gestört oder, schlimmer noch, zerstört ist. Diese Harmonie zwischen Mensch und Tier erzeugt einen tiefwirkenden Frieden zwischen beiden.

Sind das die philosophischen Spinnereien eines naiven Schwärmers? Nein, keineswegs, es gibt sogar so etwas wie einen Beweis für meine Deutung, die ich schon als Kind ausgesprochen habe und die für mich unverändert bis heute Gültigkeit hat.

Erst etliche Zeit später, als ich alt genug war, um die "äußeren" Fakten und Begleitumstände jenes Erlebnisses verstehen zu können, hat mir mein Großvater offenbart: Der Fuchs hatte Tollwut!

Mit dieser Feststellung beginnt ein weiteres Mysterium. Warum hat der Fuchs weder mich noch meinen Großvater gebissen? Was war der Grund, dass er so friedvoll zu uns war, selbst im engsten Kontakt? Ist die Tollwut - diese gefährliche Krankheit, die auch einem Menschen den frühzeitigen Tod bringen kann - durch unsere Begegnung geheilt worden? Oder hat die Liebe, das im Sinn des Wortes natürliche Vertrauen des Fuchses zu mir, die Krankheit blockiert?

Wenn irgendein Ereignis die Bezeichnung "Wunder" verdient, dann jenes. Aber welche Mechanismen sind es, die solch ein Wunder entstehen und geschehen lassen?

Ich glaube fest daran, dass die Liebe - in welcher Art, auf welche Weise auch immer sie zum Ausdruck gebracht werden mag - das Prinzip eines Wunders ist.

Im übrigen sollten wir uns bewusst machen, dass wir täglich von "Wundern" umgeben sind. Ist eine Geburt nicht ein Wunder? Ist die menschliche Entwicklung keines? Ist die unerwartete, von keinem Arzt vorausgesehene Hilfe, die ein Heiler für einen Schwerkranken zu leisten vermag, nicht ein Wunder?

Die Antwort können wir uns geben, wenn wir mit unseren tieferen Gefühlen verstehen lernen. Dann verstehen wir auch all die Wunder um uns herum und ihr wahres Wesen.

Zwei von ganz wenigen Fotos aus meiner Schulzeit: Bei einer Parade am griechischen Nationalfeiertag, an dem wir die Befreiung von den Türken feiern (li.: der dunkelgekleidete Junge ganz vorne bin ich); beim Speerwerfen während einer Schulsportstunde (re.).

Solch ein Wunder habe ich auch mit dem Hund Blacky erlebt. Er gehörte einem Onkel in der Nachbarschaft, der sich als guter Jäger einen Namen gemacht hatte. Für mich allerdings war das, was er tat, alles andere als gut. Jedes Tier, das er erlegte, bedeutete für mich Schmerzen.

Blacky war mir ans Herz gewachsen, auch deshalb, weil er oft an meinem Bett gestanden hatte, wie um mir zu zeigen, dass ich auch in schwerer Zeit nicht vergessen werde. Später wurde Blacky von einem Fuchs angefallen und dabei so schwer am Hinterkopf verletzt, dass ich ihn intuitiv auf meine Art "behandelte". Vermutlich hat ihm dies das Leben gerettet. Von diesem Tag an bestand eine ungewöhnlich innige Beziehung zwischen Blacky und mir.

Doch es sollte noch eine Steigerung in unserer Freundschaft möglich sein - über eine telepathische und hellhörende Kommunikation, bei der es auffallenderweise wieder um Leben oder Sterben ging.

Eines Morgens "hörte" ich in mir die Stimme dieses Onkels, ohne dass er in meiner Nähe gewesen wäre. Ich hörte, klar und deutlich, wie er zu seiner Frau sagte: "Blacky ist alt geworden, er kann nicht mehr richtig laufen und ist kein Jagdhund mehr. Ich werde ihn erschießen."

"Erschießen" - bei diesem Wort zuckte ein schmerzender Stich durch mein Herz. Blitzartig verband ich den Namen Blacky und Erschießen zu einem Schreckensbild und wusste sofort: Dazu darf es nicht kommen, dass ich meinen geliebten Blacky verliere. Allein schon die Vorstellung war mir unerträglich.

Was aber konnte ich, der kleine Junge, dagegen überhaupt tun? An den Worten, an der Botschaft - eine solche war es wohl, eine von irgendwoher an mich geschickte Botschaft, die ich aus der Ferne gehört hatte - habe ich jedenfalls keinen Moment gezweifelt. Schon damals war es "ganz normal" für mich, auf so ungewöhnliche Weise oftmals überraschende Informationen zu empfangen. Ich wusste natürlich noch nicht, dass dieses Phänomen als Hellhören bezeichnet wird.

Wie selbstverständlich begann ich nach meinem ersten Erschrecken zu beten - zu einem Gott, von dem ich überhaupt keine Vorstellung hatte. Ich habe ganz einfach, aber inbrünstig gebetet, dass Blacky nicht erschossen werden sollte.

Seltsam: Nach diesem kurzen, innigen Gebet fühlte ich eine große Ruhe und Zuversicht in mir. Und ich schlief darüber ein.

Das Wunderbare, das daraufhin geschah, habe ich so, wie ich es jetzt hier wiedergebe, mit meinen "inneren Augen" klar gesehen und miterlebt, als wäre ich unmittelbar dabei gewesen. Es war die klassische außerkörperliche Erfahrung, die mir ebenfalls schon frühzeitig möglich war, wenn dafür eine Notwendigkeit bestand. Ich war mit meiner Seele, doch nicht mit meinem Körper dabei, denn ich lag gelähmt in meinem Bett.

Mein Onkel fuhr also mit Blacky in den Wald, wo der Hund, wie er es immer tat, gleich nach dem Anhalten aus dem geöffneten Fenster des Beifahrersitzes sprang. Diesmal aber lief er nicht freudig-aufgeregt ein Stück in den Wald hinein, sondern jagte um das Auto herum auf die andere Seite, stellte sich dicht vor die Fahrertür, wo mein Onkel aussteigen wollte, um sein beabsichtigtes Erschießungswerk auszuführen.

Doch Blacky bellte wie rasend und so aggressiv, dass mein eigentlich recht abgebrühter Onkel regelrecht Angst vor seinem eigenen Hund bekam. Schließlich kletterte er mühselig auf den Beifahrersitz und stieg dort aus, ging wütend um das Auto herum und legte das Gewehr auf Blacky an. Da sah er unter dem Auto, gleich unter der Fahrertür, eine Giftschlange, die zischelnd und züngelnd den Hund fixierte. Schlagartig war meinem Onkel der Zusammenhang bewusst; er begriff, dass er ahnungslos auf die Schlange getreten wäre und ihren vielleicht tödlichen Biss provoziert hätte, wenn Blacky ihn durch sein ungewöhnliches Verhalten nicht davor bewahrt hätte.

Mein Onkel legte auf die Schlange an. Dann kniete er nieder, umarmte in stiller Dankbarkeit den Hund, der eben noch todgeweiht war, küsste ihn auf den wuschelig-behaarten Kopf und dankte ihm: "Du hast mir das Leben gerettet. Auch du sollst leben. Wir fahren wieder nach Hause. Beide!"

Wie in einem Film habe ich dieses für mich so aufregende Geschehen miterleben dürfen - so als sollte mir regelrecht vorgeführt werden: "Dein Gebet ist erhört worden."

Ich bin jedenfalls sicher, auch heute noch, dass die giftige Schlange geschickt worden ist - von Gott? Von einer unbekannten Macht, um meinen Wunsch zu erfüllen und dem geliebten Hund Blacky das Leben zu erhalten? Oder war es Zufall?

Jedenfalls glaube ich, dass sich damals viel mehr ereignet hat als nur eine Wunscherfüllung. Es war die Kraft der Liebe, die das alles möglich gemacht hat. Wie heißt es doch so trefflich in der Bibel: "Denn die Liebe ist stärker als der Tod." Fürwahr, dass dies so ist, habe ich mit Blacky, mit dieser Geschichte auf eindrucksvolle und unvergessliche Weise bestätigt bekommen. Dieses Wissen von einer Macht, die scheinbar Unmögliches möglich macht, hat eine ungeheuer tröstende Kraft und Bedeutung für mich.

Manchmal überkommen auch mich große Zweifel, vor allem dann, wenn ich Menschen sehe und erlebe, die selbst verzweifelt sind. Und wenn ich dann nach Gott, nach dem Schöpfer frage, dann verschaffen mir auch die Erinnerungen an meine Begegnungen mit Tieren die Gewißheit: Gott ist nicht "im Himmel" zu finden. Er ist in jedem Menschen, in jedem Tier, in jeder Pflanze, in jedem Lebewesen und Geschöpf.

Wenn ich also in einem Moment des Verzagens nach Gott rufe und suche, dann weiß ich, wo ich ihn finden kann. Dann denke ich zurück an den Blick jener Katze, die durch meine Berührung wieder gesund geworden ist. Dann denke ich zurück an Blacky und das Wunder mit ihm. Dann denke ich zurück an einen Hund aus der Nachbarschaft, der alt und schwach im Sterben lag. Nicht einmal mehr bellen konnte er; nur ein schwaches Geräusch, wie ein letztes Aufstöhnen, gab er noch von sich. Für einen Moment hob er mit großer Mühe seinen Kopf und sah mich so tiefgründig-stumm an, so wissend, dass ich in diesem Moment wieder die Trennung vergaß: du bist ein Tier, ich bin ein Mensch. Ich bin mit ihm verschmolzen, mit diesem Augen-Blick. Ich habe die Traurigkeit und die gleichzeitige Glückseligkeit in diesem Wesen gespürt. Und er, dieser sterbende Hund, muss gefühlt haben, dass er nicht allein ist.

Ich habe ihn mit allen meinen Gefühlen und meiner Liebe begleitet in eine andere Welt, in Gottes Hand. Es war für mich ein Erlebnis, das ich immer wieder auch bei sterbenden Menschen fühle. Und jedes Mal spüre ich etwas Göttliches in mir.

Der trotzige Prophet auf der Schulbank

Als ich im Sommer 1998 nach längerer Zeit wieder einmal mein geliebtes Euböä besuchte, wurde ich dort auf der Straße von einem alten Mann angesprochen. Um die achtzig Jahre alt mochte er sein, mit runzliger, wettergegerbter Haut im Gesicht und an den Händen.

"Bist du nicht der Sohn von Drossos?", fragte er unvermittelt.

"Ja, das bin ich", antwortete ich überrascht, auch wenn ich mich nicht an ihn erinnern konnte. Woher kannte er mich?

"Weißt du noch", fuhr der Alte fort, "damals im Salon deines Vaters, du hast mir sehr geholfen. Das habe ich nicht vergessen, das werde ich nie vergessen."

Immer noch fiel mir die Erinnerung schwer an das, was sich vor fünfzig Jahren im Friseursalon meines Vaters mit diesem Mann zugetragen haben sollte.

"Komm", lächelte der Alte, "ich erzähle dir die Geschichte von damals". Nachdem wir uns in eine Taverne gesetzt hatten, begann er zu erzählen. Nach und nach wurden Szenen aus einer längst vergangenen Zeit wieder lebendig: ich, der kleine Junge von vier, fünf Jahren, der die Rolle des Friseurgehilfen routiniert übernahm, auf einen Stuhl stieg und den Kunden seines Vaters die Haarreste von den Jacken bürstete - und als besonderen, für den Kleinen jedoch selbstverständlichen Service den vielen von Krankheiten und Schmerzen geplagten Männern die Wohltat des Handauflegens schenkte.

Dieser alte Mann, der mich da angesprochen hatte, war einer von ihnen gewesen. Nach jahrzehntelanger Knochenarbeit auf dem Bau hatte er ständig unter starken Kopf- und Rückenschmerzen gelitten. Und prompt sagte ich ihm damals, nachdem ich seine Schultern und den Rücken sauber gebürstet hatte: "Onkel, ich sehe, dass du Rückenschmerzen hast, und Kopfschmerzen auch noch. Tut es dir sehr weh?"

Überrascht sah er mich an: "Ja, mein Kind, ich arbeite schwer und schleppe die Schmerzen schon lange mit mir herum."

Als sei es das Normalste von der Welt, so erzählte mir der Alte, hätte ich ihm daraufhin angeboten, meine Hand auf seinen Rücken und auf seinen Kopf zu legen, um die Schmerzen "herausziehen". Das war für ihn denn doch zu weit weg von der Realität des Handfesten, wie er sie als Bauarbeiter kannte und erlebte. Schmerzen aus dem Rücken, aus dem Kopf "herausziehen"? Nein, daran konnte er nicht glauben. Und schon gar nicht konnte er sich vorstellen, wie das überhaupt funktonieren soll. Er ließ sich aber doch, wenn auch eher belustigt als überzeugt, zu einem Versuch überreden - von meinem Vater, der so manches Mal nicht zulassen wollte, dass jemand die Fähigkeiten seines Christos ungeprüft in Zweifel zog.

Jetzt, fünfzig Jahre später, musste der Alte immer noch staunen über das, was dann geschah: Ein paar "Behandlungen" nach meiner Art, bei denen ich ihm meine Hand auf Kopf und Rücken legte - und die Schmerzen waren tatsächlich "herausgezogen" aus seinem leidenden Körper. Wie weggeblasen.

Während ich dem Alten zuhörte, kehrten wie in einem Film Bilder aus meiner Kindheit zurück, verschwommene Erinnerungen an Ereignisse, die lange Zeit vollständig im Dunkel des Vergessens verschwunden waren: beispielsweise, dass seine Frau vom Pferd gestürzt war und sich heftig an einem Knie verletzt hatte. Dass ihre Schmerzen einfach nicht vergehen wollten. Und dass ich ihm damals, vor fünfzig Jahren, mit der ganzen Erfahrung meiner gerade fünf Lebensjahre den für ihn rätselhaften Rat gegeben hatte, der eher einem alten, weisen Schamanen angemessen gewesen wäre: "Onkel, ich lege jetzt meine Hand auf deine Brust. Geh' du dann zu deiner Frau und lege ihr deine Hand auf die Brust. Du überträgst so die Kraft, die ich dir gebe. Und die Schmerzen bei deiner Frau werden verschwinden."

Es geschah, wie ich es ihm prophezeit hatte.

Es war übrigens eine der frühen Erfahrungen erfreulicher Art, durch die ich damals erlebte, dass Undank keineswegs immer der Welt Lohn ist. Ganz im Gegenteil, ich wurde nämlich geradezu fürstlich belohnt. Die wundersam geheilte Frau, eine hervorragende Köchin, bereitete zum Dank und ganz allein für mich einen herrlichen Kuchen zu. Was begehrte ich zu jener Zeit mehr an leiblichen Genüssen?

Wenn ich in solchen Köstlichkeiten schwelgen konnte - und das kurze

Zeit nach den harten, entbehrungsreichen Kriegsjahren -, dann war ich, so schien es mir, dem Himmel ein ganzes Stück näher gekommen. Diese Art von Himmelsnähe habe ich nicht gesucht, aber ich habe sie sehr genossen, mit all meinen Sinnen, wenn sich die Gelegenheit dazu bot.

Anders verhielt es sich mit meinem Drang zur himmlischen Freiheit, die ich von Kind an brauchte wie die Luft zum Atmen. Dafür nahm ich auch so manche Blessur in Kauf, wie bei unserer ganz eigenen Art von Fußballspiel, wie wir sie heute wohl nur noch bei den Kindern der Armen in Afrika oder Mittel- und Südamerika erleben können. Wir hatten uns aus alten Kleidern einen Ball gefertigt, indem wir die Stoffreste zu einem Knäuel zusammenpressten und dann mit Schnüren fest zusammenzogen. Im Sommer war dieses Gebilde ein gelungener Ballersatz; im Winter jedoch erlebten wir mit diesem "Kunstwerk" heikle Situationen, wenn sich die Stoffstücke mit kalter Nässe vollsogen; dann nämlich wurde aus dem Stoffball ein ziemlich gefährliches Geschoss, schwer wie eine Kanonenkugel. Erst nach unseren turbulenten Kickereien, bei denen wir in voller Begeisterung alles um uns herum vergaßen, sahen und spürten wir unsere Blessuren; wie ein kleiner Trupp von geschlagenen Kriegern wankten und hinkten wir dann mit blutenden Knien nach Hause - ach, es war wieder ein herrlicher Tag gewesen.

Einmal jedoch fand ein solcher herrlicher Tag für mich ein jähes Ende. Es war im Winter, mitten im hitzigsten Fußballgetümmel, als ich ohne Zögern den heranfliegenden schweren Ball mit dem Kopf gekonnt weiterlenken wollte. In diesem Moment des Eifers hatte ich leider völlig vergessen, dass dabei eher die besagte Kanonenkugel auf meinen Kopf prallte und weniger ein elastischer Ball - mit den entsprechenden Folgen: Erst sah ich Sterne vor meinen Augen tanzen, dann verabschiedete ich mich von meinen Spielkameraden ganz schnell in das Dunkel einer Ohnmacht und legte mich eine Weile auf die nasskalte Straße. Autoverkehr gab es zu jener Zeit noch nicht auf unserer Insel, mir konnte also in dieser Hinsicht nichts passieren. Von meinen Spielkameraden in gespannter Erwartung umringt und beobachtet, erwachte ich nach einiger Zeit benommen, stellte mich unsicher wieder auf die Beine und torkelte schwindelig nach Hause.

Sie werden es ahnen: Am nächsten Tag ging das nur unterbrochene Spiel weiter, als sei dieser Unfall nie geschehen. Denn das bedeutete das Spiel eigentlich für mich: frei sein, bei Wind und Wetter das tun können, was mir Freude machte. Dazu gehörte ebenso das stundenlange Schwimmen und Tauchen in der Ägäis, sobald es das Wetter und die Temperaturen nur zuließen. Die Muscheln, die ich dabei vom Meeresgrund hochholte - ich konnte mit sechs Jahren bis zu vier, fünf Metern tief tauchen, habe aber über eine solche Leistung nie nachgedacht, mir schon gar nichts darauf eingebildet -, öffnete ich mit einem verrosteten Messer. Dazu aß ich drei bis vier Zitronen am Tag; das war wohl die beste „Medizin", die ich meinem jungen Körper verabreichen konnte.

Und die Schule? Wo blieb denn da noch Zeit für den Unterricht?, werden Sie fragen. Bei soviel Fußballspielen und Schwimmen und Tauchen, und dann auch noch die „Stelle" im Friseursalon des Vaters? Was war mit Lernen, Christos? Fand das nicht statt?

Doch, ja, leider, muss ich Ihnen darauf antworten. Aber das war in der Tat ein besonderes Kapitel meiner Kindheit - für mich, für meine Eltern und ebenso für die Lehrerin.

Denn Schule bedeutete für mich eben das genaue Gegenteil von Freiheit. Deshalb entwickelte ich, der kleine Christos, schnell ein regelrechtes "Partisanenverhalten" im Unterricht. Wie das aussah? Nun, die Situation war für mich schon nach den ersten Unterrichtsstunden geklärt, danach brauchte ich nicht lange zu überlegen, was ich zu tun hatte.

Gleich nach den ersten Kontakten mit dieser unausweichlichen Bildungs"anstalt" stand für mich fest: Es gibt nichts Schrecklicheres, als in einem Klassenzimmer zu sitzen, nur um einer Lehrerin zuzuhören, was sie mitzuteilen hatte, und brav aufzuschreiben. Ich empfand dies als regelrechte Freiheitsberaubung, der ich mich auf keinen Fall beugen wollte. So schickte ich erst meine Gedanken frei nach draußen, während nur noch mein Körper in der Klasse saß. Später sprang ich leiblich meinen Gedanken hinterher, durchs Fenster, zum Entsetzen der Lehrerin und unter dem Jubel der Klassenkameraden.

Selbstverständlich folgte auf den Fenstersprung umgehend die Strafe, sobald ich wieder leibhaftig anwesend war: eine Reihe von recht schmerzhaften Stockschlägen auf die Finger und heftige Ermahnungen durch meinen wütenden Vater.

Doch an meinem Entschluss konnte das nichts ändern: Dort, in der Schule, war nicht mein Platz, dort gehörte ich nicht hin, dort konnte ich nur als Partisan überleben, der allein dem Ruf der Freiheit folgte, nicht aber den ständigen pädagogischen Ermahnungen, ich müsse doch "fürs Leben", für mein späteres Leben lernen. Was wussten denn Andere von *meinem* Leben?

Ich konnte nicht anders, als die Lehrerin zu korrigieren: "Was ich hier lerne, brauche ich für *mein* Leben bestimmt nicht." Das wusste ich schon damals ganz genau. Und ich erklärte ihr, selbstsicher und ohne jeden Zweifel, was ich für meine Zukunft voraussah und fühlte: "Ich glaube, dass ich später vielen Menschen helfen werde."

Die Lehrerin war baff: "Ja, schön, du wirst vielleicht Arzt werden. Aber dafür musst du noch viel lernen ..."

Ich entgegnete: "Das ist mir zu langweilig, dafür zu lernen, ich werde auch ohne Unterricht vielen kranken Menschen helfen, das zieht mich an. Sie werden schon sehen."

Daraufhin lachte die Lehrerin herzhaft über meine vermeintlich kindlichen Ansichten, aber auch ihr müsste klar gewesen sein, dass sich meine Zukunftspläne schon damals von den üblichen jungenhaften Berufsträumen, wie etwa Pilot oder Lokomotivführer, in bemerkenswerter Weise unterschieden. Nein, das waren für mich keine kindlichen "Flausen im Kopf". Ich wusste: Dazu bin ich *bestimmt*, zu nichts anderem. Ich wusste es so felsenfest sicher, wie dass morgen die Sonne aufgehen wird.

Doch gab es auch viele Situationen bis hin zu jener dramatischen Feuerkatastrophe, in denen meiner Klassenlehrerin das Lachen nicht über die Lippen wollte: zum Beispiel, wenn sie fassungslos miterlebte, dass sich wieder einmal eine "Prophezeiung" von mir erfüllte.

Für mich hatten solche Vorfälle nebenbei den angenehmen Effekt, dass sich dadurch die zuweilen unumgängliche Teilnahme an den öden Unterrichtsstunden auflockerte - und mit wahrem Leben erfüllte, zumindest für meinen Geschmack.

Dazu gehörte, so ganz beiläufig, dass ich oft schon im voraus wusste, zu welchem Thema unsere Lehrerin unterrichten würde - was mir zum Vorteil gegenüber den Schulkameraden gereichte und bei ihr immer wieder irritiertes Erstaunen auslöste.

Ihre Verblüffung wurde noch größer, als ich begann, sie vor Krankheiten und unangenehmen Ereignissen zu warnen. So fühlte ich mich eines Tages gedrängt, ihr wie ein erfahrener Arzt nachdrücklich zu empfehlen, sie solle doch auf ihre Lungen aufpassen. Tatsächlich war eine nicht ausgeheilte Tuberkulose wieder ausgebrochen.

Verwundert fragte sie: "Wie kannst du das wissen, woher weißt du das?"

"Ich sehe es."

"Du siehst es?"

"Ja, ich kann es ganz deutlich sehen: Ihre Lungen sind nicht in Ordnung."

Allzu gerne hätte sie meine Warnungen in Zweifel gezogen oder sich darüber lustig gemacht. Doch sie konnte nicht. Denn sie wusste nur zu genau, wie sehr ihr die Tuberkulose zu schaffen machte.

Dabei ließ ich es aber nicht bewenden; mein Stolz gebot, es nicht auf sich beruhen lassen. Manchmal, vor allem nach der Sonntagsschule, hatte ich das deutliche Gefühl, dass mit meiner Lehrerin etwas nicht in Ordnung sei, ja, dass es ihr wohl richtig schlecht gehen musste und sie Hilfe gut gebrauchen konnte. Es war, als wenn ich in diesen Momenten, die sich oft wiederholten, einen lautlosen und doch nachdrücklichen Hilferuf "hörte", so leise, dass ihn niemand außer mir vernehmen konnte. Ich machte mich dann sofort zu ihr auf den Weg, um ihr durch Handauflegen Linderung zu verschaffen. Das ließ sie bereitwillig zu.

Selbstverständlich fiel ihr nach einigen Wiederholungen meiner überraschenden Besuche auf, dass sie Zeuge eines "paranormalen" Geschehens war, und schließlich drängte es sie, mich bei einer dieser kuriosen Visiten mit wohltuendem Handauflegen zu fragen: "Christos, das ist doch mehr als merkwürdig: Immer, wenn es mir schlecht geht, bist du zur Stelle. Wie kommt das, woher weißt du das? Wie kann ich es mir erklären? Oder kannst du es mir vielleicht erklären?"

Doch ich musste ihr, jedenfalls zu dieser Frage und zu jener Zeit, eine Antwort und Erklärung schuldig bleiben. "Ich weiß es nicht - eine innere Stimme sagt mir, wenn es soweit ist, ich soll Sie besuchen, weil Sie meine Hilfe brauchen. Und dann gehe ich einfach los zu Ihnen."

Auf diese Weise wurde die Beziehung zwischen mir, dem Partisanen, und ihr, der behördlichen Lehrperson, im Laufe der Zeit doch eine ungewöhnliche, die ich schließlich sogar als herzlich empfand.

An dieser Stelle muss ich allerdings zum besseren Verständnis anmerken, dass ich ihr nach einigen Proben meiner für ein Schulkind von sechs Jahren doch recht ungewöhnlichen Fähigkeiten nicht mehr viel zu erklären brauchte. Was ihr durch meine Hände zuteil wurde, verstand sie als gottgegeben, als eine "außergewöhnliche Selbstverständlichkeit", die aus nächster Nähe mitzuerleben ihr vergönnt war.

Was sollte sie auch sagen - etwa zu der Geschichte mit der Feuerkatastrophe?

Eines Tages eröffnete ich ihr: "Frau Lehrerin, ich sehe ein großes Feuer in der Stadt, danach wird es keinen Unterricht mehr geben."

Ich selbst war hin- und hergerissen zwischen der Aussicht, dass ich vom ungeliebten Unterricht verschont bleiben würde - was für mich wieder ein Geschenk des Himmels bedeutete - und dem Gedanken an die vielen Menschen, die von einem Brandunglück betroffen sein würden.

"Wird die Schule brennen?", fragte mich die Lehrerin sofort besorgt.

"Nein!"

Dieses Ereignis sollte sich als höchst aufschlussreich erweisen. Es veranschaulicht nämlich, wie eine sogenannte "Prophezeiung", eine hellsichtige

Ankündigung zu "lesen" ist, um ihren wahren Sinn und ihre tatsächliche Bedeutung entschlüsseln zu können. Denn in dieser Voraussage wurden beispielhaft Teile von Aussagen zusammengefügt - wie selbstverständlich, ohne dass mir das damals bewusst gewesen wäre -, die bei oberflächlicher Deutung ein völlig falsches Bild des zukünftigen Geschehens ergaben. Eben so, wie die Lehrerin es vermutet und mit ihrer Frage zum Ausdruck gebracht hatte: "Wird die Schule brennen?"

Rein verstandesgemäß hatte sie die Hinweise auf "Feuer - Kein Unterricht mehr!" unmittelbar zusammengefügt, sich damit aber einen gedanklichen Kurzschluss geleistet, wie er wohl den meisten Menschen in vergleichbarer Situation unterläuft.

Doch die Weisheit des "hellsehenden" Geistes, unseres Unterbewusstseins, weiß und sieht mehr und weiter, tiefer. Es sollte jedenfalls anders kommen.

Nur einige Zeit nach meiner Warnung brach in einer Siedlung aus primitiven Holzhäusern ein Feuer aus, dessen Flammen reichlich Nahrung fanden und binnen kurzer Zeit diesen Teil des Ortes zerstörten. Das zusätzlich Traurige war, dass in diesen Häusern Flüchtlinge aus der Türkei eine Bleibe gefunden hatten, die ohnehin zu den Ärmsten der Insel zählten und nun alles verloren hatten. Obendrein waren sie alle durch die Feuersbrunst nicht nur zu Obdachlosen geworden, deren trostlose, zutiefst traurige Situation ich recht genau mit meinen Empfindungen wahrnahm. Viele von ihnen hatten nun auch noch schwere Brandverletzungen erlitten, die nur mit unzureichenden Mitteln notdürftig versorgt wurden.

Damit diese Menschen wenigstens das oft zitierte Dach über dem Kopf hatten, wurden sie in unserer Schule untergebracht - und wir, die Schüler samt Lehrerin, ausquartiert. Folglich musste der Unterricht für mehrere Wochen eingestellt werden. (Hurra.)

So erfüllte sich auf unerwartete Weise meine Prophezeiung, ohne dass die Schule selbst abbrennen musste. Daraufhin konnte die Lehrerin nur noch gottergeben seufzen: "Mein Kind, du bist mir ein Rätsel, deine Voraussagen machen mir manchmal richtig Angst."

Und es erfüllte sich bei dieser traurigen Gelegenheit, was ich der Lehrerin ebenfalls schon zu erklären versucht hatte: Nun sollte ich, trotz des Unterrichtsausfalls, so viel an Aufgaben zu erfüllen haben wie selten zuvor - als junger "Heiler", der nun die Wirkungen des Handauflegens zur vollen Entfaltung kommen lassen konnte. Wie ein Magnet haben mich die Opfer des Feuers angezogen - ich *musste* sie behandeln, es war ein Drang, eine starke innere Stimme, die mich dazu aufforderte. Davon konnte mich auch nicht abhalten, dass viele der Obdachlosen über mich und mein Angebot lachten. Sie wussten es nicht besser, denn sie kannten nur die eine Möglichkeit: auf den Arzt zu warten, der sie dann mit untauglichen Salben behandelte.

Doch gab es zu meiner Freude auch etliche unter ihnen, die mein Handauflegen nicht nur über sich ergehen ließen, sondern es voller Hoffnung und dankbar annahmen.

Wenn dann, nach nur wenigen Tagen, selbst schlimme Brandverletzungen auf der Haut, im Gesicht, an den Armen oder Beinen abklangen, während die konventionell Behandelten nach wie vor von schwärenden, heftig schmerzenden Wunden gezeichnet waren, so empfand ich eine große Genugtuung darüber, dass ich wenigstens einigen dieser Bedauernswerten in ihrer deprimierenden Lage Hilfe bieten konnte.

Der größte Lohn aber war für mich, wenn diese Menschen mich um Wiederholung baten: "Komm, Christos, leg mir noch einmal deine Hand auf, es tut so gut."

Die Karriere, die nicht sein sollte

Athen, an einem Frühlingsabend des Jahres 1963. Zu jener Zeit hatte ich gerade meinen 21. Geburtstag gefeiert, glücklicher und zuversichtlicher denn je. Ich war voller Pläne und Wünsche. Die Welt, so besagt eine treffende Redewendung, und alle Türen standen mir offen. Und alle diese offenen Türen wollte ich mir ansehen, um schließlich durch diejenige zu gehen, die auf meinen Lebensweg führte.

Aber was war mein Lebensweg? Heute, Mitte Sechzig, weiß ich es rückblickend genauer. Doch damals, als junger Mann, der eine Fülle von Erfahrungen noch vor sich hatte, von denen er viele gar nicht ahnen konnte?

Eines stand auf jeden Fall für mich fest: Singen und Gesang sollte zu meinem Leben gehören, denn sie waren ein Teil von mir. Tatsächlich hatte ich mir einige Jahre lang eine richtige, professionelle Gesangsausbildung geleistet. Magisch zog es mich zu den großen Sängern hin, zu den Tenören der ersten Jahrzehnte des 20. Jahrhunderts, die heute nur noch Legende sind.

Da trug sich eines Abends, als sich ein lauer Frühlingstag in Athen dem Ende zuneigte, eines jener einschneidenden Ereignisse zu, die nicht zu planen sind. Während ich durch die Altstadt schlenderte, kam ich an einer Taverne vorbei, einer typisch griechischen, wie sie damals noch vollkommen unverfälscht im historischen Athener Stadtkern zu finden waren - und hörte den faszinierenden Gesang eines Tenors. Das war es! Ich fühlte mich so stark angerührt, dass ich, zutiefst ergriffen, vor der Taverne wie angewurzelt auf der Straße stehen blieb. Erst als der Gesang endete, verspürte ich den Wunsch und Drang: Du musst hineingehen, du musst diesen Mann mit dieser grandiosen Stimme kennenlernen.

In der Taverne sah ich: Es war der berühmte Tonis Marudas, der hier für einen seiner gefeierten Auftritte übte. Ich verharrte still, um seine Proben nicht zu stören. Ich wollte hören, nur hören, die klaren, reinen Klänge dieser begnadeten Männerstimme nur aufnehmen und genießen.

Dann, nach einer weiteren Probe seiner Kunst, endete er, und für eine Weile herrschte in der Taverne eine andächtige, unwirkliche Stille. In diesem Moment hielt es mich nicht mehr. Ich weiß nicht, welche Kraft mich getrieben, mir den Mut gegeben hat, einfach nach vorne, vor die Bühne der Taverne zu gehen und vor diesem berühmten Mann zu sagen: "Ich will auch singen."

Ein zunächst verwunderter Blick war die Antwort, ein Staunen darin, Ungläubigkeit. Was willst du? Weißt du nicht, wen du vor dir hast?

Ich hielt dem Blick stand. Endlich bekam ich die erlösende Antwort: "Gut, singe!"

Vielleicht war diese knappe Antwort, in der mehr Zweifel als Glauben an meine sängerische Fähigkeit versteckt war, gut für mich - keine langen Diskussionen, kein Hin und Her über Berufung und Begabung und Talent. Einfach nur "Gut, singe!" Und ich wollte singen, jetzt, in diesem Moment, an diesem Ort, in dieser Taverne Athens, vor dem berühmten Tonis Marudas. Und ich begann, ich sang mit der Inbrunst des Begeisterten, wie ich es in der Musikschule gelernt hatte. Um mich herum versank die Welt der Taverne, versank das Athen der Antike und der Neuzeit, versanken alle Probleme des Alltags. Ich sang, wie ich es mir gewünscht hatte und wie es mir gegeben war.

Und das war -- wie sich jeder auch heute noch überzeugen kann und in aller Bescheidenheit -- nicht wenig.

Dann - wieder ein Moment der Ruhe, der Stille, der Wahrheit. War ich gut, würde ich akzeptiert werden? Oder ausgelacht?

"Gut, in Ordnung, du kannst hier singen. Ab jetzt."

Beginnen auf solche märchenhafte Weise große Sängerkarrieren?

Oder enden sie so?

Auf dem Porträtfoto rechts war ich 18 Jahre alt. - Das Foto unten zeigt mich (mit Kopftuch, 3. von li.) auf einer Baustelle, wo ich während meines Studiums nebenher arbeitete.

In meinem Fall trat letzteres ein. Was der Beginn einer Künstlerkarriere hätte sein können, endete gleich anschließend abrupt, noch ehe es richtig begonnen hatte: Ich wurde zum Militärdienst einberufen und musste mich kurzfristig von Athen verabschieden. Ohne Gesang, ohne Auftritte, ohne Applaus, ohne in den Himmel der griechischen Tenöre aufgenommen worden zu sein ...

In den folgenden Jahren habe ich immer wieder über dieses Schicksal nachgedacht - voller Traurigkeit, weil ich doch das Singen als meine wahre Berufung empfunden hatte. Heute, mehr als vierzig Jahre später, denke ich anders über diese scheinbar unglückliche Wende in meinem Leben. Inzwischen sehe und erkenne ich, dass der Karriereweg als volkstümlicher Tenor mich nicht auf den Weg geführt hätte, den ich nun schon seit Jahrzehnten gehe: der Weg des Heilers, der Weg eines Mediums, das leidenden Menschen Hilfe, Linderung und Befreiung verschafft.

Dabei stellte sich mir zwangsläufig die Frage nach der ordnenden, Richtung weisenden schöpferischen Kraft. Bin ich ein "Opfer" dieser Kraft geworden, in jenen Frühlingstagen des Jahres 1963? Oder bin ich eher "auserwählt" worden, um auf einen anderen Weg geführt zu werden, an den ich damals noch nicht ernsthaft dachte?

Heute glaube ich: Letzteres trifft zu. Die weltliche Karriere eines Volkstenors war nicht der Weg, der mir bestimmt war; er hätte mich von meiner wahren Berufung weggeführt.

Ich habe das längst akzeptiert. Singen kann ich ja trotzdem, aus tiefster Seele und Inbrunst, ohne das Heilen vernachlässigen zu müssen. Ich singe, wenn mir danach ist. Und offenbar hat meine Stimme wenig vom Klang und Glanz der frühen Jahre verloren. Erst kürzlich wurde mir geraten: "Christos Drossinakis, nehmen Sie eine CD auf, mit spirituellen Liedern aus Ihrer Heimat. Singen Sie als Heiler, heilen Sie als Sänger. So führen Sie zwei Lebenswege zusammen."

Vielleicht soll es so sein. Ich werde über diesen Vorschlag nachdenken. Und vielleicht kann ich sogar sagen: "Sie werden noch von mir hören!"

Ein "Schmuckkasten" als Heimat

"Denn nichts", so dichtete Homer in seiner *Odyssee*, "ist doch süßer als unsre Heimat / Wenn man auch in der Ferne ein Haus voll köstlicher Güter bewohnet, / Unter fremden Leuten, getrennt von den Seinen!" Diese Verse treffen voll und ganz, was jene griechische Insel Euböa, auf der ich meine ersten drei Lebensjahrzehnte verbrachte, und ganz besonders meine Geburtsstadt Chalkida bis heute für mich bedeutet, und meine Biografie wäre unvollständig, wenn sie über diese Bedeutung hinwegschreiben würde, und niemand hat mich näher kennengelernt, ehe er versucht, mit meinen Augen diesen wunderbaren Flecken Erde zu erkunden. Als ich um 1970 nach Deutschland zog, ließ ich ihn nie wirklich zurück. Bis heute reise ich jedes Jahr mehrmals dorthin, zurück zu alten Nachbarn und Bekannten, Freunden und Verwandten. (Meine inzwischen über 90jährige Mutter lebt noch immer dort.) Wenn ich hier in Deutschland, in meiner Frankfurter Wohnung, auch nur für einen kurzen Moment die Augen schließe, sehe, höre, rieche, spüre ich meine alte Heimat so schmerzlich intensiv, als hätte ich sie nie verlassen, als wäre ein Teil von mir immer noch leibhaftig dort.

Euböa - oder *Evia*, wie die Einheimischen sie nennen -, ist mit über 3500 Quadratkilometern nach Kreta die zweitgrößte Insel Griechenlands und die drittgrößte des östlichen Mittelmeers. Rund 80 km nordöstlich von Athen gelegen, ist sie durch zwei Brücken mit dem Festland verbunden, von dem

es an der schmalsten Stelle nur 40 Meter entfernt ist. "Griechenlands großen bunten Schmuckkasten" hat ein Dichter diese Insel einst schwärmerisch genannt, und da gebe ich ihm völlig recht. Ich kenne keinen anderen Ort in Griechenland, der auf so wenig Fläche ein derart vielfältiges Landschaftsbild bietet, und das in einer wohltuenden Ursprünglichkeit, noch weitgehend fernab vom Massentourismus, insofern vielleicht eines der letzten Paradiese in Europa - mit einsamen Sandstränden und kristallklarem, tiefblau und smaragdgrün schimmerndem Wasser, mit grünen, dichten Pinien-, Eichen-, Kiefern- und Tannenwäldern, zauberhaften Berglandschaften am Fuße eines stattlichen Gebirgsmassivs, dessen Gipfel bis 1800 m in den meist wolkenlosen Himmel ragen, im Wechsel mit fruchtbaren Tälern, verkarsteten Ebenen, großartigen Schluchten, wild zerklüfteten Steilküsten. 170 Kilometer lang und bis zu 30 Kilometer breit ist die Insel, die gottseidank noch fast überall jene Ursprünglichkeit zu bieten hat, welche totalvermarktete Urlauberinseln wie Korfu, Santorin oder Mykonos längst verloren haben.

Chalkida, meine Geburtsstadt, liegt an der Südküste des mittleren Inselteils, der ebenso wie der Norden, im Unterschied zum weitgehend entwaldeten, dürren, unfruchtbaren Süden, eine großartige Landschaft mit üppiger Vegetation zu bieten hat. Auf der gegenüberliegenden Inselseite zieht sich auf über 50 Kilometern das imposante Delph-Massiv, einer der längsten Gebirgszüge Ostgriechenlands. Gekrönt wird er vom höchsten Gipfel der Insel, dem Delphi mit 1743 Metern, die ganz Euböa beherrschende, seltsam isolierte Felsgestalt, die meine Vorfahren einst Hera weihten, der Gattin von Zeus. Inzwischen ganz entwaldet, sieht er aus wie ein junger Vulkan. Oft hüllt er sich bis Mitte April in einen glänzenden, weißen Schneemantel. Von meinem Großvater weiß ich, dass er sich oft, wenn eine schwierige Entscheidung anstand oder er neue Kraft für seinen Alltag holen wollte, in die heilige Stille dieser Bergwelt zurückzog. Sobald er mich für alt genug hielt, sie mit ihm zu empfinden, nahm er mich hin und wieder mit. Die Erinnerungen daran, wie ich an seiner Hand durch die Wälder streifte, mit ihm dort unter freiem Himmel schlief, zählen bis heute zu den stärksten, die ich aus meinen Kindheitstagen mitgenommen habe.

An den wenigen Feiertagen, an denen in unserer Familie die Arbeit ruhen konnte, unternahmen wir manchmal einen Ausflug in den nahen Kurort Loutra Aedipsóu, das "Baden-Baden Griechenlands". Schon Aristoteles und Plutarch haben hier im "Bad des Herakles" gebadet, das mit Temperaturen bis zu 86 Grad Celsius zu den heißesten natürlichen Heilquellen Europas gehört. Reste der spätrömischen und byzantinischen Badeanlagen sind dort bis heute zu besichtigen. Von meinem allerersten Lohn in Vaters

Impressionen von meinem geliebten Euböa: Chalkida mit Festland- und Inselteil, dazwischen der Euripos-Kanal (Foto ganz oben). Ferner drei Blicke aufs Ägaische Meer, das Bergdorf Stropones im Inneren der Insel.

Eine weitere Bucht auf Euböa, bei Sarakaniko. Die übrigen Fotos zeigen das imposante Delph-Massiv mit Euböas höchstem Berg, dem Delphi. Ganz unten: ein weiteres Panorama meiner Geburtsstadt Chalkida.

Friseurladen leistete ich mir ein Glas Saft im luxuriösen, unter Denkmalschutz stehenden Grandhotel "Thermae Sylla", das viel später, am Beginn meiner Heilerkarriere, eine besondere Bedeutung für mich erlangen sollte. Im "Thermae Sylla" logierte viel Prominenz, darunter Aristoteles Onassis, Omar Sharif, Maria Callas, Winston Churchill und Greta Garbo; als sich mein Ruf als Heiler im fernen Deutschland herumgesprochen und Euböa erreicht hatte, wurde ich des öfteren von berühmten Hotelgästen zu Heilsitzungen einbestellt.

Dreißig Jahre lang war mein Lebensmittelpunkt Chalkida, Euböas Verwaltungs- und Wirtschaftszentrum; hier leben 60'000 der insgesamt über 200'000 Inselbewohner, womit Chalkida zu den zehn größten Städten Griechenlands gehört. Die Stadt liegt zu beiden Seiten des Euripus, des "Euböischen Binnenmeers", das sie vom Festland trennt. Über dem kleineren Festlandteil erhebt sich *Karababa*, einer vom gleichnamigen Sultan um 1680 bis 1690 erbauten Festung, die auf den Ruinen einer noch älteren Wehranlage aus dem vierten Jahrhundert vor Christus entstand. Gemeinsam mit Freunden durchstreifte ich oft diese Sehenswürdigkeit, und ich erinnere mich an die ehrfurchtsvollen Schauer, die diese Begegnung mit uralter Geschichte mir den Rücken hinunterjagte.

Das historische Chalkida.

Gerne hätte ich Ihnen von der malerischen Altstadt von Chalkida vorgeschwärmt - doch es gibt sie kaum noch, sie ist weitgehend wegmodernisiert worden, und schon als kleinem Jungen tat mir das in der Seele weh. Durch den Ausbau der Meerenge Ende des 19. Jahrhunderts wurden große Teile der Altstadt zerstört. Zum gemütlichen Bummeln, Verweilen und Verköstigen lädt am ehesten noch die Uferpromenade mit ihren zahlreichen Fischrestaurants, Cafés und Bars ein; besonders am Wochenende geht es hier turbulent zu. Nur einige hohe Steinbögen deuten noch auf eine glänzende, jahrtausendealte Stadtgeschichte hin; sie gehörten zu einem Aquädukt, mit dem die Römer Trinkwasser aus dem bergigen Inselinneren nach Chalkida führten. Von alten Bildern weiß ich, dass Chalkida bis zur Wende zum 20. Jahrhundert eine wahre Schatztruhe für historisch Interessierte gewesen sein muss: Eine venezianische Mauer mit Zinnen und Türmen umschloss die von Minaretts aus türkischer Zeit überragte Häusermasse der Altstadt; zu ihr führte eine stattliche

Brücke mit Kastell. (Ab 1470 herrschten hier die Türken, erst seit 1830 gehört Euböa wieder zu Griechenland.) Es gab einen Palast mit wundervollen Mosaiken aus römischer Zeit zu erkunden, aber auch die Spuren der jüdischen Gemeinde von Chalkida, welche die älteste in Europa ist; ihre Geschichte reicht über zweitausend Jahre zurück. Lohnenswert ist der Besuch des Archäologischen Museums in Chalkida, wo eindrucksvolle Zeugnisse der langen, wechselvollen Stadtgeschichte versammelt sind; diese reicht nämlich über 3000 Jahre zurück, als Thessalier und Thraker zu den ersten Siedlern auf Euböa wurden. Im 8. Jh. v. Chr. wurde die Insel von den Ioniern erobert, die sie zu einem bedeutenden Handels- und Kolonialzentrum machten. Später besetzten die Athener Euböa und wurden nur für eine kurze Zeit von den Persern vertrieben. Unter Philipp II. fiel Euböa dann um 220 v. Chr. an Makedonien. Später folgten die Römer, Franken und Venezianer. Ende des 15. Jahrhunderts begann die Türkenherrschaft, die in der Architektur meines Chalkida bis heute einen osmanischen Hauch hinterlassen hat.

In freien Stunden hockte ich manchmal am Ufer des Euripos-Kanals, der die Insel vom Festland trennt, und bestaunte stundenlang die merkwürdige Gezeitenströmung, die seit Jahrtausenden vielen Philosophen, Schriftstellern, Mathematikern, Seeleuten, Geographen, Astronomen und anderen Experten Rätsel aufgibt. Zu beobachten gibt es dort nämlich nicht nur eine normale Strömung, die regelmäßig viermal innerhalb von 24 Stunden ihre Richtung ändert; das geschieht an 22 oder 23 Tagen im Monat, bei abnehmendem Mond. Außerdem tritt aber eine seltsam irreguläre Strömung auf, die von den Euböern "irres Wasser" genannt wird: Innerhalb eines Tages wechselt sie fünf- bis zwölfmal, manchmal noch öfters, die Richtung, und zwar nur bei zunehmendem Mond und etwa zwei bis drei Tage lang; manchmal verharrt sie aber auch eine halbe bis ganze Stunde lang stationär. Manche Wissenschaftler führen dieses Wechselstrom-"Wunder" auf einen Druckausgleich der Gezeitenwellen zurück, welche die Meerenge durchlaufen - aber restlos aufgeklärt ist das Phänomen bis heute nicht. Der Legende nach soll sich Aristoteles, nachdem er sich vergeblich über eine Erklärung den Kopf zerbrochen hatte, hier 322 v. Chr. ins Meer gestürzt haben. Ist da ins Meerwasser nicht ein Gleichnis des wundersamen Vorgangs geschrieben worden, den wir "Heilung" nennen? Manches davon folgt bekannten Naturgesetzmäßigkeiten - doch bleibt etwas Irreguläres, das sich der Erklärung hartnäckig entzieht.

Klar sehen - ohne Grenzen

Manchmal, wenn ich in ruhigen Momenten zurückdenke oder durch irgendetwas erinnert werde an Einzelheiten der vergangenen Jahre und Jahrzehnte, dann muss ich mich selbst immer wieder wundern über manche Begebenheit, manches Ereignis, manche Begegnung. In größerem Abstand zum unmittelbaren Erleben und den damit verbundenen Gefühlen erscheint selbst mir manches als äußerst seltsam und kaum glaublich, obwohl das Wundersame doch seit meiner Kindheit mein ständiger Begleiter durch ein Leben ist, das sicherlich nicht den üblichen Mustern entspricht.

Erinnern Sie sich noch an Wim Thoelke? In den siebziger und achtziger Jahren war er einer der bekanntesten Moderatoren von Unterhaltungssendungen im Fernsehen. (Er starb 1995, im Alter von 68 Jahren.) Ein Millionenpublikum verfolgte jede seiner Shows. Dieser Wim Thoelke lud mich 1977 zu einer seiner Sendungen ein. Warum? Selbstverständlich ging es nicht darum, dass ich Quizfragen zu beantworten hatte oder mit Geschicklichkeitsspielen geprüft werden sollte. Doch eine besondere Art von Prüfung war es schon, auf die ich mich damals einließ, als ich die Einladung annahm. Denn es hatte sich herumgesprochen, dass ich, Christos Drossinakis, der Grieche aus Frankfurt, einige treffsichere "hellseherische" Leistungen geboten hatte. Und nun wollte Showmaster Wim Thoelke, dass ich in aller Öffentlichkeit unter Beweis stelle, was ich kann. Alles Humbug?

Ich möchte nicht behaupten, dass mich unberührt gelassen hätte, auf welche Prüfung ich mich da eingelassen hatte. In der Tat war es so etwas wie eine Meisterprüfung, die der Geselle vor den Augen und Ohren gestrenger Prüfer zu absolvieren hätte. Mit nur einer Alternative als möglichem Ergebnis: Bestanden - oder durchgefallen! Gefeiert - oder blamiert!

Allerdings stand ich hier nicht vor einem kleinen Kreis von sachkundigen Meistern, die genau wussten, welche Fähigkeiten unter "Beweis" zu stellen waren; nein, in der riesigen Jahrhunderthalle in Frankfurt-Höchst, jenem berühmten Industrievorort der Finanzmetropole am Main, stand ich vor einer gewaltigen Schar von neugierigen, argwöhnischen Zuschauern; mehrere Kameras, die aus unterschiedlichen Positionen auf mich gerichtet waren, übertrugen meine Darbietungen in Millionen von Wohnzimmern.

Schon damals war mir durchaus bewusst, welche beiden Motive Wim Thoelke dazu bewegt hatten, einen "Exoten" wie mich in seine Show einzuladen. Zum einen wollte er seine Sendung mit einer Art Sensationsnummer schmücken; zum anderen wollte er ein für allemal beweisen - oder widerlegen -, dass einem Menschen das sogenannte "Hellsehen" möglich ist.

Für mich hingegen stand von vornherein fest, dass ich nichts mehr zu beweisen hatte. Denn Hellsichtigkeit war mir offenbar von meinem Großvater Iannis in die Wiege gelegt worden. Trotzdem war ich bereit, mich öffentlich auf die Probe stellen zu lassen, denn ich dachte an all die vielen Menschen, die aus Unwissenheit oder auch aus Furcht nicht einfach "glauben" konnten, sondern für ihre Orientierung einen Beweis einforderten. Den sollten sie bekommen. Und so verstand ich meinen Fernsehauftritt als eine Art Wegweisung, als eine Art Orientierungs- und Lebenshilfe. Deshalb nahm ich zuversichtlich die Einladung von Wim Thoelke in seine Unterhaltungsshow an.

Worum aber ging es nun, welchen Beweis sollte ich liefern? Es war eigentlich nicht schwer - für mich jedenfalls nicht, denn ich kenne das entscheidende Geheimnis des Hellsehens, das Überwinden von Zeit- und Raumgrenzen durch eine andere Art zu sehen. Dieses Geheimnis heißt: vollendete Konzentration.

Im Laufe der Sendung ließ Wim Thoelke eine zufällig ausgewählte Frau aus dem Publikum der Jahrhunderthalle zu Wort kommen; sie sollte erzählen, was sie an diesem Abend belastete. Sie hatte ihren goldenen Ring verloren - und keinerlei Hinweis oder Erinnerung, wann und wo das passiert sein konnte. Wo steckte er? Was war mit ihm geschehen?

Ich konzentrierte mich und versank in eine Art Trancezustand, um anders "sehen" zu können als mit meinen leiblichen Augen. Und tatsächlich sah ich, deutlich und ohne den geringsten Zweifel, wo sich das Schmuckstück befand: "In der Wohnung Ihrer Freundin, hinter der Waschmaschine", sagte ich.

Noch während die Veranstaltung lief, schickte Thoelke einen Mitarbeiter zu der Freundin mit der Waschmaschine, um dort nachzusehen. Er brachte den Ring zurück, die Frau in der Halle erkannte ihn eindeutig wieder. Ungläubiges Staunen im Saal.

Eines Tages im Jahr 1976 kam ein glatzköpfiger Mann zu mir nach Frankfurt. Als er sich vorstellte, ließ er mich wissen, er sei 58 Jahre alt und könne sich als Millionär eines erklecklichen Vermögens erfreuen. Ein Mann ohne Sorgen, sollte man meinen. Doch genau das, die Sorge, verbarg sich hinter dem lebenslustigen Ausdruck seines pausbäckigen Gesichts. Er stand nämlich vor einer schwierigen Entscheidung und suchte Klarheit, die er sich selbst nicht verschaffen konnte.

In einem Schriftstück, das er mitgebracht hatte, konnte ich das Problem nachlesen, das ihn zu einem Besuch bei mir veranlasst hatte: Es ging um eine beträchtliche Investition in ein Unternehmen, dessen Solvenz und Seriosität dieser Millionär nicht einschätzen konnte. Als ich den Brief des betreffenden Unternehmens in der Hand hielt, bekam ich raschen Kontakt mit der Wirklichkeit hinter der sichtbaren Oberfläche, deren Glanz uns so oft trügt. Auch in dieser Situation verfiel ich in einen tranceartigen Zustand, wie er mir vertraut ist. Doch dann geschah plötzlich etwas, das sich meiner Kontrolle entzog. Ich begann, nein, "es" begann aus mir zu sprechen, als sei mir die Stimme einer Weisheits- und Wissensquelle verliehen worden, die sich nun mit Nachdruck buchstäblich zu Wort meldete. "Lassen Sie die Finger davon. Wenn Sie denen Ihr Geld geben und in dieses Unternehmen investieren, so werden Sie schon in einem Jahr alles verloren haben!"

Fassungslos starrte mich der Mann an, nachdem er diese deutliche Warnung gehört hatte und ich wieder in den normalen Wachzustand zurückgekehrt war. Aber auch ich selbst war überrascht über die Eindeutigkeit und Eindringlichkeit der Botschaft - denn eine solche war es wohl.

Doch nun, wieder im normalen Wachzustand, konnte ich für den Mann nichts weiter tun. Jetzt lag es an ihm, über seinen weiteren Weg zu entscheiden: Sollte er die Warnung als Spinnerei abtun, sie als Spielerei von begrenztem Unterhaltungswert verstehen - oder sie ernstnehmen, sie beachten und sich nach ihr richten?

Das war fürwahr keine leichte Entscheidung, denn die Stimmen unseres Verstandes sprechen in schwierigen Situationen wie im Chor auf uns ein und erschweren das "Klarsehen" zusätzlich.

Das ist übrigens der Begriff, den ich für weitaus treffender halte als das üblicherweise gebrauchte "Hellsehen": *Klar*sehen, *Clairvoyance*, wie es in der französischen Sprache so wunderbar klingend heißt.

Mein ungewöhnlicher Besucher entschied sich dafür, der Stimme der Clairvoyance zu folgen, die durch mich zu ihm gesprochen hatte.

Eine ganze Weile hörte ich nichts mehr von diesem Millionär, dachte auch nicht weiter an die Begegnung mit ihm, denn ständig neue Besucher,

Anliegen und Ereignisse forderten mir immer wieder aufs neue ein Höchstmaß an Konzentration ab. Doch noch vor Ende dieses Jahres 1976 erschien er wieder bei mir - mit einem Jaguar, jenem begehrten englischen Sportauto, das so viele Jungenträume füllt. Diesen Jaguar brachte mir der Mann als Geschenk mit - einfach so, zum Dank dafür, dass ich ihn vor einem Millionenverlust bewahrt hatte. Tatsächlich war das Unternehmen, in das er investieren wollte, in der Zwischenzeit in Konkurs gegangen.

Bis zu jenem Tag hätte ich mir nicht träumen lassen, dass mir der Konkurs eines Unternehmens, das ich nicht einmal kannte, einen Luxusschlitten bescheren würde.

Dieses Erlebnis veranschaulicht aufs neue, wie sich die Grenzen zwischen Sein und Schein in unserer gewöhnlichen Art des "Sehens" verwischen. Oftmals können Menschen nicht das wahre Sein vom täuschenden Schein unterscheiden; erst durch herbe, schmerzliche Verlusterfahrungen verstehen und lernen sie, wie sehr sie sich haben täuschen lassen. Hätte sich dieser Mann gegen die deutliche Warnung vor einem finanziellen Engagement, ja vor einem Abenteuer entschieden, so wäre auch für ihn eine schmerzliche, verlustreiche Erfahrung daraus geworden.

Als Unternehmensberater ganz besonderer Art habe ich auch zahlreiche andere Klienten verblüfft. Im Jahre 1975 etwa riet ich einem arabischen Geschäftsmann dringend davon ab, seine Erdölvorräte zu verkaufen. Ich prophezeite ein Ansteigen der Preise, obgleich die OPEC davon zu jener Zeit eigentlich nichts wissen wollte.

Entgegen meinem Rat veräußerte der Araber 75 Prozent seiner Vorräte, hielt aber wenigstens den Rest klugerweise noch einige Zeit zurück. Die verhinderte Transaktion sollte sich bezahlt machen. Denn wenige Wochen später stieg der Ölpreis um 4,5 Dollar pro Barrel. Die Differenz zwischen dem früher erzielten Erlös und der Verkaufssumme betrug rund 80 Millionen US-Dollar. Hocherfreut schenkte mir der Geschäftsmann anläßlich eines Besuchs in Deutschland einen schmucken Rolls-Royce.

Acht Monate vor der Revolution im Iran wandten sich Vertreter einer deutsch-schweizerischen Firmengruppe an mich, um sich nach den Aussichten für die Errichtung von Fettkristallisatonsanlagen zu erkundigen. Ich riet von diesem Vorhaben entschieden ab - und sollte, wie die Entwicklung zeigte, rechtbehalten.

Ein deutsches Unternehmen, das Hochdruckanlagen fertigt, wollte von mir im März 1979 wissen, ob ich zur Errichtung eines Zweigwerks in Jugoslawien rate. Ich sagte den Tod von Tito für 1980 voraus, riet aber dennoch zur Investition, da in dem Vielvölkerstaat auf dem Balkan keine Stabilitäts-

Bei einem öffentlichen Hellseh-Test "durchleuchte" ich eine mir zuvor völlig unbekannte Frau.

Freitag, 29. April 1977, Nr. 99

Kaum zu glauben

UNTERLIEDERBACH/HÖCHST. Kaum zu glauben, aber wahr: der Hellseher Drossinakis sagte anläßlich eines bunten Abends im Kasino der Höchster Jahrhunderthalle einer Frau aus dem Publikum, die über einen verlorenen Ring klagte, auf den Kopf zu, wo sie diesen wiederfinden könne: bei einer Freundin hinter der Waschmaschine. Die Veranstalter ließen sich die Adresse geben und fragten nach. Und tatsächlich: der Ring wurde am angegebenen Ort gefunden.

Der bunte Abend war von Unterliederbacher Geschäftsleuten veranstaltet worden. Star war Conférencier Wim Thoelke, der vor vollem Haus die Ansage machte und sein Publikum zu manchem Spielchen aufforderte, Eine Modenschau ließ ihn sogar zu einem Vergleich mit München hinreißen. Zum Tanz spielte das Conny-Wagner-Sextett. Die Organisatoren des Abend (das Unterliederbacher Studie S) haben

"Kaum zu glauben": So berichtete die "Frankfurter Rundschau", die gewiß nicht als esoterikgläubig gelten kann, in ihrer Ausgabe Nr. 99 vom 29. April 1977 über meinen spektakulären Auftritt bei einer Veranstaltung mit Wim Thoelke in der Jahrhunderthalle von Höchst.

krise zu befürchten sei, "zumindest nicht bis auf weiteres". Auch mit dieser Prognose lag ich richtig.

Vornehmlich Firmen aus Deutschland, Österreich und der Schweiz - dort zwei große Bankinstitute - haben die Dienste des "modernen Orakels von Delphi" (so die Zeitschrift "*Der Mann*" über mich) bereits in Anspruch genommen - unter anderem zur Aufklärung mehrerer Fälle von Unternehmens-Sabotage, aber auch, um Märkte zu sondieren, Chancen zu erkennen und potentielle Käufer durch Telepathie zu beeinflussen. Unter anderem wurde ich schon bei Verhandlungen mit rotchinesischen Delegationen eingeschaltet. Für meine Auftraggeber gingen sie erfolgreich aus.

Und wenn die Verhandlungspartner meiner Auftraggeber sich durch meine Einflußnahme nun Verluste einhandeln? Nur einer kann das Rennen gewinnen, mit oder auch ohne meine Hilfe.

Sind außersinnliche Einflußssnahmen auf wirtschaftliche Entscheidungsprozesse ethisch überhaupt zu vertreten? Ich benutze meine telepathischen Fähigkeiten, um Geschäfte zustandezubringen, die im Interesse meiner Auftraggeber liegen, das ist richtig. Aber daran ist nichts 'schrecklich', wie manche Leute glauben wollen. Sie sollen wissen: Der Mensch muss überleben - und mit ihm seine Intelligenz. Er muss experimentieren und immer wieder das denkbar Mögliche versuchen, um für die Zukunft das hoffentlich Beste sichern zu können. Dazu gehört natürlich auch, dass ein legitimes Eigeninteresse nicht unterdrückt wird. Ein Exporteur, der nicht mehr exportiert, kann nicht einkaufen. Viele Maschinen würden dann stillstehen, und viele Menschen würden ihre Arbeitsplätze verlieren. Daß jeder heute verkauft, ist ein volkswirtschaftliches 'Muss'. Und wo es Schwierigkeiten gibt, helfe ich, soweit ich es vor mir selbst verantworten kann. Würde ich eine Ware verkaufen helfen, die wertlos ist, so verschwindet sie früher oder später vom Markt. Auch das ist ein 'Muss', an welchem auch ich auf längere Sicht nichts ändern kann.

Doch manchmal ging es um noch dramatischere Ereignisse und Anliegen, in deren buchstäbliche Undurchschaubarkeit Licht und Klarheit gebracht werden musste. Auch sie waren mit schmerzhaften Erfahrungen verbunden - auch für mich, spätestens in Momenten, in denen ich erkennen musste, dass ich nicht mehr tun konnte, als meine Fähigkeit anzubieten.

So war es, als ich in den siebziger Jahren den Mord an einer bekannten Persönlichkeit voraussah - und dieser tatsächlich wenig später geschah. So war es, als es darum ging, das spurlose Verschwinden von drei jungen Mädchen in Griechenland aufzuklären. Jahrelang war es der Polizei mit ihren Nachforschungen nicht gelungen, den geringsten Anhaltspunkt dafür zu finden, wo und unter welchen Umständen die vermissten Mädchen verschwunden sein konnten.

Welch schreckliche Belastung diese Ungewissheit für die Eltern der Mädchen bedeutete, konnte ich mir lebhaft ausmalen. Was würde es für mich bedeuten, Nacht für Nacht mit der quälenden Frage ins Bett zu gehen und auch wieder aufzuwachen (sofern an Schlaf überhaupt zu denken ist): Lebt mein Kind noch? Wo ist es? Wie geht es ihm? Ist es verletzt? Wird es gefangengehalten, misshandelt, sexuell missbraucht? Keine Antwort darauf zu erhalten, kann nicht minder grausam sein als jede noch so schlimme Gewissheit. Es ist ein grausames Erleben mit vielen Schreckensbildern und psychischen Qualen, das Eltern dabei durchmachen, und bald schon wirken die gutgemeinten Trostworte von Behördenvertretern und Polizeibeamten, von Angehörigen und Freunden nur noch schal.

Ich war gerade zwölf Jahre jung, als ich mit einem solchen rätselhaften Fall zu tun bekam. Mein Großvater Iannis, der erfahrene Seher, stellte sich damals als "Assistent" zur Verfügung und leitete mich an, wie ich mich in den notwendigen Trancezustand versetzen konnte, um alle Einflüsse und Reize des Tagesgeschehens um mich herum auszuschalten. Ich wusste eigentlich nicht so recht, auf was ich mich dabei einließ. Würde ich überhaupt "sehen"? Wenn ja, wie würde ich es verkraften? Da plötzlich zeigten sich mir die grausamen Bilder eines Verbrechens: Die Mädchen waren von mehreren Männern brutal missbraucht und anschließend ermordet worden.

So deutlich “sah” ich das schreckliche Ereignis, dass ich sogar den Tatort recht genau beschreiben konnte. Die Polizei machte nach meinen Angaben einen letzten Versuch, dem Rätsel auf die Spur zu kommen - und fand tatsächlich an der von mir beschriebenen Stelle, etwa einen Meter tief vergraben, die Skelette der Mädchen. Bald darauf konnte die Polizei auch die sieben Täter dingfest machen, die ich im einzelnen beschrieben hatte; nach anfänglichen hartnäckigen Leugnen gestanden sie das abscheuliche Verbrechen und konnten ihrer gerechten Strafe zugeführt werden.

Wenn es auch bald darauf Grund zur Genugtuung gab, als durch diese Spur die Täter entlarvt und festgenommen werden konnten, so war ich dennoch außerstande, mich über meinen "Erfolg" zu freuen. Zu traurig, zu bedrückend und belastend waren Umstände und Aufklärung dieses Ereignisses, als dass ich einfach zur Tagesordnung hätte übergehen können.

Doch auch wenn es mir schwerfiel, als Zwölfjähriger das Geschehen zu verarbeiten und zu verkraften, hegte ich keinen Groll gegen meinen Großvater. Mein Vertrauen zu ihm war schier grenzenlos, und ich wusste - auch ohne dass er es mir erklärte -, dass all das, wozu er mich anleitete, einen Sinn hatte. Obendrein spürte ich die Gewissheit, dass ich in solchen Situationen nicht alleingelassen, dass er immer bei mir war, um mir von seiner Kraft und Sicherheit abzugeben.

Später erklärte er mir, warum auch ein solches belastendes Erlebnis für mich von Bedeutung gewesen ist: als Lernerfahrung. So konnte ich allmäh-

جمه‌وباپست هوائی ارسال داشته است

ار دو وقایعی را

بنا اتفاق میفتد!

را با پیشگوئی خود از ورشکستگی نجات داد و یک
دیه گرفت!

BIG BIZ IS BIG BIZ FOR GREEK SEER!

CHRISTOS Drossinakis, who paid a flying visit to Ireland last week, is a fortune teller with a difference.

By JACK BURNS

Als hellsichtiger Unternehmensberater war und bin ich weltweit gefragt. Hier Presseberichte aus dem Iran und Irland ("Sunday World", 14.11.1982) über öffentliche Veranstaltungen von mir in Dublin und Teheran Anfang der achtziger Jahre.

Ein Seher im Dienst der Wirtschaft.

lich eine wichtige Lektion begreifen, die für einen guten Heiler nicht minder gilt als für einen Seher: Zwar ist es wichtig, Anteil zu nehmen am Leiden von anderen Menschen, die Hilfe brauchen; doch darf man sich nicht mit Leib und Seele in dieses Geschehen hineinziehen zu lassen - sonst wird man selbst zu einem Leidenden.

"Du musst dich abgrenzen können", erklärte mir mein Großvater. "Denn wenn du das Leiden anderer Menschen, gleich ob körperlich oder seelisch, zu deinem eigenen machst, wirst du dadurch bald schon viel Kraft verloren haben - Kraft, die dir fehlt, um heilen und sehen zu können. Wem wäre damit gedient? Den Hilfesuchenden nicht, die du dann abweisen müsstest, weil dir die Kraft und Fähigkeit zur Hilfe nicht mehr zur Verfügung steht - und dir selbst auch nicht, wie du dir vorstellen kannst. Denn du wärst nicht mehr der, der du eigentlich sein kannst und in Wirklichkeit auch bist. Und so, mit deiner ursprünglichen Kraft, wirst du noch vielmals gebraucht."

Bis heute empfinde ich eine große Dankbarkeit für die einfühlsame Weisheit, mit der mich mein Großvater Schritt für Schritt in die Mysterien des Heilens und des Klarsehens in Zukunft und Vergangenheit eingeführt hat. Und doch kann ich nicht verhehlen, dass es Situationen gab, in denen ich gebangt habe, das Vorausgesehene möge so nicht Wirklichkeit werden, und inständig hoffte, ich hätte mich geirrt.

Es war 1984 oder 1985, als ich die folgende Geschichte miterlebte. Aufgewühlt kam eine Frau mittleren Alters zu mir: In mehreren Nächten hatte sie immer den gleichen Traum gehabt, der sie in seiner bedrohlichen Unabänderlichkeit äußerst beunruhigte. Jedes Mal sah sie ein blaues Auto, das ohne Fahrer über eine ihr unbekannte Straße fuhr. Ich vereinbarte mit ihr, dass wir ab sofort in ständigem Kontakt bleiben und sie mir jede noch so unscheinbare Veränderung in ihren Traumbildern sogleich berichten sollte. Tatsächlich zeigte sich schon kurze Zeit später eine solche Veränderung: Das Auto erschien ihr plötzlich in der Farbe Rot. Dieser krasse Farbwechsel gab mir einen deutlichen Impuls; prompt sah ich Bilder eines drohenden Unfalls. Keine Frage, ich musste schonungslos offen und ehrlich zu dieser Frau sein und ihr die deutliche Warnung übermitteln: Fahren Sie in den nächsten Tagen nicht mit dem Auto!

Erfreulicherweise beachtete sie meinen dringlichen Rat. Doch damit hatte die Geschichte keineswegs zu einem glücklichen Ende gefunden. Denn sie versäumte es, meine Empfehlung an ihren Chauffeur weiterzugeben. So war er es, der mit dem Auto der Frau eine Fahrt unternahm und in einer Kurve der Landstraße ins Schleudern geriet. Der Wagen hatte danach nur noch Schrottwert; der Fahrer blieb, bis auf kleine Blessuren, auf wundersame Weise unverletzt.

Es gibt Experten, die sich eingehend mit solchen Geschehnissen beschäftigen und dazu die Theorie vom Determinismus entwickelt haben. Diese Theorie besagt: Alle wesentlichen Ereignisse auf unserem Lebensweg sind vorherbestimmt, wir können ihnen nicht ausweichen, sie müssen zu einer ganz bestimmten Zeit an einem ganz bestimmten Ort in einer ganz bestimmten Weise Wirklichkeit werden. Deshalb seien sie auch nicht zu verhindern, selbst wenn man sie paranormal voraussehe. Denn sie sind Teil eines übergeordneten Planes, in den mit verändernder, korrigierender Absicht einzugreifen uns nicht möglich ist.

Entsprechende Fragen sind mir von Ratsuchenden immer wieder gestellt worden. Beispielsweise wollte jemand von mir wissen: "Ist es möglich, den Beinbruch eines Menschen, den du voraussiehst, zu verhindern, ihm auszuweichen, indem die vom Unfall bedrohte Person alles vermeidet, was zur Realisierung der unheilvollen Ankündigung beitragen könnte?"

Heute kann ich meine Antwort auf diese bewegende Frage aus einem Füllhorn jahrzehntelanger Erfahrung und Erkenntnis schöpfen: "Wenn ein Beinbruch Teil eines schicksalhaften Ereignisses ist, dann kannst du ihn nicht verhindern. Oder anders ausgedrückt: Wenn ein Beinbruch sich dahingehend auswirkt, dass er das Leben des betroffenen Menschen in eine bestimmte Bahn und Richtung lenken soll, dann ist das Ereignis "determiniert", Teil eines komplexen Planes und als solches nicht zu verhindern. Wäre der Beinbruch aber nur die Folge von gedankenloser, unbewusster Nachlässigkeit, Fahrlässigkeit oder simpler Schusseligkeit, ohne tieferen Sinn also, dann sollte es durchaus möglich sein, dem unliebsamen Ereignis auszuweichen. Dafür sind wir Menschen schließlich mit einem Bewusstsein gesegnet, damit wir versuchen, Zusammenhänge zu erkennen und nicht blindlings von einem Unglück ins nächste zu taumeln!"

Glücklicherweise ist mir auch die Fähigkeit verliehen worden, nicht nur Unheilvolles zu sehen, sondern ebenso Bilder, die Trost und Hoffnung ausstrahlen. Beim Aufräumen fiel mir kürzlich ein alter Zeitungsausschnitt mit einem Bericht über mich und meine Aktivitäten in die Hand. Er stammte aus dem Jahr 1982. Dieser Bericht erinnerte mich daran, dass ich 1981 das Verschwinden von drei jungen Mädchen aus dem Taunus bei Frankfurt glücklich klären konnte. Aus Furcht vor schlechten Zeugnissen waren sie von zu Hause ausgerissen. Ich sah die drei deutlich in einem Haus an der Costa Brava. Dank meiner Beschreibung erkannte eines der betroffenen Elternpaare das Sommerhaus eines Bekannten; wenig später konnten sie ihre Töchter erleichtert von dem entfernten Zufluchtsort abholen.

Ungefähr zur selben Zeit wurde ich auch nach der Entwicklung des weltpolitischen Geschehens gefragt. Ein Zeitungsartikel zitierte mich mit den Worten: "Einen Dritten Weltkrieg sehe ich nicht, wohl aber einen Krieg auf der Ebene der industriellen und wirtschaftlichen Weiterentwicklung ..."

Ich muss gestehen, dass ich heute, ein Vierteljahrhundert nach dieser Prophezeiung, selbst erstaunt bin darüber, in welcher Weise sich meine damalige Vorhersage erfüllt hat. Tatsächlich sprechen Politikwissenschaftler und Wirtschaftsexperten seit längerem unverhohlen davon, dass wir internationale "Schlachten" erleben, geführt von den großen Unternehmen der Weltwirtschaft, die sich alles einverleiben, was ihnen Profit verspricht. Manche reden auch von einem Fusionswahn, dessen weltweite und nationale Auswirkungen zur Zeit wohl kaum jemand absehen kann. Dass im Zuge der Globalisierung ein internationaler Krieg der besonderen Art, ein ‚Krieg mit anderen Mitteln' ausgefochten wird, steht für Fachleute außer Frage.

Ich erwähne dieses Beispiel für eine Prophezeiung aus einem bestimmten Grund. Aus der Geschichte kennen wir das berühmte Orakel von Delphi und die sybillinischen Weissagungen. Woraus sich ein feststehender Begriff entwickelt hat: "sybillinisch" heißt, dass wir nicht gleich die Bedeutung der ausgesprochenen Prophezeiung verstehen. Der Grund: Wir sind zu sehr beschränkt und fixiert auf die Denkmuster, mit denen wir unser tägliches Leben gewohnheitsmäßig gestalten. Unsere Denkkategorien sind festgefügt und eingefahren, und was sich links und rechts neben diesen starren Kategorien zeigt, nehmen wir gar nicht mehr wahr.

Ein treffliches Beispiel bot vor einigen Jahren die öffentliche Sitzung eines Trance-Mediums in München. Diese Frau verfügt ebenfalls über die Fähigkeit, sich in einen tiefen Trancezustand zu versetzen, in dem sie Kontakt aufnimmt mit einer "Quelle" hoher spiritueller Weisheit und umfassenden Wissens. In einer der Sitzungen, die die Frau damals öffentlich praktizierte, kam es zu dem folgenden Vorfall: Eine Besucherin hatte Gelegenheit, eine Frage zu ihrem drängenden Lebensproblem zu stellen. Die Frau, im Alter um die Fünfzig, war traurig und bedrückt, weil sie schon lange allein lebte, doch für das Alleinsein nicht geschaffen war. Wenn schon nicht ihr Partnerwunsch erfüllt werden konnte, so wünschte sie sich sehnlich eine Aufgabe, der sie sich mit ganzer Hingabe widmen könnte. Würde sie durch das Medium Antwort erhalten, ob dieser Wunsch in absehbarer Zeit verwirklicht werden konnte?

Zur Verblüffung aller Anwesenden kam eine Antwort aus dem Mund des Mediums, die zunächst sehr tröstlich und verheißungsvoll klang: "Schon bald, in wenigen Monaten, wirst du ein Kind haben, das deine ganze Fürsorge braucht ...

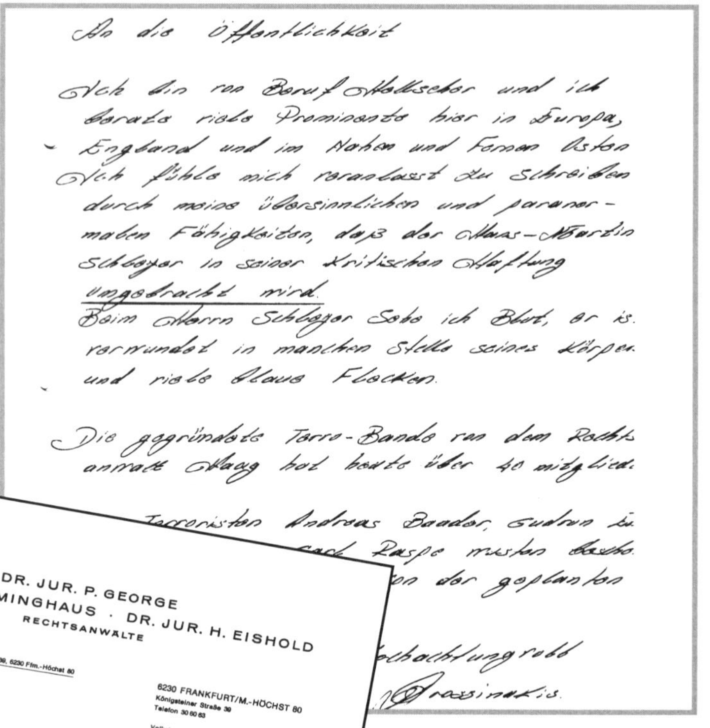

An die Öffentlichkeit

Ich bin von Beruf Hellseher und ich berate viele Prominente hier in Europa, England und im Nahen und Fernen Osten Ich fühle mich veranlasst zu schreiben durch meine übersinnlichen und paranormalen Fähigkeiten, daß der Hans-Martin Schleyer in seiner kritischen Haftung umgebracht wird.

Beim Herrn Schleyer sehe ich Blut, er is. verwundet in manchen Stelle seines Körper. und viele blaue Flecken.

Die gegründete Terro-Bande von dem Rechts anwalt Haag hat heute über 40 mitglied.

Terroristen Andreas Baader, Gudrun En… … Carl Raspe wusten Besch… … von der geplanten …

…Hochachtungsvoll

…Drossinakis.

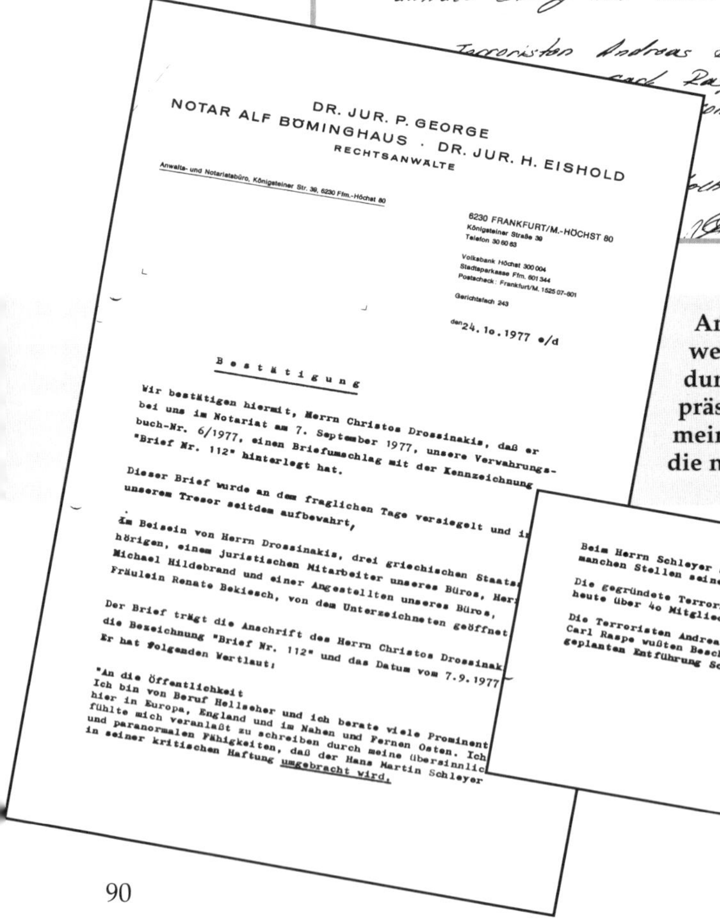

DR. JUR. P. GEORGE
NOTAR ALF BÖMINGHAUS · DR. JUR. H. EISHOLD
RECHTSANWÄLTE

Anwalts- und Notariatsbüro, Königsteiner Str. 39, 6230 Ffm.-Höchst 80

6230 FRANKFURT/M.-HÖCHST 80
Königsteiner Straße 39
Telefon 30 60 63

Volksbank Höchst 300 004
Stadtsparkasse Ffm. 601 344
Postscheck: Frankfurt/M. 1525 07-601

Gerichtsfach 243

den 24. 10. 1977 e/d

Bestätigung

Wir bestätigen hiermit, Herrn Christos Drossinakis, daß er bei uns im Notariat am 7. September 1977, einen Briefumschlag mit der Kennzeichnung "Brief Nr. 112" hinterlegt hat. unsere Verwahrungsbuch-Nr. 6/1977,

Dieser Brief wurde an dem fraglichen Tage versiegelt und i… unserem Tresor seitdem aufbewahrt,

Im Beisein von Herrn Drossinakis, drei griechischen Staats… hörigen, einem Juristischen Mitarbeiter unseres Büros, Her… Michael Hildebrand und einer Angestellten unseres Büros, Fräulein Renate Bekiesch, von dem Unterzeichneten geöffnet…

Der Brief trägt die Anschrift des Herrn Christos Drossinak… die Bezeichnung "Brief Nr. 112" und das Datum vom 7.9.1977… Er hat folgenden Wortlaut:

"An die Öffentlichkeit
Ich bin von Beruf Hellseher und ich berate viele Prominent… hier in Europa, England und im Nahen und Fernen Osten. Ich fühlte mich veranlaßt zu schreiben durch meine übersinnlic… und paranormalen Fähigkeiten, daß der Hans Martin Schleyer in seiner kritischen Haftung umgebracht wird.

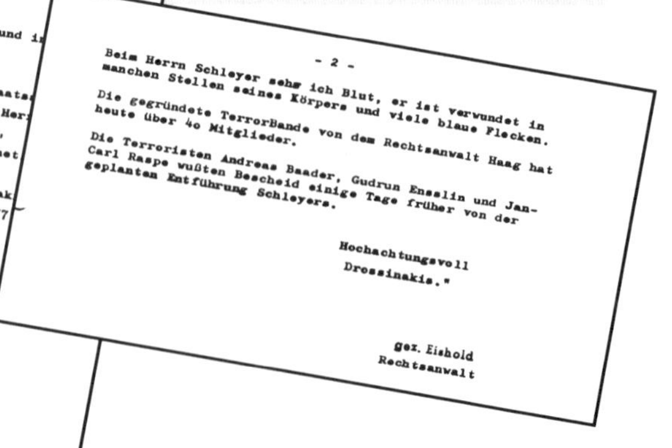

- 2 -

Beim Herrn Schleyer sehe ich Blut, er ist verwundet in manchen Stellen seines Körpers und viele blaue Flecken.

Die gegründete TerrorBande von dem Rechtsanwalt Haag hat heute über 40 Mitglieder.

Die Terroristen Andreas Baader, Gudrun Ensslin und Jan-Carl Raspe wußten Bescheid einige Tage früher von der geplanten Entführung Schleyers.

Hochachtungsvoll
Drossinakis."

gez. Eishold
Rechtsanwalt

Am 7. September 1977 weissagte ich die Ermordung des Arbeitgeberpräsidenten Schleyer - oben meine Niederschrift, unten die notarielle Beglaubigung.

Bei der Fragenden löste diese Antwort allerdings regelrechte Wut und Empörung aus. Was sollte sie mit diesem Quatsch anfangen? Sie habe ja schon lange keine Beziehung mehr zu einem Mann gehabt, und für einen solchen, einen Partner gar, gäbe es auch keinerlei Anzeichen. Davon abgesehen: Wie sollte sie in ihrem fortgeschrittenen Alter denn überhaupt noch schwanger werden und ein Kind austragen können?

Es war eine Suada der Empörung und auch Enttäuschung, die aus der Frau hervorbrach. Voller Hoffnung war sie zu dieser medialen Sitzung gekommen, weil sie sich einen ernsthaften Hinweis, eine tröstliche Antwort erwartet hatte - und nun gewann sie den Eindruck, dass sie zum Narren gehalten wurde. Wütend verließ sie den Veranstaltungsraum; die Stimmung unter den Zurückgebliebenen fiel schlagartig auf den Nullpunkt, das Medium selbst war höchst verunsichert. Kurzum, dieser Aufritt schien alles andere als ein Erfolg gewesen zu sein.

Doch der Schein trog. Denn nur vier Monate später zeigte sich die wahre Bedeutung der Prophezeiung. Der Frau war, recht überraschend, angeboten worden, sie könne die Obhut eines behinderten Kindes übernehmen, um das sich die Pflegemutter ganz persönlich kümmern sollte. Anfänglich war sich die Frau nicht sicher, ob sie dieser Aufgabe gewachsen sei. Doch schließlich versuchte sie es, und dieser Mut wurde mit einem neuen Lebensgefühl belohnt: dem Gefühl, wieder Sinn und Bedeutung gefunden zu haben, wenn auch auf eine völlig unerwartete Weise, die sie sich zuvor niemals hätte vorstellen können.

Was lehrt uns diese Begebenheit? Sie zeigt uns, wie wir nicht selten am tieferen Sinn einer medialen Prophezeiung vorbeidenken. Rekapitulieren wir das Prophezeite und das folgende Geschehen, dann erkennen wir: Die Voraussage erfüllte sich vollauf - bloß offenbarte sich ihr Sinn als etwas anderes, als die Frau mit ihren festgefahrenen Denkschemata erahnen konnte.

Nur scheinbar mache ich nun einen gewagten Sprung, wenn ich an dieser Stelle meines kleinen Berichts zurückkehre zu meiner Prophezeiung von 1982: "Einen Dritten Weltkrieg sehe ich nicht, aber einen Krieg auf der Ebene der industriellen und wirtschaftlichen Weiterentwicklung ..."

Nein, Wortklauberei ist das wahrlich nicht, wenn ich zuvor den tiefen und eigentlichen Sinn dieser Ankündigung beschrieben habe. Vielmehr sollten uns solche Erfahrungen darauf hinweisen, dass wir es bei Vorhersagen, die durch mich oder manches andere befähigte Medium ausgesprochen werden, mit einer Erkenntnis und Weisheit zu tun haben, die uns aus einer anderen Dimension des Geistes übermittelt wird.

Auch ich bin manches Mal von den Kräften und Möglichkeiten dieser anderen Dimension überrascht worden - so zum Beispiel, als ich eines Tages zu malen und zu zeichnen begann. Oder treffender muss ich auch hier wieder einmal sagen: "Es" begann eines Tages durch mich zu malen. Ich war nie ein Mal- oder Zeichenkünstler, konnte immer nur die Werke anderer Meister bewundern und mich für sie begeistern. Mehr als laienhafte Strichmännchen, die beim Betrachter Heiterkeit oder nachsichtiges Schmunzeln auslösten, hatte ich nie zu Papier bringen können. Überraschend meldete sich eines Nachts bei mir eine Wesenheit, die sich als verstorbener Kunstmaler zu erkennen gab. Und ich, der auf diesem Gebiet völlig Unbedarfte, sollte vom nächsten Tag an sein Meisterschüler sein.

Wie das vor sich gehen sollte, konnte ich mir beim besten Willen nicht vorstellen. Doch ich wollte mich nicht verweigern - zuviel scheinbar Unglaubliches war zuvor auf meinem Lebensweg schon wahr geworden.

Und so geschah es auch diesmal wieder. Ich besorgte mir, noch ganz laienhaft und unerfahren, die notwendigen Utensilien, setzte mich hin und begann zu malen ...

Es entstand eine Reihe von verblüffenden Porträts, die viele Betrachter zu meiner aufrichtigen Genugtuung als meisterhaft gelungen bezeichneten. Zuerst war es Albert Einstein, dessen Bild durch meine geführten und gelenkten Hände erschien, dann der Papst; es folgte das Konterfei des berühmten Arztes und Philosophen Albert Schweitzer, das markante Gesicht von Mutter Teresa sowie etlicher weiterer Berühmtheiten. Schließlich verewigte ich auf diese doch höchst ungewöhnliche Weise den genialen Physiker Otto Hahn und den Philosophen Bertrand Russell.

Bedenken Sie: Ausgerechnet Otto Hahn! Haben Sie eine Vorstellung davon, wie Otto Hahn und Bertrand Russell zu Lebzeiten aussahen? Der Papst, Mutter Teresa, Albert Einstein und Albert Schweitzer - ihre Gesichter sind uns vertraut, oft genug sind sie uns in Pressefotos und Fernsehbildern gezeigt worden, so dass wir ihre Porträts unter tausend anderen schnell identifizieren könnten. Doch Otto Hahn! Bertrand Russell! Wie war das möglich? Ich hatte ja keinerlei Vorlagen, von denen ich abzeichnen konnte. Ohnehin wären sie für mich nicht hilfreich gewesen, weil ich während des Zeichnens in einem Trancezustand verharrte, weshalb ich eine Bildvorlage gar nicht hätte wahrnehmen können.

Der Geist jenes verstorbenen Kunstmalers lenkte meine Hand meisterlich, Strich für Strich, Linie für Linie, bis ein vollendetes Bild entstanden war. Die Bilder habe ich aufbewahrt; auch gibt es Pressefotos aus jener Zeit, als ich

1987 buchstäblich über Nacht zum Maler, zum Künstler wurde.

Doch mittlerweile "ruht" diese in mir schlummernde Gabe wieder. Erneut "wecken" kann ich sie nicht mehr, will es auch nicht. Denn meine volle Konzentration richtet sich darauf, Menschen zu helfen, wieder "heil" zu werden.

Vermutlich aus demselben Grund habe ich einen weiteren medialen Kontakt verloren, der über Jahre hinweg bestand: In Trance fühlte ich mich gelegentlich auch mit Außerirdischen verbunden. Von ihnen erhielt ich seltsame physikalische Formeln und Anleitungen zum Bau eines Ufos. Mathematikern und Naturwissenschaftlern gaben die Gleichungen Rätsel auf.

Schon Anfang der achtziger Jahre begann ich mich intensiv mit dem Ufo-Phänomen zu beschäftigen. Bald darauf begann eine geistige Verbindung zu den Erbauern dieser einmaligen Raumschiffe. In Trance sah ich sie deutlich. Mir ist klar, dass sich meine Schilderungen phantastisch anhören und eigentümlich klingen, weil sie so gar nicht in die Vorstellungswelt von uns 'Irdischen' passen wollen. Dennoch ist es für mich eine Tatsache, dass diese Wesen existieren und über kurz oder lang mit uns Menschen in Verbindung treten werden.

Diese Wesen sah ich mit einem Helm ausgestattet, der zwei Antennen aufweist. Eine Antenne übernimmt die Funktion eines Senders, die andere wird als Empfänger benützt. Auf diese Weise verständigen sich die Wesen untereinander. Eine winzige, vom Helm ausgehende Nadel setzt sich mit einem bestimmten Teil der 'Gehirnzentrale' in Verbindung und gibt ganz bestimmte Impulse weiter. So ein Helm ist mit Hunderten von Nadeln bespickt, die jedesmal andere Aufgaben übernehmen. Von der 'Gehirnzentrale' wird ein schwacher Stromstoß über den Helm zur Sendeantenne geleitet, dieser übermittelt den Impuls an die Empfangsantenne des anderen Wesens. Diese Art der Verständigung ist zwar unsprachlich, doch nichtsdestoweniger gestattet sie eine ausgezeichnete Kommunikation der Lebewesen untereinander.

Auch vom Aussehen dieser Wesen erhielt ich mediale Eindrücke. Sie sind recht klein, zumindest nach unseren Maßstäben - nur 90 bis 120 Zentimeter groß, die größten unter ihnen erreichen etwa 150 Zentimeter. Dafür verfügen sie über einen Geist, der dem unseren haushoch überlegen ist. In rein geistiger Hinsicht sind sie uns gut und gern um eine Million Jahre voraus.

Die Ufos sah ich in Trance mit riesiger Geschwindigkeit auf die Erde zufliegen. Diese Flugkörper erschienen in wechselnden Färbungen, die zunächst kaum auszumachen waren, dann aber meist lila und grünlich-blau wurden; ihre äußere "Haut" war gummiartig. Sobald es mir gelungen war, zu den Außerirdischen in telepathischen Kontakt zu kommen, wollte ich in erster Linie wissen, wie solche Ufos gebaut werden. Was ich nicht zu hoffen wagte, trat ein: Die Wesen übermittelten mir mathematische Gleichungen, nach denen es auch unseren Wissenschaftlern theoretisch möglich wäre, so ein Ufo zu entwickeln. Allerdings hat die Sache einen Haken: Für diese Ufos werden teilweise Energien verwendet, die bei uns noch gar nicht entdeckt sind. Vor allem deshalb liegt ein Nachbau wohl noch in weiter Ferne.

In Trance erhielt ich monatelang ständig neue Gleichungen, die ich an Wissenschaftler weitergab. Mehrfach lud ich Mathematiker, Physiker und Psychologen zu Veranstaltungen ein - unter anderem im Volksbildungsheim Höchst - und stellte ihnen die sonderbaren mathematischen Formeln vor. "Diese Formeln zeigen einen durchaus logischen Aufbau nach einem bestimmten Prinzip", erklärte ein anwesender Diplom-Physiker dazu. "Nur ... begreifen kann sie bislang niemand."

Damit nicht genug: Das Leben eines Mediums, eines "Heilers", eines "Sehers" hat noch mehr an anscheinenden "Verrücktheiten" zu bieten. Glücklicherweise hatte ich frühzeitig die Fähigkeit entwickelt, die Ereignisse so zu nehmen, wie sie kamen und mich nicht mit Grübeleien aufzuhalten, mit denen ich den Sinn von Überraschendem und Ungewöhnlichem zu ergründen versuchte. Wer die wahre Lebensgeschichte des Christos Drossinakis "aufzudecken" sich vorgenommen hat, wer mich mit ganz bestimmter unlauterer Absicht "entlarven" möchte, der wird gierig nach "schwarzen Stellen" in meinem Leben suchen, nach "dunklen Kapiteln", um mir dann nachzuweisen, dass ich etwas zu verbergen und geheimzuhalten habe.

Um derartigen Detektiven die Arbeit zu erleichtern, möchte ich von einem solchen scheinbar dunklen Kapitel berichten. Es betrifft meine Zeit als Soldat, genauer gesagt als Angehöriger der griechischen Armee, denn ein Einsatz im Krieg blieb mir erspart. Im Jahre 1963, damals 21 Jahre alt, wurde ich zum Militärdienst eingezogen. "Dort", so berichtet die Zeitschrift "Bunte" (Nr. 15 / 6. April 1978), "erkannte man bald, dass der junge Christos zu schade war zum Griffekloppen und Marschieren. Er wurde versetzt zu einer ganz feinen, ganz geheimen NATO-Spezialeinheit, in der er seine übersinnlichen Fähigkeiten voll entfalten konnte."

Tatsächlich hatten meine Vorgesetzten rasch meine besonderen Fähigkeiten und ihre Bedeutung erkannt. Bald schon durfte ich an einem bedeutenden, streng geheimen Psi-Experiment teilnehmen, das ich allerdings nur grob beschreiben möchte, denn bis heute unterliege ich einer Schweigenspflicht. In einer Spezialeinheit der NATO ging es darum, telepathisch Gedankenkontakt aufzunehmen mit menschlichen "Empfängern", die tausende Kilometer entfernt in einem U-Boot saßen. "Befehlsgebung mittels Gedankenübertragung" könnte man vereinfacht Thema und Absicht dieses ungewöhnlichen Einsatzes des Rekruten Christos Drossinakis nennen.

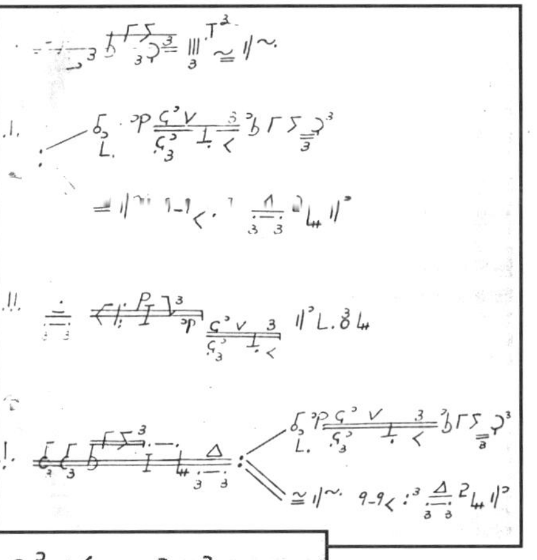

Derartige Formeln erhielt ich in Trance - von Außerirdischen?

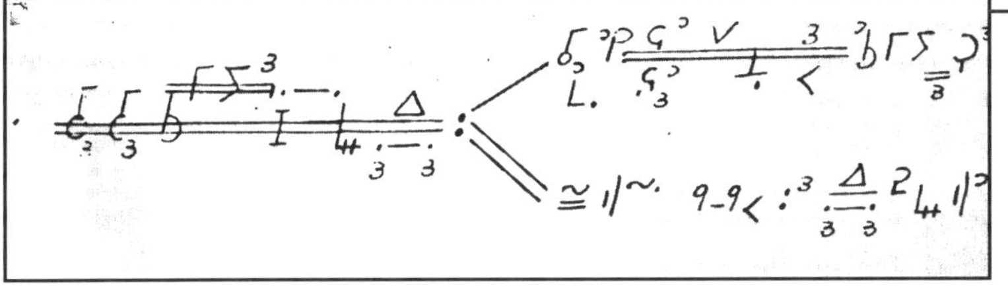

Wie Sie sich wohl vorstellen können, war es kein Spiel, an dem ich damals teilnahm, schon wegen des übermäßigen Schwierigkeitsgrades des Experiments. Auf den ersten Blick ging es "nur" darum, über eine gewaltige Entfernung, und dann auch noch in der Tiefe eines Meeres, durch den eigentlich undurchdringlichen Stahlpanzer eines Atom-U-Bootes hindurch Symbole auf telepathischem Weg zu übermitteln, die ganz bestimmte, vorher festgelegte Bedeutungen erhalten hatten. Einer war Sender, ein anderer Empfänger. Der Sender dachte dabei an ein bestimmtes Symbol. Ein Dreieck zum Beispiel bedeutete den Befehl zum Angriff, ein Kreis Rückzug.

Heute, über vierzig Jahre später, steht für die wissenschaftliche Auswertung solcher Tests ein diffiziler Schlüssel zur Verfügung, doch auch damals gelang es - ganz im Interesse der Offiziere und Generäle -, ein eindeutiges Ergebnisbild zu zeichnen, das mich zugegebenermaßen auch jetzt noch mit Stolz erfüllt. Bei fünf vorgegebenen Symbolen wäre normalerweise bei einem solchen Psi-Experiment eine Trefferquote von ungefähr 20 Prozent zu erwarten gewesen, ein Maß, das als "zufällig" bezeichnet werden konnte und deshalb keine Besonderheit darstellte. Doch ich erreichte mit meiner

Frankfurts berühmtester Hellseher sagt: Dies ist ein UFO

Im Volksbildungsheim hörten ihm Wissenschaftler zu

Von RUDOLF RUF

Frankfurt, 4. Dezember

Es ist eine unheimliche Formel mit Hieroglyphen und Zeichen, die wir nicht deuten können. Der berühmte Frankfurter Hellseher Christos Drossinakis (34) ist jedoch davon überzeugt: Nach dieser Formel kann ein Ufo gebaut werden. „Es wäre schneller als das Licht (300 000 Kilometer pro Sekunde) und könnte uns den unerforschten Weltraum erschließen", behauptet er.

Gespannt hörten am Wochenende im Höchster Volksbildungsheim Diplom-Psychologen, Mathematiker und Physiker Drossinakis Weisheiten über außerirdisches Leben. Die Männer saßen im Halbkreis, vor ihnen eine grüne Schiefertafel, auf die der Hellseher seine Formeln malte. „Ich hab' mein Wissen von den Außerirdischen übermittelt bekommen", sagt er. **„Ich habe Visionen. Jedesmal wird mir eine weitere Formel übermittelt"**, sagt er außerdem. Seine „Kontaktpersonen" im All seien uns von ihrem Wissen her etwa 1 Million Jahre voraus.

„Die Formeln zeigen einen logischen Aufbau nach einem bestimmten Prinzip", sagt Ufologe und Diplom-Psychologe Franz-Jochen Schwarz. Aber: Begreifen könne sie bisher keiner ...

Bleibt zu hoffen, daß die Außerirdischen sich das nächste Mal etwas klarer ausdrücken.

Hellseher Christos Drossinakis

Mehr Tankstellen geöffnet

Frankfurt – Auch der ADAC weiß manchmal nicht alles. BILD-Frankfurt berichtete nach ADAC-Informationen, daß es in Frankfurt nur sechs Tankstellen gäbe, mit 24-Stunden-Service. Tatsächlich haben noch die BP-Tankstelle (Eschersheimer Landstraße 204), Aral-Tankstelle (Glauburg-Garagen) und BP-Tankstelle (Friedberger Platz) geöffnet.

Kreuzworträtsel-Fan? Dann werden Sie festgefahrene Situationen kennen: fast alle Fragen sind beantwortet, nur die unten rechts, waagerecht, kriegt man nicht raus:

Stechmücke – sechs Buchstaben, die er-

So berichtete *Bild* am 4. Dezember 1978 über mein Referat vor Wissenschaftlern.

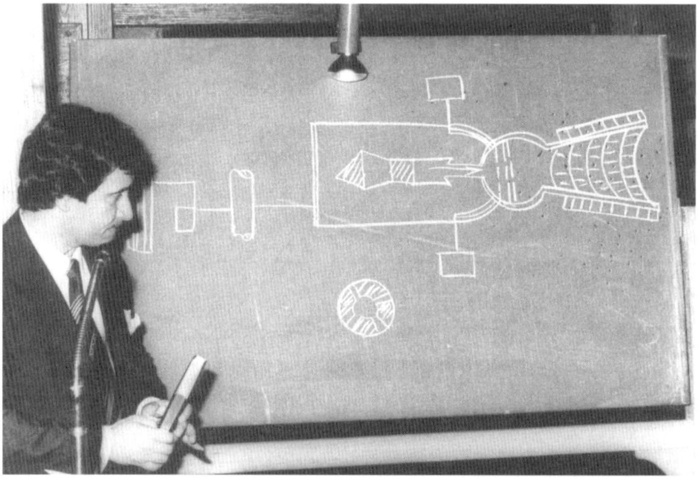

Bei einem öffentlichen Vortrag 1978 erläuterte ich Wissenschaftlern die Konstruktionspläne und Formeln, die ich medial empfangen habe - von Außerirdischen?

telepathischen Sende- und Empfangsleistung 87 Prozent Treffer - eine Zahl, die die Militärs beeindruckte und regelrecht begeisterte. "Damit", so berichtete die "Bunte" weiter (Nr. 15/6. April 1978), "ließ Drossinakis seine medial begabten Kameraden, von denen der Zweitbeste nur 69 Prozent erreichte, weit hinter sich."

Dass die US-Marine insgeheim jahrelang mit außersinnlicher Wahrnehmung experimentierte, hatten kurz zuvor französische Zeitschriften publik gemacht. Die Februar-Ausgabe von *Science et Vie* (G. Messadié: "Du Nautilus", Nr. 509/1960) erschien damals mit der Schlagzeile: "US-Marine arbeitet auf Atom-Unterseeboot mit Telepathie" und spekulierte: "Ist Telepathie eine neue Geheimwaffe? Wird Psi in der künftigen Kriegsführung ein entscheidender Faktor sein? Hat das amerikanische Militär das Geheimnis paranormaler Seelenkräfte gelöst?" Davon herausgefordert, begannen die Sowjets 1960 mit ähnlichen Versuchen. (Siehe Sheila Ostrander/Lynn Schroeder: *Psi*, München 1970., S. 17 f., 43 f.)

Doch mich überzeugte meine Glanzleistung nicht wirklich. Denn für militärische Zwecke wollte und will ich meine Fähigkeiten, die ich als göttliche Gaben verstehe, nicht nutzen. Andere, wichtigere Aufgaben, das hatte mir mein Großvatter verständlich genug erklärt, warteten auf mich. Und so war mit dem Ende meiner Dienstzeit auch dieses Kapitel für mich beendet.

Mein Großvater hatte ja rechtgehabt, als er mich nachdrücklich ermahnte: "Christos, du wirst noch viele Male gebraucht werden." Das hieß für mich, dass ich mich immer wieder neu einlasse auf ein Menschenleben, auf ein Schicksal, auf die Hoffnung eines Kranken, auf die Sehnsucht eines Leidenden. Mit allen diesen verschiedenen Menschen muss ich ein Stück des Weges mitgehen, dabei stetig auch selbst wachsen an allen Erfahrungen und Herausforderungen, und insbesondere an den Wirkungen, die sich zeigen. Was gibt es Schöneres, als in dieser Weise "Erfolge" zu erleben! Sie sind der Lohn für alles Bemühen, vor allem dann, wenn ich sie als "Sieg" über die Verzweiflung und Hoffnungslosigkeit verstehen kann, mit der so viele leidende Menschen zu mir kommen. Ich erinnere mich an den ungarischen Konzertmeister und Geigenspieler Bela F., den ein grausamer Schicksalsschlag aus der Bahn seines erfüllten Lebens geworfen hatte. Von einem Tag auf den anderen konnte er nicht mehr sprechen und - was für ihn als Musiker mit Leib und Seele noch schrecklicher war - auch nicht mehr den rechten Arm bewegen oder die Finger seiner rechten Hand koordiniert einsetzen. 57 Jahre war er alt, als dieser Schock all seine Zukunftspläne brutal durchkreuzte. Und es bestand keine Aussicht, dass sich alles als ein böses, aber kurzes Intermezzo erweisen würde. Ärzte machten ihm keinerlei Hoffnung auf Besserung. Die Diagnose lautete: Schlaganfall mit irreparablen Schäden in bestimmten Gehirnabschnitten.

Der Fall des Bela F. schien medizinisch so eindeutig, dass ihm offiziell unerbittlich beschieden wurde, eine Kur könne man ihm als Rehabilitationsmaßnahme nicht mehr bewilligen, da sie von vornherein als aussichtslos, also unsinnig zu gelten habe. Vier Jahre lebte Bela F. in einer Art Starrezustand - bis etwas in ihm gegen das vermeintlich unabänderliche Schicksal rebellierte. Hatte er denn wirklich alles Erdenkliche versucht, um seinem Leben noch einmal eine entscheidende Wende zu geben? Noch einen letzten Versuch wollte er unternehmen, einen, den er in den Jahren zuvor als abwegig abgetan hätte, als lächerlich. 1994 fand Bela F. den Weg zu mir. Von der ersten gemeinsamen Sitzung berichtete er später, es habe sich schon nach zwei, drei Minuten "ein Knoten" in seinem Kopf gelöst. "Ich konnte plötzlich wieder klar denken", begriff er seinen veränderten Zustand, der ihm wie eine Erlösung vorkam. Allmählich konnte er, der "hoffnungslose Fall", wieder normal sprechen; die Lähmung in seinem Arm verlor sich, er konnte wieder den Geigenbogen halten und sicher führen.

Dieses Foto zeigt mich (li.) in meiner Zeit beim griechischen Militär gemeinsam mit einem Freund.

Welch ein erhebendes Erlebnis, und welch ein Geschenk für mich, an dieser Erlösung teilhaben zu dürfen! Es vermittelt ein Gefühl von Glückseligkeit und Dankbarkeit, das mir kein noch so interessantes und spannendes militärisches Psi-Experiment geben kann.

Noch größer wurde meine Freude durch die Worte, die Bela F. nach seiner wunderbaren Genesung aussprach: "In der Not findet man zu Gott. Und der hilft."

Wie wahr, kann ich nur bestätigen; und wie schön, dass Bela F. verstanden hatte! Ihm war klargeworden, dass eine göttliche Kraft durch mich gewirkt hat - dass er nicht das Opfer eines "faulen Zaubers" geworden ist. Wenn ich erlebe, dass genesene, von Leiden und Krankheit befreite Menschen das Wirken einer schöpferischen Kraft anerkennen, doch nicht in die verbreitete besserwisserische Untugend verfallen und - gerade von Schmerzen und Leiden befreit - plötzlich altklug darlegen, wie das alles auf ganz banal zu erklärende Weise möglich war - dann empfinde ich doppelte Genugtuung über einen "Erfolg": Denn er bedeutet weitaus mehr als die Erlösung von dem Trauma einer Krankheit: Er stellt einen wichtigen Schritt auf dem Weg zur Bewusstwerdung dar, ebenso wie zur Annäherung an eine göttliche Kraft, die allgegenwärtig ist, auch wenn sie von uns nur selten wahrgenommen wird.

In meinem bisherigen Leben gab es nicht wenige Situationen, in denen sich diese göttliche Kraft offenbart, sich sichtbar gezeigt hat, zum maßlosen Erstaunen der Anwesenden. Das geschah vor allem dann, wenn ich meine Konzentration auf die Clairvoyance, auf das Klarsehen ausrichtete und zu einer wichtigen Frage um Antwort bat. Dann haben sich so manches Mal Gestalten fremder Wesen materialisiert, Erscheinungen, die von allen Anwesenden deutlich zu sehen und zu erkennen waren.

Offenbar müssen besondere Bedingungen erfüllt sein, um solch ein Phänomen buchstäblich mit eigenen Augen erleben zu können, denn es ereignet sich verhältnismäßig selten, in höchstens fünf von hundert Fällen, in denen ich mich in Trance versenke.

Solange ich als Seher tätig war, bestand meine Klientel hauptsächlich aus einfachen, namenlosen Menschen. Im Laufe der Zeit wurde ich mit meiner Gabe aber auch für viele prominente Künstler und Vertreter des europäischen Hochadels zum Geheimtipp.

Der Sängerin Nicole etwa sagte ich eine Ehekrise voraus, die sie allerdings meistern werde; als Krönung des Glücks prophezeite ich ihr zwei Kinder. ("Die *Zwei*", Nr. 46 / 12.-18.11.1986.) Auch Schlagerstar Adamo ließ sich von mir in die Zukunft blicken (*"Die Zwei"*, Nr. 42 / 15.-21.10.1986), ebenso meine Landsleute Demis Roussos und Costa Cordalis, der mir besonders herzlich verbunden war, oder auch eine Angehörige des Fürstenhauses Habsburg.

Ein besonders inniges Vertrauensverhältnis zu mir unterhielt jahrelang die berühmte Journalistin Margret Dünser. Ich sah ihren Tod voraus: "1984 kam sie das erste Mal zu mir. Auf ihrem Gesicht sah ich ein dickes, schwarzes Kreuz!" (*Bild* Frankfurt, 18.6.1980). Erst drei Jahre später sprach ich mit ihr über das Sterben. Die Journalistin hatte einen Traum, der immer häufiger wiederkehrte: "Meine Zähne verfaulten, schließlich fielen sie aus." Ich wusste, dass dieser Traum ihr Sterben ankündigte, und klärte sie, auf ihr

Drängen hin, über die Stunde ihres Todes auf. Sie war sehr tapfer. Nach mehreren Gesprächen ließ ihre Angst vor dem Unbekannten allmählich nach.

Wirklich glaubwürdig sind anscheinende Prophezeiungen erst dann, wenn sie vor Zeugen dokumentiert werden, ehe das Ereignis eintritt, auf das sie sich beziehen. Um eben solche Beweise bemühte ich mich von Anfang an. Wiederholt hinterlegte ich Niederschriften meiner Weissagungen bei dem Frankfurter Notar Dr. Hans Eishold, der sie versiegelte und in einem Tresor verwahrte. (Manchmal sandte er sie vorweg auch Redaktionen von Zeitschriften zu.) Im Beisein von Zeugen wurden diese Schriftstücke dann hinterher geöffnet und verlesen. Auf diese Weise nachprüfbar wurden eine ganze Reihe von spektakulären Prophezeiungen:

- So beschrieb ich am 7. September 1977, zwei Tage nach der Entführung von Hanns Martin Schleyer, dass und auf welche Weise der Arbeitgeberpräsident ermordet werden würde. (Siehe S. 94.)
- Schwedens Königin Silvia prophezeite ich "die Geburt eine gesunden Jungen noch in diesem Jahr" - zu einem Zeitpunkt, wo noch nichts auf eine Schwangerschaft hindeutete.
- Am 24. März 1981 brachte ich zu Protokoll, dass "dem US-Präsidenten Ronald Reagan innerhalb von drei Monaten durch äußerliche Ein-

BILD-Frankfurt

F ★ 18. Juni 1980 ★ BILD ★ Seite 3

Dünser: Sie wußte, wie ihre Todesstunde aussieht

Bevor sie zu den Prominenten ging, besuchte sie den Hellseher

Von DOROTHEE BEERMANN

Frankfurt, 18. Juni

Margret Dünser hat oft in einem der rotkarierten Clubsessel in dem Mahagoni-Büro gesessen. Ihr gegenüber konzentrierte sich der athletische Mann, mittelgroß, schwarze Haare, dünner Oberlippenbart, auf künftige Interview-Partner.

Den staatlich anerkannten Frankfurter Hellseher Christos Drossinakis (38) hat die berühmte Journalistin jedesmal aufgesucht, wenn sie ein Prominentengespräch vorbereitete.

Der Wahrsager, der aus einer griechischen Zigeuner-Familie stammt und seit elf Jahren in Frankfurt lebt, hat Margret Dünser auch auf ihren Tod vorbereitet. Er sagt: „Vor sechs Jahren kam sie das erste Mal. Auf ihrem Gesicht sah ich ein dickes, schwarzes Kreuz!"

„Sie war sehr tapfer"

Erst drei Jahre später sprach er mit ihr über das Sterben. Die Journalistin hatte einen Traum, der immer häufiger kam: „Meine Zähne verfaulten und sind schließlich ausgefallen." Christos Drossinakis wußte, daß dieser Traum ihr Sterben ankündigte und klärte sie über die Stunde des Todes auf: „Sie werden langsam müde, haben Schmerzen und fühlen, wie sie langsam nachlassen. Dann haben Sie das Gefühl zu schweben und sehen am Ende eines Tores unerklärliches Leuchten. Wenn Sie dieses Licht erreicht haben, tritt der biologische Tod ein."

Über die Reaktion von Margret Dünser erzählt der Hellseher: „Sie war sehr tapfer. Nach mehreren Gesprächen nahm ihre Angst vor dem Unbekannten allmählich ab."

Vor sechs Jahren sah der Hellseher ein Kreuz auf Margret Dünsers Stirn

Christos Drossinakis bereitete die Moderatorin auf ihren Tod vor.

Lebensretter bekam 150 DM von Wallmann

ck. Frankfurt, 18. 6.

OB Wallmann hat den Frankfurter Fachschüler Gerd Ritter (21) mit 150 Mark belohnt, weil er in der letzten Woche einen lebensmüden Heizungsmonteur vor dem Sprung in den Main abgehalten hatte. Gerd Ritter verlor dabei 800 Mark, die er gerade von der Bank geholt hatte, und seinen Ausweis (BILD berichtete). OB Wallmann schrieb dem Lebensretter: „Ihr

So berichtete *Bild* am 18. Juni 1980 über das innige Vertrauensverhältnis, das die berühmte Journalistin Margarethe Dünser mit mir verband - und meine Vision ihres Todes, die sich leider bewahrheiten sollte.

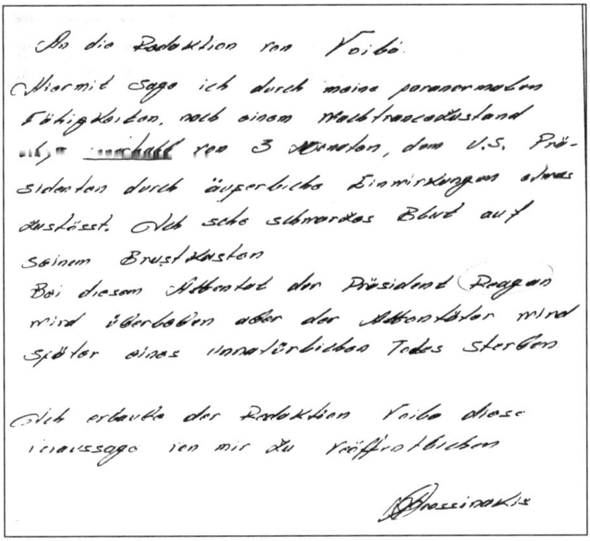
An die Redaktion von Voilà

Hiermit sage ich durch meine paranormalen Fähigkeiten, nach einem Wachtrancezustand [illegible] innerhalb von 3 Monaten, dem U.S. Präsidenten durch äußerliche Einwirkungen etwas zustösst. Ich sehe schwarzes Blut auf seinem Brustkasten

Bei diesem Attentat der Präsident Reagan wird überleben aber der Attentäter wird später eines unnatürlichen Todes sterben

Ich erlaube der Redaktion Voilà diese Weissage von mir zu veröffentlichen

Brassinakis

Meine Weissagung des Attentats auf Ronald Reagan, am 24. März 1981 der Zeitschrift "Voilá" übermittelt: "Hiermit sage ich durch meine paranormalen Fähigkeiten nach einem Wachtrancezustand voraus, dass innerhalb von drei Monaten dem US-Präsidenten durch äußerliche Einwirkungen etwas zustößt. Ich sehe schwarzes Blut auf seinem Brustkorb. Dieses Attentat wird der Präsident überleben ..."

wirkungen etwas zustößt. Ich sehe schwarzes Blut auf seinem Brustkasten. Dieses Attentat wird der Präsident überleben. Der Attentäter jedoch wird später eines unnatürlichen Todes sterben." So kam es.

● Am 28. Dezember 1984 hinterlegte ich bei der "Voilà"-Redaktion einen Brief, in dem ich korrekt zwei prominente Geburten prophezeite: Die Reederstochter Christina Onassis werde per Kaiserschnitt von einem Mädchen entbunden, und auch die Schlagersängerin Vicky Leandros bekomme eine Tochter - beide "Ende Januar 1985".

Immer wieder wird mir die Frage gestellt, wie denn das Hellsehen "funktioniert".

Im Grunde geht es um ultrafeine, äußerst subtile Schwingungen, die ein Mensch im Normalzustand nicht erfassen, nicht wahrnehmen kann, weil ihm die "Antenne" dafür fehlt. Es ist wie bei einen Radio: Die Funkwellen sind ständig um uns, obwohl wir sie nicht wahrnehmen können. Erst wenn wir das Radio einschalten, wenn wir auf Empfang gehen, kommen sie zur Wirkung und stellen eine Verbindung her. Wie wir im Radio einen bestimmten Sender suchen, so stelle ich mich auf eine bestimmte Frequenz übersinnlicher "Sender" ein, um eine erbetene Mitteilung, eine Antwort, Erklärung oder auch Botschaft empfangen zu können.

Zum Klarsehen gehört übrigens auch das Aura-Sehen, ein Begriff, der mit dem Esoterikboom der vergangenen Jahrzehnte inzwischen weithin

Auch sie suchten meinen hellsichtigen Rat: die Sänger Adamo und Demis Roussos ...

bekannt geworden ist. Doch nur wenige wissen genau, welche Bedeutung die Methode des Aura-Sehens hat. Ich möchte es an einem beeindruckenden Beispiel veranschaulichen, das ich vor einigen Jahren mit einem damals schwer behinderten 41jährigen Mann erlebt habe.

... ebenso der griechische Schlagersänger Costa Cordalis (hier bei einem Besuch in meiner Wohnung in Frankfurt-Höchst).

Dieser Mann litt, als er zu mir kam, schon seit ungefähr acht Jahren unter ebenso unerträglichen wie unerklärlichen Rückenschmerzen. Welchen Grund, welche Ursache konnte es für das rätselhafte Leiden geben, das allen Diagnose- wie auch Therapieversuchen trotzte? Selbst mehrere Operationen, eher auf Verdacht ausgeführt, konnten das Rätsel nicht lösen, ja sie sorgten nicht einmal für eine Linderung. Schmerzen können grausam sein, das wissen die vielen Schmerzkranken, die mehr schlecht als recht unter solchen Beschwerden ungeklärter Herkunft ihr Leben fristen.

Was also hätte ich tun können in einem solchen Fall, auf den alle medizinischen Experten nur mit Rat- und Hilflosigkeit reagiert hatten?

Nun, ich "sah" mir die Aura des Mannes genau an. Dieses Aura-Sehen kann man tatsächlich lernen, doch bis es als verlässlicher Indikator für Störherde im Körper genutzt werden kann, erfordert es schon einiges an Übung, Praxis und Erfahrung.

In diesem Fall sah ich an der Aura deutlich, dass der Energiekreislauf des Mannes unterbrochen war. Es ging also darum, die Blockade aufzulösen. Dies gelang mir schon mit der ersten Sitzung so nachhaltig, dass mein Besucher glücklich erklärte: "Zum ersten Mal seit Jahren bin ich schmerzfrei!"

Die Wirkung der ersten Sitzung hielt etwa zwei Wochen lang an. Das ist ganz normal, denn wir müssen berücksichtigen, dass zuvor die Blockade im Energiekreislauf jahrelang bestanden hatte und möglicherweise durch die Operationen sogar noch verstärkt worden ist. Es ging also darum, mit weiteren "Aurabehandlungen" den in die natürliche Ordnung zurückgeführten Energiekreislauf nun auch dauerhaft zu stabilisieren - was nach dem anfänglichen Erfolg nicht mehr allzu schwierig war.

Wie das Ergebnis schließlich ausfiel, möchte ich den dankbaren Mann mit seinen eigenen Worten beschreiben lassen: "Tage, Wochen, ja schließlich dauerhaft frei von Schmerzen sein zu dürfen, das ist wie ein Geschenk des Himmels. Ich danke nicht nur Herrn Drossinakis, ich danke Gott ..."

Zu doppeltem Dank hatte übrigens auch der Konzertmeister Bela F. Grund, dessen Geschichte ich hier beschrieben habe. Denn auch seine Frau Magdalena wagte den "Versuch" mit diesem rätselhaften Christos Drossinakis, nachdem sie die wundersame Entwicklung im Befinden ihres Mannes miterlebt hatte. Auch sie zählte zu dem Millionenheer von Menschen, die ständig unter unerklärlichen, nicht zu diagnostizierenden Schmerzen leiden, und auch bei ihr war der Rücken das Zentrum des Leidens. Ärzte konnten ihr nur mitteilen, dass sie körperlich gesund sei, eine Aussage, über die sie eigentlich hätte hohnlachen müssen.

Der gleiche Fall, die gleiche Rätselhaftigkeit des Leidens, die gleiche Ohnmacht der Ärzte - und die Erlösung von diesem jahrelang währenden Alptraum kam auf die gleiche Weise wie zuvor geschildert.

Magdalena F. hatte fünf Sitzungen mit mir. Dabei erlebte sie das gleiche Eintauchen in Licht und Energie, wie bei einem Flug zur Sonne - dann war sie vollkommen schmerzfrei.

Rätselhaft? Mysteriös? Gewiss. Auf jeden Fall aber wirkungsvoll. Das werden die vielen Betroffenen und schließlich Erlösten nur zu gern bestätigen. Sie erinnern sich genau an den Tag, an dem für sie ein neues, befreites Leben begann.

Hausbesuche als Liebesdienst, Heilen als Sterbebegleitung

Der Anruf kam am späten Abend eines ungemütlichen Herbsttages. Ein heftiger Wind riss welke Blätter von den Bäumen und fegte sie durch die nasse Kälte in den Straßen Frankfurts. Es war ein Wetter, bei dem man - wie es so anschaulich heißt - keinen Hund mehr vor die Tür jagt, ein Wetter, das beim bloßen Blick aus dem Fenster frösteln lässt.

Die Stimme des Anrufers klang flehentlich: "Bitte ... helfen Sie mir ... bitte ... kommen Sie ... die Schmerzen ... sind so stark ... bitte ... ich brauche ... Ihre Hilfe ... bitte!"

Wie hätten den Angerufenen die schiere Verzweiflung in dieser Stimme kalt lassen können? Zwar war er müde, erschöpft, ausgelaugt, doch darauf kam es jetzt nicht mehr an. Denn hier ging es, wieder einmal, um Helfen oder Alleinlassen. Er blickte auf die Uhr: 20.40 Uhr. Und ohne zu zögern fragte er in den Telefonhörer hinein: "Wo wohnen Sie?" - "Wiesbaden ... wenn Sie ... von Frankfurt ... kommen ... dann ..."

Er notierte sich die Wegbeschreibung. "Ich fahre gleich los. Versuchen Sie zu entspannen, versuchen Sie ruhig liegen zu bleiben. In einer Dreiviertelstunde bin ich bei Ihnen." Aus dem Hörer vernahm er die hoffnungsvolle Erleichterung des schmerzgeplagten Hilfesuchenden. Er wusste: Schon in diesem Moment begann das Medikament zu wirken - das Medikament mit dem Namen "Zuwendung".

Er fuhr los, durch die ungemütliche Herbstnacht, von Frankfurt nach Wiesbaden über die nächtliche Autobahn. Das war durchaus keine ungewöhnliche Situation für ihn. "Hausbesuch" hieß früher in Ärztekreisen das, was er nun tat.

Doch der Angerufene, von dem hier die Rede ist, ist beileibe kein Arzt. Das bin ich, Christos Drossinakis. Und was ich nun auf mich nahm, tat ich schon ungezählt viele Male. Es war Ehrensache. Denn ein wahrer "Heiler" pflegt auch heute noch im ursprünglichen Sinn die therapeutische Kultur, die vor Jahrzehnten zu den selbstverständlichen Aufgaben des guten alten

"Hausarztes" zählte - eines fürsorglichen, hingebungsvollen Helfers, dem im Dienst an Notleidenden keine Entfernung zu groß, keine Uhrzeit unpassend war.

Für mich war es von Anfang an eine Selbstverständlichkeit, Hausbesuche zu machen, ganz gleich, ob ich an einem heißen Sommertag um Hilfe gebeten werde, an einem regnerischen Herbstabend oder in einer eisigen Winternacht, mit schneeglatten Straßen.

Denn wenn ein solcher Anruf kommt, ist er immer auch ein Hilfeschrei eines Menschen, der in seinem Leiden und seiner Verzweiflung nicht mehr weiter weiß. Dann kann es für mich kein Zögern geben, kein Überlegen, ob ich mir jetzt, in dieser Stunde, einen solchen Liebesdienst noch antun sollte. Denn für den Kranken und Leidenden - das wussten auch die Hausärzte alten Schlages - ist allein schon die Geste eines Hausbesuchs ein wohltuendes Zeichen: In ihr kommt eine Zuwendung zum Ausdruck, die an sich schon lindern und heilsam wirken kann.

Ein Hausbesuch ist weit mehr als ein "Service". Stellen Sie sich nur die Lebenssituation von Schwerkranken vor, die sich nicht mehr oder nur noch mit größter Mühe aus dem Haus, aus ihrer Wohnung bewegen können; die womöglich nicht einmal mehr in der Lage sind, sich aus ihrem Bett, ihrem Rollstuhl zu erheben. Gerade dann brauchen sie buchstäbliches "Entgegenkommen". Wie könnte ich anders reagieren, wenn ich in all den Anrufen ganz verschiedener Art - mal verzagt, mal drängend, mal flehend, mal bescheiden, mal verzweifelt, mal erwartungsvoll - immer wieder den Schrei aus den dunklen Tiefen einer verzweifelten Seele höre: Hilf mir, wenn du kannst! Dann kann es keinen beamtenpünktlichen Feierabend für mich geben, dann ist dieser eine Mensch oder diese Familie wichtiger als alles andere.

Oft bedeutet ein solcher Hausbesuch ein Eintauchen in eine andere Welt, die abseits des lärmenden, pulsierenden, vitalen Lebens draußen auf den Straßen unbemerkt existiert. Plötzlich bin ich in einer Welt, in der alles, was sonst wichtig erscheint, bedeutungslos wird. Dann geht es um den Schmerz einer Mutter, die aus Liebe zu ihren Kindern den bevorstehenden Tod nicht akzeptieren will und verzweifelt um Aufschub bittet; um den Rentner, der noch nicht sterben will, weil er seine hochgradig pflegebedürftige Frau nicht alleine lassen will; um den Familienvater, dessen Krankheit für Frau und Kinder eine materielle Katastrophe bedeutet, weil sie alle von seinem Arbeitseinkommen leben müssen.

Ich denke da beispielsweise an Karla, eine Mutter von vier Kindern, die im Sterben lag, mit einem schwerkranken Mann an ihrer Seite. Sie verzweifelte bei dem Gedanken, ihre Familie zurücklassen zu müssen, und hoffte auf ein Wunder. In dieses Gefühl von Schmerz, Hilflosigkeit und Verzweiflung mischte sich grenzenlose Liebe: Ich kann doch meine Kinder, meinen Mann nicht im Stich lassen! Und es zerriss ihr förmlich das Herz, als ihre Jüngste, ein liebes, vier Jahre altes Mädchen, ihr unter Tränen zuflüsterte: "Mami, wenn du schlafen gehst, dann möchte ich mit dir einschlafen."

Fürwahr, es gibt Momente, in denen ich wünschte, über die Kräfte und Fähigkeiten eines Allmächtigen zu verfügen - in denen ich über Tod und Leiden gebieten möchte, um dem Leben und der Liebe alle Möglichkeiten der Entfaltung zu eröffnen. Mit der Zuversicht des Siegers möchte ich dann lächelnd fragen können: "Tod, wo ist dein Stachel?"

Doch kein Heiler ist ein omnipotenter Gesundheitszauberer, auch ich nicht. Aus jahrzehntelanger Erfahrung mit vermeintlich "hoffnungslosen" Fällen, mit den "Austherapierten" und deshalb Aussortierten des konventionellen Medizinbetriebs, weiß ich zwar, dass die Grenzen, an die ärztliche Heilkunst stößt, durchaus zu überschreiten sind - mit Gottes Hilfe und der konzentrierten Kraft eines begnadeten Geistes. Aber das Selbstheilungspotential, das ein Heiler anregen kann, ist nicht unerschöpflich. Diese Einschränkungen zu erkennen und hinzunehmen, ohne an ihnen zu verzweifeln, gehört zu den wichtigsten Entwicklungsaufgaben eines guten Heilers. Fast immer spüre ich schon bei der allerersten Begegnung mit einem Schwerkranken, ob und wieviel ich für ihn tun kann. Ebenso zuverlässig weiß ich aber auch, wann all meine Bemühungen nicht ausreichen werden, das unerbittliche Fortschreiten eines Krankheitsprozesses aufzuhalten. Scheitere ich in solchen Fällen? Versage ich? War ein Hausbesuch dann unnütz? "Lohnte" sich der Aufwand letztlich nicht? Wer so argumentiert, hat das Wesen des Heilens nicht begriffen. Heilen bedeutet nämlich weitaus mehr, als Symptome zu beseitigen und Gesundheit wiederherzustellen. Es schließt ein, einen Menschen "heil" zu machen im wahrsten Sinne des Wortes: ihm beispielsweise seine Verzweiflung über sein Schicksal, seine panische Angst vor dem Sterben zu nehmen, ihm den Abschied zu erleichtern, ihn auszusöhnen mit dem Unabwendbaren, ihm "loslassen" zu helfen, woran er sich klammert. In diesem Sinne kann Geistiges Heilen zu einer der liebevollsten, humansten Formen der Sterbebegleitung werden, die es auf diesem Planeten gibt - und *gelingen*, auch wenn der Patient stirbt. Ihr Erfolg zeigt sich in den selig entspannten Gesichtszügen, einem letzten Leuchten in den Augen, einem leichten Lächeln auf den Lippen im selben Moment, in dem der letzte Atemzug getan wird. Wie oft schon kam es vor, dass ein Mensch, der nicht mehr zu retten war, in meinen Armen sanft einschlief - nachdem seine letzten dahingehauchten Worte, an mich gerichtet, "Danke

... Danke für alles" gelautet hatten. Waren das absurde, geistig verwirrte Reaktionen auf blamabel gescheiterte Therapieversuche? Nein, in ihnen drückt sich in Wahrheit die weise Einsicht eines Menschen aus, der in einer gänzlich heilen Verfassung, in tiefem inneren Frieden und wiedergefundener Zuversicht Abschied genommen hat, hin zu einem neuen Leben in einer höheren, besseren Welt, frei von Krankheit, Kummer und Leid.

Hier erinnere ich mich an einen nicht minder tragischen Fall wie den oben geschilderten; bei ihm waren die Rollen vertauscht, auch wenn all die Verzweiflung, die Trauer, der Schmerz über den bevorstehenden Verlust eines geliebten Menschen im übrigen die gleichen waren. Ein kleines Mädchen, vier Jahre alt, lag im Sterben, begleitet vom stummen Entsetzen seiner Eltern, die sich die immer gleiche Fragen stellten: Warum ausgerechnet *unser* Kind? Wieso gerade *jetzt*? Weshalb so früh - ohne die Chance auf ein richtiges Leben gehabt zu haben? In diesem Alter schon wieder Abschied nehmen - wo es doch gerade erst auf die Welt gekommen ist? Wo ist der barmherzige Gott, den uns die Kirche verkündet? Wo ist der Gott, der diesen grausamen, viel zu frühen Abschied abwenden kann? Doch was du von uns haben kannst, wollen wir dir mitgeben auf deine Reise ins Unbekannte: unsere Liebe.

Das war ein Hausbesuch unter vielen, und doch wie jeder andere ein besonderer. Immer wieder, bei jedem solchen Termin, erlebe ich mit all meinen Sinnen, meinen Empfindungen und Gefühlen das Einzigartige.

Das Kind greift nach meiner linken Hand, mit der ich ihm sacht über den Kopf streichle, und lässt sie nicht mehr los, spürbar bestimmt trotz all seiner Kraftlosigkeit. Und während mich zwei Kinderaugen wissend ansehen, fühle und verstehe ich während dieses ergreifenden Kontakts mit einer kleinen, glühendheißen Kinderhand die Sprache einer Seele, die keine Worte braucht.

Ich schäme mich meiner Tränen nicht, die mir in diesem Moment nass und kühl über die Wangen laufen, sie sind meine Antwort. Durch den Tränenschleier sehe ich hinter dem unbewegt ernsten Gesicht des kleinen Mädchens das Lächeln glückseliger Unendlichkeit.

Wie heißt es doch: Liebe ist stärker als der Tod.

Auch ich gebe diesem kleinen Mädchen meine inbrünstige Liebe mit auf den Weg in ein anderes Leben, ein Leben jenseits der Schwelle des Todes.

Und in stillem Gebet flehe ich: Herr, gib diesen Eltern, gib mir, gib uns allen so viel Kraft aus Liebe, dass wir den Tod überwinden können.

Der Eintritt in eine neue Welt

Wenn du meinst, du hättest alles erreicht, wird es Zeit, den nächsten Schritt zu tun.

Diese seltsame Aufbruchstimmung erfasste mich Anfang der neunziger Jahre, nachdem ich mittlerweile seit über zehn Jahren als Heiler praktiziert hatte. Wieso eigentlich? War ich nicht schon längst dort angelangt, wohin mich eine tiefe Sehnsucht getrieben hatte, solange ich zurückdenken kann? Immer wollte ich helfen und heilen, nichts anderes; und ich strebte nach genügend materieller Sicherheit, um mich ganz und gar dieser Lebensaufgabe widmen zu können, anstatt meine Fähigkeiten einen Großteil des Arbeitstags brachliegen lassen zu müssen. Beides hatte ich erreicht: Weit über das Rhein/Main-Gebiet hinaus war ich bereits zum "Geheimtipp" für Schwerkranke geworden, bei denen die Schulmedizin an Grenzen gestoßen ist. Aus allen Bevölkerungsschichten, aus vielen Ländern reisten sie inzwischen zu mir - vom Bäcker bis zum Grafen, von der Stenotypistin bis zum Konzernboss, von der Rentnerin bis zum Regierungsmitglied -, und was ich bei ihnen erstaunlich oft erreichte, begann in Presse, Funk und Fernsehen immer häufiger für Aufsehen zu sorgen. Meine Schränke füllten sich mehr und mehr mit überschwenglichen Dankesbriefen von Menschen, die unter meinen heilenden Händen einen Ausweg aus einer scheinbar hoffnungslosen Lage gefunden hatten. Über mangelnde Bestätigung und Anerkennung brauchte ich mich also zuallerletzt zu beklagen.

Aber das genügte mir nicht mehr. Ich wollte auch Skeptiker überzeugen - Ärzte, Wissenschaftler und andere Experten, an deren Zurückhaltung und Ablehnung es lag, dass in der Öffentlichkeit nach wie vor massive Vorbehalte gegenüber Heilern wie mir überwiegen.

Es muss im Sommer 1993 gewesen sein, als mir ein faszinierendes Buch in die Hände fiel, nach dessen Lektüre mir sofort klar war, was ich als nächstes zu tun hatte. "*Das Große Buch vom Geistigen Heilen*" hieß es: im deutschsprachigen Raum die erste umfassende Darstellung aller Methoden, auf geistigem Wege Krankheiten zu erkennen und zu behandeln. Was mich daran fesselte, war weniger der brillante Stil oder die ungeheure Fülle von Fakten und Forschungsergebnissen, die darin auf über 400 Seiten zusammengetragen worden waren. Es war der besondere Geist, in dem dieses Buch geschrieben war: Statt das Heilen einseitig hochzujubeln oder pauschal niederzumachen, bot es eine ungewöhnliche, sympathisch unvoreingenommene, ausgewogene Mischung aus vorurteilsfreier Aufgeschlossenheit und kritischer Distanz. Einerseits würdigte es Erfolge und Möglichkeiten Geistigen Heilens, andererseits legte es den Finger treffsicher auf die wunden Punkte: den vorläufigen Mangel an halbwegs gesicherten wissenschaftlichen Erkenntnissen, die oft überzogenen Versprechen von Heilern, ihre esoterische Abgehobenheit. Für mich stand fest: Den Autor dieses Buches, eines von inzwischen 28 aus seiner Feder, musste ich unbedingt kennenlernen, auf das Urteil eines solch glaubhaften, hochangesehenen Experten kam es mir an: Dr. Harald Wiesendanger, ein studierter Philosoph, Psychologe und Soziologe, der ein Jahr zuvor die Basler "Weltkongresse für Geistiges Heilen" ins Leben gerufen hatte und gerade dabei war, einen Dachverband für Heilerinitiativen aufzubauen. Würde es mir gelingen, ihn von mir überzeugen? Wie würde er bewerten, was ich in meiner Praxis zustande brachte?

Mit meinem Entschluss, ihm ein Treffen vorzuschlagen, bewegte ich mich, wie mir rückblickend klar ist, im Grunde auf eine Schicksalstür zu, hinter der durchaus nicht zum Vorschein kam, was ich erwartet und insgeheim erhofft hatte; dafür fand ich durch diese Tür auf einen neuen, aufregenden Abschnitt meines Lebenswegs, auf dem ich buchstäblich eine andere Welt betrat. Was ich damit meine, wird sogleich deutlicher werden.

Erhofft hatte ich mir, einen anerkannten Fachmann zu einem uneingeschränkten Lob zu bewegen. Aber allein schon mein Versuch, eine Verabredung mit ihm zustande zu bringen, erwies sich als überaus mühsam. Nachdem ich ihn endlich telefonisch erreicht und mein Anliegen geschildert hatte, wimmelte er mich höflich, aber bestimmt ab: "Wissen Sie, wenn ich jeden Heiler treffen wollte, der mich von seinen Fähigkeiten überzeugen will, dann könnte ich mein Büro dichtmachen und nur noch Kaffeekränzchen veranstalten", sagte er. "Also nehmen Sie es mir bitte nicht übel, wenn ich ..."

"Hier geht es aber nicht um *jeden* Heiler", wagte ich ihm ins Wort zu fahren, "sondern um einen, der Ihnen ganz außergewöhnliche Behandlungserfolge zweifelsfrei beweisen kann", widersprach ich.

"Glaubt das nicht jeder Heiler von sich?", erwiderte er. "Und was heißt schon ‚zweifelsfreier Beweis', außerhalb von Logik und Mathematik?"

Was ihn schließlich doch dazu bewegt hat, mir für den darauffolgenden Sonntagnachmittag einen Termin anzubieten - "aber bitte nicht länger als eine Stunde", wie er betonte -, ist mir bis heute unklar. Vermutlich gab nicht meine Überredungskunst den Ausschlag, sondern pure Graecophilie: Er liebte Griechenland, seine Landschaften, sein Klima, seinen Menschenschlag, wie er in der Smalltalk-Phase unseres Telefongesprächs beiläufig erwähnte, nachdem er sich meinen Namen notiert hatte; und vielleicht fand er es amüsant, mit einem Mann aus der Ägäis zu plaudern, der in ihm Urlaubserinnerungen weckte.

Harald Wiesendanger wohnte in einem kleinen Odenwalddorf rund dreißig Kilometer östlich von Heidelberg. Dort stand ich ein paar Tage später vor seiner Haustür, unter den Arm geklemmt zwei von rund dreißig prallgefüllten Aktenordnern, in denen ich seit Jahren Unterlagen über meine beachtlichsten Heilerfolge abgeheftet hatte: Briefe von Behandelten und Angehörigen, Patientenfotos, Befundberichte von Ärzten und Kliniken, Laboranalysen, Röntgen- und Ultraschallbilder. Solch gewissenhaftes Dokumentieren hatte ich mir, auf dringendes Anraten eines befreundeten Arztes, seit Mitte der achtziger Jahre zur Gewohnheit gemacht. "Was du in deiner Praxis produzierst, sind kostbare Perlen", hatte er mir gesagt. "Solange du darauf verzichtest, sie zu sammeln, missachtest du ihren Wert. Du wirfst sie fort, ohne dass irgendjemand außer dir und deinen Patienten jemals erfahren wird, dass es sie überhaupt je gegeben hat."

Als wir uns zu einer Tasse Kaffee um einen hellen runden Marmortisch im Wohnzimmer gesetzt hatten, kamen wir ohne Umschweife zur Sache; ich wusste, dass die Zeit knapp war. Nachdem ich Dr. Wiesendanger die beiden Ordner überreicht hatte, begann er sogleich darin zu blättern - bedächtig, wortlos, ohne eine Miene zu verziehen. Zwischendurch war ich versucht, den einen oder anderen Fall zu kommentieren, aber ich tat gut daran, mich zurückzuhalten. Sprachen die Dokumente nicht für sich?

So herrschte eine halbe Stunde lang ein gespanntes Schweigen, das ich zunehmend als peinlich empfand. Dass Wiesendanger in keiner Weise reagierte, verunsicherte mich. Was ging in ihm vor? So schenkte ich mir zweimal Kaffee nach, kaute lustlos am bereitliegenden Gebäck und suchte in seiner Mimik weiter vergeblich nach Anhaltspunkten dafür, was ich in Kürze zu hören bekommen würde.

Endlich klappte Wiesendanger den Deckel auch des zweiten Aktenordners zu, reichte ihn mir zurück, legte wie in Zeitlupe seine Brille auf den Tisch, goss seine Kaffeetasse voll, rührte bedächtig einen Schuss Milch ein. Dann zündete er sich geradezu aufreizend langsam eine Zigarette an, blickte zu mir hoch und musterte mich durchdringend. "Und *was* genau", fragte er, "möchten Sie mir nun damit beweisen?"

Ich war verdutzt. "Ist Ihnen das nicht soeben klargeworden? Haben Sie die vergangene halbe Stunde denn nicht damit zugebracht, Beweise für Geistiges Heilen auf sich wirken zu lassen?"

"Wenn *das* Ihr Motiv zu dieser Fleißarbeit war", lächelte er gequält, "dann hätten Sie ebensogut Schmetterlinge sammeln können."

Ich hatte Mühe, meine Empörung zurückzuhalten. "Aber sehen Sie denn nicht ..."

"Was Sie mir da vorlegen, lieber Herr Drossinakis", unterbrach er, "zeigt mir lediglich eines: Offenbar gibt es eine ganze Reihe von Schwerkranken, die fest davon überzeugt sind, es gehe ihnen deutlich besser, *nachdem* sie ein paarmal bei Ihnen waren. Aber es belegt keineswegs, dass es zu den berichteten Fortschritten *wegen* Ihrer Bemühungen gekommen ist - denn im Behandlungszeitraum könnten auch vorausgegangene oder noch laufende ärztliche Therapien, weiterhin eingenommene Medikamente, Veränderungen in der Ernährung, in Lebensgewohnheiten, in der Umgebung eine ausschlaggebende Rolle gespielt haben. Viele Arztberichte in Ihren Ordnern datieren mehrere Monate vor Beginn oder nach Abschluss der ‚Geistheilung', oder sie fehlen ganz; und in diesen Monaten kann eine Menge passiert sein, was den Krankheitsverlauf günstig beeinflusste, ganz ohne Ihr Zutun. Damit nicht genug: Was Sie mir hier vorlegen, haben Sie doch gewiss sorgsam vorausgewählt: Sie präsentieren mir die Glanzlichter - aber wieviel Belangloses bis Enttäuschendes lassen Sie dabei unter den Tisch fallen? Selbst wenn Sie mich dazu brächten, vor diesen dokumentierten Fällen - es dürften wohl an die dreißig sein, wenn ich richtig gezählt habe - in Ehrfurcht zu erstarren: Sind es 30 von 50? Oder von 500? Oder von Tausenden? Ihre Beispielsammlung allein lässt eben jene Frage unbeantwortet, auf die es einem Patienten entscheidend ankommt, wenn er erwägt, sich auf Geistiges Heilen einzulassen: Wie groß ist die Wahrscheinlichkeit, dass er auf diesem Wege, bei diesem Heiler hier Hilfe findet? Wie häufig kommen solche vermeintlichen ‚Wunderheilungen' tatsächlich vor?"

All das leuchtete mir ein, so schwer es mir im ersten Moment auch fiel, es zuzugeben. Was Wiesendanger mir da zu verstehen gab, klang durchaus nicht arrogant, bloß offen und ehrlich. Trotzdem fühlte ich mich irgendwie brüskiert.

"Wollen Sie damit sagen, dass Sie all diese Behandlungserfolge bezweifeln?"

"Das wäre ein Missverständnis", stellte Wiesendanger klar. "Es mag ja sein, dass sich diese Genesungen exakt so zutrugen, wie Sie und Ihre offensichtlich begeisterten Patienten das wahrgenommen haben. Und es mag sogar sein, dass es tatsächlich *Ihre* Bemühungen waren, die dabei den Ausschlag gegeben haben. Aber", hier zuckte er mit den Achseln, "kein Arzt wird Ihnen das unbesehen glauben. Es fehlt jegliche medizinische Kontrolle."

"Und was schlagen Sie vor?", fragte ich konsterniert.

"Da müssen wir unterscheiden zwischen Wünschenswertem und Machbarem", antwortete er, während er ein schwarzes Kätzchen kraulte, das es sich unterdessen schnurrend auf seinem Schoß gemütlich gemacht hatte. "Für eine Studie, die höheren wissenschaftlichen Ansprüchen genügt, müsste organisatorisch, personell und finanziell ein Riesenaufwand getrieben werden, wie er nur in Zusammenarbeit mit Universitäten und Kliniken möglich wäre - und da sehe ich zumindest in Deutschland bis auf weiteres keine Einrichtung, die sich dafür einspannen ließe. Vorstellen könnte ich mir allerdings Folgendes: Nicht Sie, der Heiler, sondern ein Ärzteteam wählt eine größere Gruppe von Patienten aus. Deren Gesundheitszustand wird unmittelbar vor und nach der ,Geistheilung' überprüft. Ob ihr Geistiges Heilen hilft, wird nicht ,retrospektiv', im nachhinein, untersucht - sondern therapiebegleitend. Alle Veränderungen von Faktoren, die medizinisch relevant sein könnten, einschließlich psychischer und sozialer, werden aufmerksam beobachtet und miterfasst. Die Testbilanz muss Stillstände oder gar Verschlimmerungen ebenso erfassen wie Verbesserungen. Und sie muss veröffentlicht werden, egal wie sie ausfällt." Im randvollen Aschenbecher drückte er den glimmenden Zigarettenstummel so heftig und ausdauernd aus, dass es mir fast so vorkam, als werde dabei ein geschrumpfter Heiler zusammengefaltet. "Könnten Sie sich vorstellen, an so etwas mitzuwirken?"

"Nun ja", erwiderte ich zögernd. "Solange sich der Aufwand in Grenzen hält ..."

Er schmunzelte. "Kennen Sie etwas Grenzenloses, mal abgesehen vom Universum, dem Zahlenraum und Gottes Geduld?"

"Ich meine, auch mein Tag hat nicht mehr als 24 Stunden."

"Das ist zwar schade, 24 genügen aber bestimmt. Dann will ich also sehen, was ich für Sie tun kann", sicherte er mir zu, derweil mich die Katze, immer noch schnurrend, aus schmalen, gelbgrünen Augenschlitzen ahnungslos anglotzte.

Auf Wiesendangers Offerte war ich nicht vorbereitet, zumal ich alles andere als das erhofft hatte, als ich mich auf den Weg zu ihm machte. Ich erbat Bedenkzeit, und damit war unser viel zu kurzes Gespräch bereits beendet, ehe es die Phase distanzierter Kühle hätte verlassen können. Ein paar Höflichkeitsfloskeln zum Abschied, ein kurzer, kräftiger Händedruck - dann schloss sich die Tür hinter mir.

Auf der Heimfahrt, und auch noch in den ersten Tagen nach diesem denkwürdigen Treffen, überwog bei mir eine Mischung aus Wut, Enttäuschung und verletztem Stolz, wie ich freimütig zugebe. Hatte ich das nötig? Zählte meine persönliche Gewissheit, zusammen mit den euphorischen Rückmeldungen unzähliger Patienten, nicht weitaus mehr als ein wohl immer mit Einschränkungen verbundenes Kompliment aus dem Mund von Leuten wie diesem Doktor Wiesendanger?

Trotzdem wirkte diese anregende Zusammenkunft mächtig in mir nach, und bald war ich imstande, sie emotionsloser zu bewerten, mit kühlem Kopf - vor allem den unerwarteten Vorschlag gegen Ende unseres Gesprächs. Sollte ich mich tatsächlich auf einen solchen Test einlassen? Was hätte ich davon, abgesehen von dem zweifelhaften Vergnügen, akademisches Erkenntnisinteresse zu befriedigen? Ging ich damit nicht ein gewaltiges Risiko ein? Was auch immer ich vorher geleistet hatte - darauf käme es nicht mehr an, es täte nicht das Geringste zur Sache. Was allein zählen würde, wäre das, was ich bei einer mehr oder minder kleinen Zahl von Versuchspersonen erreichen würde, die mir noch wildfremd waren - ganz und gar hoffnungslose Fälle, an denen sich womöglich schon ein paar Dutzend Ärzte, Heilpraktiker und Heiler vergeblich versucht hatten. Und wenn es einem Großteil von ihnen hinterher nicht deutlich besser ginge? Stünde ich dann nicht in aller Öffentlichkeit blamiert da, sobald die Testergebnisse publiziert würden? Wäre mein guter Ruf dann nicht mit einem Schlag ruiniert?

"Lass um Himmels willen die Finger davon", riet mir ein guter Freund eindringlich, nachdem ich mich ihm anvertraut hatte. "Das Risiko ist zu groß, der Einsatz zu hoch. Russisches Roulette spielen kannst du auch auf weniger umständliche Weise. Hierzulande sind Heiler doch Freiwild für jeden, der meint, im Namen der Aufklärung Hexenjagden veranstalten zu müssen - das solltest du doch längst schon selber zur Genüge erfahren haben. Wer sich für solche ‚Härtetests' zur Verfügung stellt, der gibt sich selber zum Abschuss frei."

Tagelang war ich hin- und hergerissen. Sollte ich unbehelligt, in bequemer Sicherheit weitermachen wie bisher - oder den nächsten Schritt wagen, hinein in die fremde Welt medizinischer Forschung, von der ich damals, Anfang der neunziger Jahre, erst verschwommen erahnen konnte, welche Anforderungen, Zumutungen und Risiken einen Heiler wie mich darin erwarten würden?

Letztlich war es eine Serie von sonderbaren Träumen, die für meine Entscheidung schließlich den Ausschlag gab - Träume, die ich so eindrücklich erlebte, als hätten sie mich in eine nicht minder reale Parallelwelt gerissen. Nacht für Nacht sah ich mich in einem schmucken Häuschen in einem tiefen, fruchtbaren Tal, am Fuße eines mächtigen Bergs. Mein behagliches Zuhause war mit allem eingerichtet, was mir lieb und teuer war. Doch seltsam: ich hatte keinen Blick dafür, es bedeutete mir nichts. Stattdessen saß ich vor der Tür, erfüllt von Ärger: Umgeben von gigantischen Gebirgszügen, lag mein Häuschen nämlich unentwegt im Schatten, kein Sonnenstrahl traf es je. Und mein Blick reichte nicht weiter als ein paar hundert Meter - dann versperrte ihm ein Steinmassiv gegenüber, auf der anderen Seite des engen Tals, die Sicht auf alles, was dahinterlag - auf den ganzen fernen Rest der Welt jenseits davon. Nein, hier wollte ich nicht länger leben. Und so machte ich mich auf, die Gebirgswand emporzuklettern. Immer wieder stolperte ich, immer wieder glitten meine Finger ab von den Felsvorsprüngen, an denen ich mich hochzuhangeln versuchte. Dicht neben mir gingen dröhnend Geröllawinen ab, die mich beinahe erschlagen hätten. Unterhalb des Berggipfels schwebte eine dichte Nebelwand, durch die ich mich blind hindurchtasten musste, um weiter nach oben zu kommen. Als ich sie endlich durchdrungen hatte, war ich an der Spitze angelangt - und dort empfing mich ein Schwall überirdisch gleißenden Lichts, das mich umflutete, einhüllte, wohlig wärmte - und mit einem schier unbeschreiblichen Glücksgefühl erfüllte.

An der verschlüsselten Botschaft dieser Träume bestand für mich kein Zweifel: Zaudere nicht. Lass los. Brich auf. Du wirst es nicht bereuen.

Nun griff ich kurzentschlossen zum Telefonhörer, rief Wiesendanger an und teilte ihm mit, wie ich mich entschieden hatte.

Kurz angebunden erklärte er mir: "Na schön. Bitte haben Sie ein paar Wochen Geduld. Sie werden wieder von mir hören."

Neun Wochen später war es endlich so weit. Anstelle des erwarteten Rückrufs erhielt ich ein offizielles Schreiben von Wiesendanger als Mitglied des Organisationsteams der "Internationalen Basler Psi-Tage", des weltweit bedeutendsten und traditionsreichsten Kongresses für Grenzgebiete der Wissenschaft. "Hiermit", so lautete der Kernsatz der kurzen Mitteilung, "laden wir Sie ein, an einem ärztlich begleiteten Heiler-Test mitzuwirken, den wir im Vorfeld unseres Zweiten Weltkongresses für Geistiges Heilen 1994 durchführen werden. Wir schlagen vor, dass Sie einer Gruppe von chronisch kranken, schulmedizinisch ‚behandlungsresistenten' Patienten über einen längeren Zeitraum - uns schweben zwei Monate vor - mit Handauflegen zu helfen versuchen, unter Aufsicht eines von uns bestimmten Arztes, der Vor- und Nachkontrollen vornimmt. Die Patienten werden wir in nächster Zeit durch Presseaufrufe rekrutieren. Wir bitten um Verständnis dafür, dass wir Ihnen kein Honorar zahlen können. Die Ergebnisse sollen bei unserem Kongress im November 1994 vorgestellt werden, unabhängig vom Ausgang des Tests."

Kaum hatte ich den Brief beiseite gelegt, da überkamen mich erneut erhebliche Bedenken. Wagte ich nicht doch zuviel?

Doch jetzt gab es kein Zurück mehr: Ich war beim Wort genommen worden, und dieses Wort galt.

Was kam dabei heraus? Einzelheiten des Heiler-Tests von 1994 sind in Dr. Maren Hoffmanns Buch *Die heilende Kraft der Liebe*, S. 29-35 nachzulesen. Kurz zusammengefasst: Es wurde ein überwältigender Erfolg, über den selbst angesehene Zeitungen wie die "*Süddeutsche*", die "*Stuttgarter*" und die "*Ärzte Zeitung*" ausführlich berichteten, neben mehreren Gesundheitszeitschriften, Rundfunk- und Fernsehsendern. Acht von neun Schwerstkranken, die mir zugewiesen worden waren, machten unter meinen Händen im achtwöchigen Testzeitraum unerwartete Fortschritte, die der begutachtende Arzt als "aus schulmedizinischer Sicht rätselhaft" einstufte.

Eine Spontanremission erlebte beispielsweise der 12jährige David L. aus Rüsselsheim. Seit 1986 traten bei dem Jungen anfallsweise wiederkehrende Erstickungsanfälle auf, aufgrund asthmatisch verengter Atemwege. Im selben Jahr setzte eine schwere Neurodermitis ein. Noch bei Testbeginn musste der Junge täglich bis zu sieben Medikamente einnehmen. Doch schon nach der allerersten Testsitzung bei mir wurde er vollständig symptomfrei - und dabei blieb es bis heute. Er konnte wieder beim Schul- und Vereinssport mitmachen, Fußball spielen und durch den Wald joggen.

Wegen eines offenen Beins (*ulcus cruris venosum*) war Gerda S., 57, aus Trier seit 1985 in nahezu ständiger ärztlicher Behandlung gewesen - erfolglos. Bei Testbeginn zog sich die Wunde über zwanzig Zentimeter den Unterschenkel entlang, blutete, nässte, stellenweise schimmerte der Knochen durch. Im Testverlauf verkleinerte sie sich kontinuierlich - und hatte sich bis Mitte Februar 1995 vollständig geschlossen.

An Multipler Sklerose litt Martina F., 38, gelernte Zahntechnikerin aus Köln, seit 17 Jahren - mit Dauerschwindel, beeinträchtigter Bewegungskoordination und stark nachlassender Sehkraft. Schon im zweiten Testmonat konnte sie ohne Gehhilfe spazierengehen, auch sah sie wieder besser.

Nachdem die Ärztin Dr. med. Dorothea W., 42, im März 1992 an einem

Mammakarzinom operiert und anschließend chemotherapiert worden war, wurden im Juli 1993 acht Skelettmetastasen festgestellt. Der Knochenkrebs bereitete ihr höllische Schmerzen, die nur mit Morphium einigermaßen zu ertragen waren. Doch bereits nach der ersten Sitzung war die Medizinerin schmerzfrei. Wochen später besserten sich die Blutwerte deutlich, und Ende 1994 ergab eine Tomographie, dass die Metastasen inaktiv geworden waren.

Wie stolz ich auf jeden einzelnen dieser Erfolge war, will ich nicht verhehlen. Aber noch viel wichtiger war für mich etwas anderes: Ich hatte mir selbst bewiesen, dass ich auch in einem wissenschaftlichen Rahmen, unter den denkbar ungünstigen Bedingungen eines kontrollierten medizinischen Tests, imstande war, meine Heilfähigkeiten abzurufen und umzusetzen; selbst unter den argwöhnischen Blicken beaufsichtigender Ärzte, selbst unter Zeitdruck, selbst unter dem Damoklesschwert des Scheiterns, vor den Augen unbestechlicher Zeugen, versagte ich nicht. Nun hatte ich Gewissheit: Zur Erforschung Geistigen Heilens kann ich beitragen - und darin sah ich fortan eine meiner wichtigsten Aufgaben.

Weitere Bewährungsproben dieser Art folgten unmittelbar darauf, und rasch bekam die Angelegenheit eine enorme Eigendynamik: Jede Studie mit positivem Ausgang fiel weiteren Ärzten und Wissenschaftlern auf, die ihrerseits bei mir die Probe aufs Exempel machen wollten. Kaum ein halbes Jahr war seit dem Basler Test vergangen, da begann für mich schon das nächste Experiment, diesmal organisiert von "*Bio*", einer der größten deutschen Gesundheitszeitschriften. Elf chronisch kranke Leser, für die Ärzte nichts mehr tun konnten, sollte ich ein Vierteljahr lang durch Handauflegen betreuen. Was dabei herauskam, war bald darauf in *Bio* nachzulesen (Nr. 2/1996, S. 66-69): "Mitunter erlebten die elf Patienten schon nach der ersten Sitzung Erstaunliches", fasste der damalige stellvertretende Chefredakteur Wolfgang Lüdke zusammen. "An den Wirkungen durch eine geheimnisvolle, bis heute nicht zu erklärende Bio-Energie kann es keine Zweifel geben." Hier eine Auswahl der bemerkenswertesten Wirkungen:

- Die 45jährige Brigitte K. aus Bad Homburg litt seit ihrem 14. Lebensjahr unter Asthma bronchiale und Neurodermitis. Achtmal legte ich ihr die Hände auf - seither ist die Neurodermitis verschwunden, die Frau braucht kein Cortison mehr, konnte den Einsatz des Atemsprays erheblich reduzieren.

- Bei der Architektin Kathrin G. aus Gera wurde 1994 Multiple Sklerose diagnostiziert, mit plötzlicher Taubheit auf dem linken Ohr, Tinnitus, stechenden Schmerzen im rechten Ohr und Gleichgewichtsstörungen. "Seit der zweiten Behandlung habe ich keine Schmerzen mehr auf dem rechten Ohr, und seit der dritten laufe ich ohne Ermüdung kräftig zwei bis drei Kilometer."

- Bei der 52jährigen Hannelore F. aus Frankfurt wurden Anfang November 1995, nach der Behandlung eines Mammakarzinoms, Metastasen im gesamten linken Becken festgestellt. Damit war sie "verurteilt zur Unbeweglichkeit", zu einem Leben mit Krücken und im Rollstuhl. Im Test verschwanden die Schmerzen, die Tumorwerte verbesserten sich teilweise dramatisch.

- Seit dem Säuglingsalter litt der achtjährige Marvin F. aus Ludwigsburg unter schweren Erkrankungen aus dem atopischen Formenkreis, die wiederum zu weiteren Folgeerkrankungen führten: unter anderem Asthma und multiple Nahrungsmittelallergie. Nach siebenmaligem Handauflegen "braucht Marvin, nach schrittweisem Absetzen von Sultanol, nicht mehr bronchienerweiternde Mittel zu inhalieren. Beim Spielen mit anderen Kindern draußen kann er sich anstrengen, mitlaufen, Ball spielen ohne Atemprobleme!"

Dass zu den Patienten, denen ich im Basler Test so durchschlagend hatte helfen können, auch ein schwer asthmakranker Junge gehört hatte, machte Dr. med. Andreas W., einen Mannheimer Arzt für Allgemeinmedizin neugierig. Denn er betreute damals besonders viele Patienten mit Asthma bronchiale. Seine elf schwersten Fälle, im Durchschnitt seit fast siebzehn Jahren "therapieresistent", bezog er in eine zweimonatige Studie ein, zu der ich ab Mitte Oktober 1995 mehrfach in seine Praxis kam oder seine Patienten bei mir in Frankfurt empfing, bis zu dreimal pro Woche. Was könnte ich, unter seiner Kontrolle, durch bloßes Handauflegen bewirken? Darüber berichtete Dr. W. ausführlich in Heft 7/1996 der traditionsreichen medizinischen Fachzeitschrift "*Erfahrungsheilkunde*": "Bei allen Probanden kam es zur deutlichen klinischen Besserung:

- Der Medikamentenverbrauch ging zurück (7 von 11 Probanden wurden völlig medikamentenfrei),

- Die Symptome ließen nach (von 53 auf 19 insgesamt, pro Patient von 4,42 auf 1,73),

- die subjektive Beeinträchtigungsschwere verringerte sich.

- Mehrere Parameter der Lungenkapazität nahmen im Gruppenmittel zu.

Bei zwei Allergikern kam es darüber hinaus zum Ausbleiben von vormals massiven Reaktionen auf langjährig bekannte Allergene (Kernobst, Rosshaar)."

In seinem Forschungsbericht hebt Dr. W. unter anderem den Fall eines 45jährigen Unternehmers hervor, der seit 1964 an Misch-Asthma litt, mit bislang mindestens 70 (!) krankenhauspflichtigen Notzuständen. Schon nach der ersten Woche Geistheilung konnte der Patient "das inhalative Corticoid auf die Hälfte der Ausgangsdosis reduzieren - und alle anderen Medikamente absetzen. Die gemessenen Lungenfunktionswert BSS verbesserten sich dramatisch, ebenso die körperliche Belastbarkeit - der Patient spielt wieder Squash - und die berufliche Leistungsfähigkeit: "Der Patient arbeitet jetzt 14 Stunden pro Tag, ohne sich überfordert zu fühlen." Und noch etwas erstaunte den Arzt: "Eine seit Jahren bestehende schmerzhafte Prostatitis (chronische Entzündung der Vorsteherdrüse) sowie seit drei Monaten bestehende Gelenk- und Gliederschmerzen remittierten bereits wenige Tage nach Testbeginn vollständig und bislang rezidivfrei."

Bei einem anderen Asthma-Patienten, dem 65jährigen Werner Graf aus Ludwigshafen, recherchierte die Zeitschrift "Neue Gesundheit" eigens nach: "Schon unmittelbar nach dem ersten Behandlungstermin war Werner Graf ebenso verblüfft wie hoffnungsfroh: 'Heute morgen konnte ich kaum 20 Meter weit laufen. Dann gab´s Probleme mit der Luft. Und jetzt, in der Mittagspause, bin ich 600 Meter gegangen - ohne Beschwerden." Werner Graf war nicht der einzige, dem es viel besser ging."

Dies waren meine drei ersten Schritte in der fremdartigen Welt wissenschaftlicher Forschung, und bis heute folgten rund siebzig weitere: mit Biologen und Psychologen, mit Physikern und Chemikern, an Universitäten und Forschungsinstituten von Neuss bis Stuttgart, von St. Petersburg bis Kyoto, von Sofia bis Moskau. In fast allen Untersuchungen bestätigte sich unter Einsatz der unterschiedlichsten Testverfahren, Messmethoden und technischen Apparaturen: Von Heilern wie mir geht eine Kraft aus, deren physikalische Natur noch weitgehend im Dunkeln liegt - deren Wirkungen sich aber zweifellos und objektiv registrieren lassen, an den unterschiedlichsten Objekten. Diese Kraft zeigt sich an schwerkranken, aus schulmedizinischer Sicht "austherapierten" Patienten ebenso wie an Einzellern, Würmern und Ratten, an isolierten Tumorzellen, in Hirnströmen, Blut- und Wasserproben. Sie wird in Elektrographen und Restlichtverstärkern, in Spektrometern und Enzephalogrammen, mit Infrarotkameras und Elektronenmikroskopen sichtbar. An anderer Stelle wird darüber ausführlich berichtet (Dr. Maren Hoffmann: *Die heilende Kraft der Liebe - Christos Drossinakis - ein Geistheiler im Blickpunkt der Wissenschaft*, s. Anhang: Lesetipps), daher verzichte ich in diesem Buch darauf, ins Detail zu gehen.

Für meine Mitwirkung habe ich bisher übrigens bei keiner einzigen Studie auch nur einen Cent Honorar erhalten; Flugtickets, Hotelkosten zahlte ich ausnahmslos aus eigener Tasche.

"Kein Heiler weltweit", so begann eine Medizinjournalistin kürzlich ein Interview mit mir, "hat sich jemals so intensiv für wissenschaftliche Forschung engagiert wie Sie. Was veranlasst Sie, dafür derart viel Zeitaufwand, Umstände und Kosten in Kauf zu nehmen?" Ja, warum eigentlich?

In erster Linie tue ich das aus wissenschaftlichem Interesse: Ich will mithelfen, die Essenz und Effekte der rätselhaften Energieformen zu messen und zu analysieren, die das Phänomen Geistiges Heilen ausmachen. Und ich will dazu beitragen, dass auf der Grundlage dieser Forschung eines Tages Heilmethoden entwickelt werden, deren Anwendung Ärzte in die Lage versetzt, bessere Behandlungsergebnisse zu erzielen. Geistiges Heilen wissenschaftlich zu fundieren, kann außerdem dazu beitragen, die esoterische "Heiler"szene endlich von Abertausenden von Möchtegerns, Mittelmaß und Nichtskönnern zu reinigen. Natürlich sollte nicht jeder drauflos"heilen" dürfen, der meint, er könne es. Wir brauchen dringend Prüfungen - allerdings wissenschaftlich fundierte, und nicht ein Kasperltheater, wie es manche Heilerverbände veranstalten. Nur wer solche aus Forschungsergebnissen hergeleiteten Prüfungen besteht, sollte als Heiler zugelassen werden. Dazu stehe ich ohne Wenn und Aber, und mein jüngstes Projekt - eine Heilerschule ganz neuen Typs -, auf das ich gegen Ende dieses Buchs eingehen werde, hat sich unmittelbar daraus ergeben.

Psychomord an einer Heldin - Zum Gedenken an Tanja S.

Es war Samstag, der 2. Mai 1998, als ich Tanja S. kennenlernte. Die ersten Maitage - unwillkürlich verbinden wir mit ihnen die Vorstellung des berühmten Wonnemonats, von der aufblühenden Pracht der Natur, von prallem Leben, von frischer, neu erwachter Lebenskraft. Dazu passte das prächtige Wetter an diesem ganz besonderen Wochenende: Von einem tiefblauen, beinahe wolkenlosen Himmel herab schickte die Sonne einen strahlenden Lichtfächer durch die Fensterfront meines Wohnzimmers, in dem ich Tanja empfing.

Doch nach Frühlingsgefühlen war Tanja zuallerletzt zumute. Dass sie überhaupt zu mir kommen konnte, war nur möglich, weil sie rechts von ihrem Vater und links von ihrer Mutter gestützt wurde. Keine Spur von Lebenskraft und Lebensfreude - es war ein Häufchen Elend, das da unsicher vor mir stand. Allein hätte sie nicht einmal einige wenige Schritte geschafft, eine schwere Gleichgewichtsstörung machte ihr das unmöglich. Auch das Koordinationsvermögen, die Befehlsgewalt über ihre Bewegungen, war erheblich gestört: Der rechte Fuß schlug bei ihren Schritten unkontrolliert nach außen, der linke Fuß anschließend stark nach links. Zwischendurch hielt sie inne und versuchte auf groteske Weise rückwärts zu gehen, nur um sich irgendwie fortzubewegen.

Es war ein Anblick, der mich im tiefsten Inneren traf, und für einen kurzen Moment zweifelte ich schon im ersten Augenblick unserer Begegnung: Mein Gott, ich brauche Deine Hilfe, wenn ich dieser Frau helfen soll!

Bis jetzt wusste ich noch gar nichts von ihr, von ihrem Leben und Leiden, von ihren Gedanken und Gefühlen. Doch als wir uns schließlich gegenübersaßen und langsam, zögernd ein Gespräch begannen, da überkam mich das bestürzende Gefühl: Nun sprichst du mit einem Menschen, der - gerade 24 Jahre alt - dem Tod schon näher ist als dem Leben. Diese unendliche Traurigkeit, diese herzzerreißende Hoffnungslosigkeit in ihrer Stimme: sie berührten mich zutiefst. Und dann begann sie tatsächlich davon zu sprechen, wie sie sich ihre Beerdigung vorstellte: mit welchem Kleid sie angezogen sein wollte, um im Sarg möglichst hübsch auszusehen, um bei den Gästen zum Abschied einen guten Eindruck zu machen und ihnen auf diese Weise noch ein letztes Mal ein wenig Freude zu bereiten.

Bis zu diesem 2. Mai 1998 hatte sich Tanja sogar schon genau ausgedacht, welcher Text auf ihrem Grabstein eingraviert werden sollte, welche Worte sie sich für ihre Todesanzeige in der Zeitung wünschte - und was bei der Abwicklung der "letzten Dinge" sonst noch alles zu berücksichtigen wäre.

Während sie mir, mit gesenktem Blick und in einem leisen Tonfall, wie er nicht niedergeschlagener und resignierter hätte klingen können, das alles stockend berichtete, versagte mir selbst die Stimme. Mehrmals wollte ich etwas fragen, sie trösten, sie aufmuntern - doch ich brachte kein Wort heraus. Ich war tief erschüttert, so sehr, dass in diesen Momenten meine Selbstsicherheit ins Wanken geriet. Was ich hier fassungslos miterlebte, war keine physische, aber eine psychische Beerdigung: ein vorweggenommenes Selbstbegräbnis, wenn es so etwas überhaupt geben kann.

Was konnte ich für diese dem Tod geweihte junge Frau noch tun? Konnte ich ihr die Hand reichen, um sie aus dem schon vorbereiteten Grab wieder herauszuziehen?

Bei diesem Gedanken geschah in mir etwas Wundervolles: Ich fühlte, wie in mir eine Kraft aus Zuversicht, Glauben und Stärke wuchs. Spontane Gefühle der liebevollen Zuneigung zu dieser mir doch noch fremden Frau stiegen in mir auf. Schlagartig fühlte ich zwischen uns eine geradezu übermenschliche, eine göttliche Verbindung, die mir deutlich vermittelte: Das "Unmögliche" darf und kann geschehen. Du bist nicht allein bei dieser Aufgabe, so aussichtslos sie auch scheint. Jedenfalls war ich nun bereit, das "Wunder" konnte kommen, auch wenn ich mich nach dieser ersten Begegnung stundenlang, tagelang, wochenlang mit bohrenden Fragen zu diesem Fall beschäftigte: Wie konnte ich ihr möglichst schnell wieder die Kraft zum Leben zurückgeben? Wie konnte ich ihr Selbstheilungspotential wecken und dazu anregen, den Kampf gegen die mörderische Krankheit aufzunehmen? Und ganz abgesehen von den erhofften Veränderungen des medizinischen Befunds: Wie konnte ich auf ihre dünnen, zumeist zusammengepressten Lippen wieder ein Lächeln zaubern, ihre glanzlosen Augen wieder zum Leuchten bringen? Das bewegte mich selbst noch in vielen Nächten, und so wurde Tanjas Behandlung für mich monatelang eine ganz besondere Herzensangelegenheit, wie gewaltig die Herausforderung auch aussah.

Denn Tanja hatte zu mir eine verheerende Diagnose mitgebracht: eine äußerst seltene Tumorerkrankung namens "Neurofibromatose". Die Geschwulste entstehen hierbei in Zellhüllen - den sogenannten "Schwann-Scheiden" -, welche die nahe der Hautoberfläche gelegenen Nervenfasern röhrenförmig umgeben. Solche "Neurofibrome" sind eigentlich gutartig - allerdings können sie zu heftigen Schmerzen und schweren neurologischen Ausfällen führen, je nachdem, an welchen Stellen und wie tief infiltrierend sie wachsen. Befallen können sie den ganzen Körper: Auf der Haut tauchen sie oft als milchkaffeefarbige Flecken auf, in der Netzhaut des Auges als Knötchen. Manchmal sind muttermalartige Gebilde, die stielförmig aus der Haut herauswachsen, erste sichtbare Alarmzeichen; oft sehen die Tumore zunächst auch harmlosen Sommersprossen oder Leberflecken zum Verwechseln ähnlich. Nach ihrem Entdecker, dem Königsberger Pathologen Friedrich von Recklinghausen (1833-1910), heißt ihr gehäuftes Auftreten auch "Recklinghausen-Krankheit".

Tanja S. litt daran: zum Zeitpunkt unseres Kennenlernens schon seit mindestens acht Jahren, mittlerweile in fortgeschrittenem Stadium. Bei der jungen Frau aus einer nordhessischen Kleinstadt wurden die Neurofibrome 1990 entdeckt, nachdem sie immer schlechter hörte. Wie ich von ihren Eltern und aus den mitgebrachten ärztlichen Befundberichten erfahre, haben die Tumore, von denen mehrere im Kopf saßen - unter anderem an beiden Hörnerven, am Hirnstamm und am Kleinhirnbrückenwinkel -, inzwischen zu schwersten Symptomen geführt: Seit November 1994 ist Tanja völlig taub. Seit Sommer 1997 fällt ihr das Gehen mit dem linken Bein zunehmend schwerer, weil sich der Fuß kaum noch beugen lässt. Hinzu kommen immer stärkere Gleichgewichtsstörungen. Ihr rechtes Auge ist geschwollen, ihre Sehschwäche schreitet rapide fort. Immer öfter zittert die linke Hand, wenn sie Gegenstände zu heben versucht. Inzwischen ist die gelernte Zahnarzthelferin "Erwerbsunfähigkeitsrentnerin", weitgehend angewiesen auf die ständige liebevolle Fürsorge ihrer ratlosen Eltern. Schulmedizinern scheint ihr Fall hoffnungslos. Eine Operation wäre zu gefährlich gewesen, eine Chemotherapie galt als aussichtslos, für eine Bestrahlung waren die Tumore bereits zu groß - und immer neue bildeten sich.

Doch Tanja dachte gar nicht daran, sich aufzugeben. Anfang 1998 erfuhr sie aus der Presse von einem großangelegten "Fernheil-Test", den die Veranstalter des Vierten "Weltkongresses für Geistiges Heilen" in Basel organisierten, in Zusammenarbeit mit Psychologen der Universität Freiburg/ Breisgau sowie einem Team von Ärzten und Psychotherapeuten, die medizinische Vor- und Nachkontrollen vornahmen. Tanja war eine von 120 "austherapierten" chronisch Kranken, die aufgrund der besonderen Schwere ihres Falls unter 280 Bewerbern ausgewählt worden waren. Wie 29 andere Patienten, so war sie einer "Kontaktgruppe" zugelost worden - so genannt, weil ihre Mitglieder 20 Wochen lang von mir fernbehandelt werden sollten, nachdem sie mich persönlich kennengelernt hatten und während der Testphase gelegentlich aufsuchen durften. (30 weitere Patienten bildeten, zum Vergleich, eine "Anonyme Gruppe", die von verschiedenen ihnen unbekannten Heilern fernbehandelt wurden, zu denen keinerlei persönlicher Kontakt bestand. Weitere zehn Kranke erhielten von mir ein Amulett, ein therapeutisches Hilfsmittel, auf das ich im nächsten Kapitel eingehen werde. Einzelheiten über den "Fernheil-Test" sind nachzulesen in Dr. Maren Hoffmams Buch *Die heilende Kraft der Liebe*, S. 63-98, s. Anhang: Lesetipps.)

Für die Fernbehandlungen, die nun fünf Monate lang folgen sollten, überließ mir Tanja ein besonders sympathisches Porträtfoto von sich: Es zeigt eine ausnehmend hübsche junge Frau mit dunkelbrauner, wild gekräuselter Lockenpracht, bei der nur ein leicht gequältes Lachen und ein zusammengekniffenes rechtes Auge verriet, dass der Schein der unbeschwerten Fröhlichkeit trog. Wie bei allen Patienten, denen ich auf geistigem Wege von fern zu helfen versuche, so beschäftigte mich dieses Foto von nun an Tag für Tag, zumeist frühmorgens und spätabends, wenn mich noch kein Praxisbetrieb in Anspruch nahm. Manchmal, wenn ich keinen Schlaf fand, saß ich bis zum Morgengrauen über ihrem Bild, und der sehnlichste Wunsch, ihr ein vermeintlich unabwendbares Schicksal zu ersparen, fesselte mich so sehr, dass ich keinerlei Müdigkeit spürte. Immer wieder versank ich, nach einem innigen Gebet, mit ihrem Foto zwischen meinen gefalteten Händen, in tiefe Trance, suchte und fand eine geistige Verbindung mit ihr - und sandte ihr heilende Energien. Nicht immer spüre ich, ob, wann und in welchem Maße diese Energien Heilprozesse in Gang setzen - aber in Tanjas Fall war ich so sicher wie selten. Erlag ich dabei bloß eigenen Wunschvorstellungen? Wie konnte ich so vermessen sein, bei einer derart fürchterlichen Erkrankung, die immer gleich unerbittlich und irreversibel fortschreitet, auch nur auf die geringste Besserung zu hoffen? Überschritt ein Heiler hier, in esoterischem Überschwang, unbedacht Grenzen, die auch ihm durch unverrückbare medizinische Gesetzmäßigkeiten gesetzt sind?

Was daraufhin geschah, protokollierte Tanja minutiös in ihrem Tagebuch - und fand bei Testende seine Bestätigung durch ein medizinisches Abschlussgutachten. Von der ersten Woche an "ging es seelisch wieder aufwärts", schreibt Tanja. "Die gesamte Woche über kam es mir so vor, als ob ich ständig von irgendwoher Energie bekomme." Ein besonders ausgeprägtes Neurofibrom, das sich rund fünfzehn Zentimeter lang den linken Unterarm entlangzog und als bläulichbraun verfärbte, extrem druckschmerzempfindliche Beule die Haut wölbte, war seit der achten Testwoche vollständig verschwunden - eine aus schulmedizinischer Sicht "unerklärliche Spontanremission", wie ein Chirurg eines Frankfurter Krankenhauses kommentierte. Auch die Sehkraft verbesserte sich deutlich, ebenso der Gleichgewichtssinn: Seit Ende August traute sich Tanja S. zu, mit ihrem Hund alleine, ohne die ständige Aufsicht von Verwandten, Spaziergänge zu unternehmen. "Es ist ein tolles Gefühl, wieder selbständiger zu sein!" Vor der Studie schmerzte ihr linkes Bein und wurde zunehmend schwächer; doch vom vierten Testmonat an waren die Schmerzen weg, und "mein Bein fühlt sich nicht mehr so schwach an." Die Kopftumore waren zwar noch vorhanden, wie eine Computertomographie am 21. August ergab - allerdings war der größte Tumor deutlich geschrumpft, wie ein Vergleich mit Aufnahmen vom Dezember 1996 und November 1993 zeigte. "Ich habe das Gefühl, nun alles zu schaffen und gesund zu werden", schrieb Tanja in ihrem letzten Wochenprotokoll. "Seelisch geht es mir total gut - so gut wie noch nie! Wer weiß, wie alles geworden wäre, ohne so eine tolle ,Kraft'. Ich will nicht daran denken, was mir hätte passieren können. Ich denke nur, was noch alles passieren kann, im positiven Sinne. Wenn es mir jetzt schon, nach fünf Monaten, so gut geht, wird es bald noch besser sein! Ich habe das Gefühl, dass es nun stetig bergauf geht. Ich plane auch wieder meine Zukunft. Dazu hatte ich oft nur wenig Lust, denn mir ging es ja so schlecht. Nun sehe ich meine Zukunft in einem positiven Licht, und ich plane wieder!"

Voller Enthusiasmus nimmt Tanja jetzt sogar ein ehrgeiziges Buchprojekt in Angriff; sie gibt ihm den etwas umständlichen, aber vielsagenden Arbeitstitel "Ich bin nicht froh über die Krankheit, aber über die Erfahrung!", und widmen will sie es mir, ihrem Heiler. Darin schildert sie ihre eigene Leidensgeschichte, die eine Wende nimmt, als sie beschließt, dem Drängen von Ärzten auf mehrere Operationen nicht nachzugeben, sondern "aus eigener Kraft mit dieser Krankheit fertigwerden, sich mit ihrem Schicksal auseinandersetzen, trotz alledem ihr eigenes Leben meistern zu wollen", wie es in Tanjas Entwurf eines Vorworts heißt. "Dazu muss sie die gesellschaftlichen Konsequenzen durchstehen: Mitleid, Entsetzen und Ärger über ihre angebliche Unvernunft, ebenso die Abkehr vieler Freunde. Energisch nimmt sie die Dinge selbst in die Hand. Sie erprobt neue Methoden gegen die Krankheit; dabei macht sie auch Erfahrungen mit Geistigem Heilen: trostlose ebenso wie hilfreiche. Mit ungebrochenem Optimismus führt sie, soweit es ihr möglich ist, ein ganz normales Leben. - “Mein Buch", so kündigt Tanja weiter an, "soll den Blick dafür schärfen, worauf es im Leben wirklich ankommt. Es macht Betroffenen Mut. Es ruft auf zu Toleranz und Wertschätzung des wahren Wesens des Menschen, unabhängig von Äußerlichkeiten und Beeinträchtigungen."

Ein Großteil von Tanjas unfassbarer Verwandlung, auf medizinischer und psychischer Ebene, findet Anerkennung in dem abschließenden medizinischen Gutachten. Darin wird wörtlich festgestellt: "Interessant ist der Vergleich zwischen den radiologischen Befunden vom 31. Januar 1997 und 21. August 1998. (...) Auffällig ist, dass bei den intrakraniellen Tumoren ein Wachstumsstillstand bzw. eine Wachstumsverlangsamung eingetreten ist. Noch auffälliger ist die spontane Totalremission eines großen Neurofibroms am Unterarm der Patientin. Frau S. ist zum Zeitpunkt des zweiten Interviews - im September 1998 - in der Lage, eine Gehstrecke von etwa einem Kilometer ohne fremde Hilfe zu bewältigen. Auch die Motorik hat sich insgesamt etwas verbessert. Alle diese Verbesserungen entwickelten sich entgegen der üblichen Prognose bei Neurofibromatose! Noch auffälliger ist die Verbesserung des psychischen Allgemeinzustands, der mit ‚sehr gut' bezeichnet werden kann. Die Probandin ist zuversichtlich, sie schreibt an einem Buch über ihre Erkrankung und die damit verbundenen Erlebnisse."

War das nicht ein großartiger Erfolg? Um ihn zu sichern und möglichst noch zu steigern, bot ich Tanja selbstverständlich an, sie über das Ende des Tests hinaus kostenlos weiterzubetreuen. Voll überschwenglicher Dankbarkeit nahmen sie und ihre Eltern mein Angebot an. Nichts mehr schien weiteren Fortschritten im Wege zu stehen.

Doch der Rückschlag kam, und er materialisierte sich in Gestalt eines gewissen Kurt K.: eines Fernsehredakteurs, der vom RTL-Magazin "Extra" damit beauftragt worden war, eine Filmdokumentation über den "Fernheiltest" zu produzieren. Monatelang begleitete er die Studie mit einem Kamerateam, gab sich zutiefst beeindruckt, ja geradezu begeistert von den erzielten Behandlungsergebnissen, versprach eine überaus wohlwollende Berichterstattung - und lieferte RTL dann ein Machwerk der übelsten Sorte ab, das offenkundig nur ein Ziel verfolgte: durch Verdrehen, Verschweigen und Verzerren die allerschlimmsten Vorurteile über Geistheiler zu bestätigen, am Beispiel ihres prominenten Vertreters Christos Drossinakis. Um mich als gruseligstes Schreckgespenst eines unfähigen Abzockers zu präsentieren, hatte Kurt K. mit geradezu krimineller Energie aus dem gedrehten Filmmaterial systematisch alles herausgeschnitten, was auch nur den leisesten Hinweis darauf hätte geben können, wie sensationell erfolgreich der Test verlaufen war - maßgeblich dank meiner Mitwirkung, wie mir die Studienleitung schriftlich bestätigte: "Bei Ihren insgesamt schwerkranken 30 Patienten", so bescheinigte sie mir am 8. Dezember 1998, "haben Sie eine Besserungsquote von 57,5 % erzielt - davon 12,5 % im psychischen Bereich, weitere 45 % auch hinsichtlich der körperlichen Symptome. Bei weiteren 20 % haben Sie zumindest eine zeitweilige Besserung erreicht - was nach einer durchschnittlich elfjährigen Leidensgeschichte bemerkenswert ist", zumal bei fatalen Diagnosen, die von Polyarthritis über Niereninsuffizienz und Cerebralparese bis hin zu Tinnitus, dem chronischen Erschöpfungssyndrom (CFS) und metastasiertem Krebs reichten. Interviews mit beteiligten Ärzten und Patienten, die dies bestätigten, hatte Kurt K. rigoros herausschneiden lassen. Kein Wort davon. (Wenn Sie die näheren Umstände und Hintergründe dieses TV-Skandals interessieren, empfehle ich Ihnen mein Buch *Die ganze Wahrheit - Ein Heiler wehrt sich gegen Rufmord*, darin Kapitel 2, S. 29-64; s. Anhang: Lesetipps).

Während ich mit dieser Diffamierung gelassen umging, löste die RTL-Sendung unter meinen Patienten helle Empörung aus. Mehrere von ihnen schickten der "Extra"-Redaktion wütende Protestbriefe, bestanden auf Gegendarstellungen, erwogen sogar juristische Schritte. Weitaus am tiefsten getroffen jedoch reagierte Tanja - für sie brach buchstäblich eine Welt zusammen. In bewegenden Worten, mit spürbar bebendem Zorn zwischen den Zeilen, brachte sie der RTL-Redaktion gegenüber ihren Abscheu zu Papier: *"Wissen Sie eigentlich, was es heißt, austherapiert zu sein?"*, so überschrieb Tanja ihren Brief. Dann fuhr sie fort:

"Bisher fand ich Ihre Sendung immer sehr interessant. Darum ist es mir um so unverständlicher, wie Sie das Thema Geistheiler und vor allem Herrn Drossinakis so abwerten können.

Wissen Sie eigentlich, was es heißt, austherapiert zu sein?

Wie es ist, ständig an den Tod, das Sterben denken zu müssen, und sich darauf einzustellen?

Von den Ärzten aufgegeben zu sein?

Seinem Schicksal überlassen zu sein?

Wie es ist, wenn Sie merken, dass Sie langsam verfallen? Immer mehr zu einem Leben zu kommen, das nicht mehr lebenswert, eine einzige Qual ist? Den Tod herbeizusehnen, auch wenn man Angst davor hat?

So ging es mir, bevor ich Herrn Drossinakis kennengelernt habe. Es war kein lebenswertes Leben mehr für mich. Ich vegetierte nur noch so dahin.

Seit Mai 1998 bin ich nun bei Herrn Drossinakis, und mein Leben hat sich positiv geändert. Ich darf nun wieder ein lebenswertes Leben führen. Ich habe Zukunft und muss nicht ständig an das Sterben denken.

Sie glauben gar nicht, bei wievielen Ärzten ich war und was ich alles an Therapien versucht habe. Rein gar nichts konnte mir helfen. Als ich letztes Jahr eine Kur beantragt habe, wurde diese sogar abgelehnt, und ich musste zu einem zweiten Gutachter. Dieser wollte mich zu einer Operation zwingen, denn er war der Meinung, eine Kur allein würde mir nichts mehr bringen. Mir wurde immer nur gesagt, dass ich so lange leben soll, wie es eben möglich ist. Ich denke, Sie können gar nicht nachvollziehen, was das für eine 25jährige junge Frau bedeutet. Grausamer geht es nicht.

Dann kam ich zu Herrn Drossinakis, und von Anfang an ging es mir seelisch besser. Diese ständigen Gedanken an den Tod, das Sterben, waren nicht mehr so intensiv und zu manchen Zeiten auch gar nicht mehr in meinem Kopf. Alleine dafür war ich schon riesig dankbar. Wieder einmal normal denken zu können, war für mich etwas besonders Schönes.

Aber es sollte noch viel besser werden. Das war damals nur der kleine Anfang einer großen Lawine von tollen Ereignissen. Nach nur zehn Wochen Behandlung bei Herrn Drossinakis verkleinerte sich ein sehr großer Tumor am Arm erheblich. Nach einer erneuten Kernspintomographie erfuhren wir dann, dass auch die Tumore in meinem Kopf kleiner geworden sind.

Sie wissen gar nicht, was das für mich und meine Eltern bedeutete. Es war, wie wenn Weihnachten und Geburtstag auf einen Tag fallen würden. Es war wie ein neues Leben. Etwas ganz Großartiges.

Anfangs waren meine Eltern ziemlich skeptisch gewesen, als ich von Heilern und Herrn Drossinakis zu erzählen begann. Aber nun ist das Gegenteil eingetroffen. Sie glauben an Herrn Drossinakis´ Fähigkeiten und schätzen ihn sehr, nicht nur als Heiler, auch als Mensch.

Sie können sich gar nicht vorstellen, was das für eine Atmosphäre ist, wenn ich bei Herrn Drossinakis in Behandlung bin. Dort wird jeder Kranke sehr gut und vor allem menschlich behandelt - was man von vielen Ärzten nicht sagen kann. Bei Ärzten fühlt man sich oft nur als Nummer und bekommt seine paar Sekunden Zeit, um seine Probleme und Schmerzen zu erzählen. Aber bei Herrn Drossinakis findet man immer Ruhe und Zufriedenheit und keine Hektik, wie bei Ärzten; die sagen sich doch alle: Zeit ist Geld!

Wovon sollte denn ein Heiler leben? Von der Sozialhilfe? Wie stellen Sie sich das vor? Es gibt nur ganz wenige Heiler, die so viel können wie Herr Drossinakis; sie beschäftigen sich den ganzen Tag damit, kranken Menschen zu helfen. Sollen sie davon nicht ihren Lebensunterhalt bestreiten dürfen?

Bevor Sie vom Geld sprechen, sollten Sie sich Ihre eigenen Honorare mal anschauen. Ihnen ging es doch nur um die Einschaltquoten.

Wissen Sie eigentlich, was Sie mit Ihrer Sendung angerichtet haben? Viele Menschen sind gegenüber Heilern skeptisch, das war ich selbst einmal. Wenn diese Menschen dann solche Sendungen wie die Ihre sehen, fühlen sie sich noch unsicherer und verschließen sich einem guten Weg, der ihnen helfen könnte. Irgendwann werden diese Menschen sterben, ohne auch nur einmal versucht zu haben, einen anderen Weg zu gehen - nämlich den mit einem Heiler. Und das nur, weil einer Ihrer Reporter so eine Sendung rausbringen musste. Das finde ich sehr verantwortungslos. An seiner Stelle hätte ich ein ganz schlechtes Gewissen.

Überlegen Sie doch mal, was das für Menschen sind, die zu einem Heiler gehen. Wohl die meisten sind Todkranke, die keine großen Lebenserwartungen mehr haben. Der Heiler ist ihre letzte Hoffnung, von ihm erwarten sie ein Wunder. Auch ein Heiler kann aber keine Wunder herbeizaubern. Ein Heiler versucht zu helfen, und das mit ganzem Herzen. Gelingt es ihm nicht, so wird er gleich angezeigt und kommt vor Gericht. Aber wenn Menschen unter der Hand von Ärzten sterben, macht das ja rein gar nichts mehr aus.

Bevor Sie diese Sendung produzierten, hätten Sie sich erst einmal mit dem Phänomen Heilen beschäftigen sollen.

Im übrigen kann ich nicht verstehen, wie Sie einfach alles von meinem Fall wegschneiden konnten. Ich finde es zutiefst beleidigend, für so eine negative Sendung missbraucht worden zu sein. Nicht ein einziges Mal habe ich etwas Negatives über Herrn Drossinakis geäußert. Doch die Sendung erweckt den Eindruck, als wäre ich der Meinung des Reporters. Sie haben meinen Aussagen einen völlig anderen Sinn verliehen. Für mich ist das eine Frechheit. Sie haben meine Gefühle schamlos verletzt.

Ihre ganze Vorgehensweise finde ich sehr verletzend und unverzeihlich. Es ist ein Skandal, wie Sie mit Schwerkranken umgegangen sind. Vielen haben Sie die letz-

ten Hoffnungen genommen. Sie haben bei mir einen Gefühlsmord begangen, ich mache Sie dafür verantwortlich.

Tanja S."

Mit diesen bewegenden Worten schrieb sich Tanja ihre erste Empörung von der Seele - doch erleichtert war sie hinterher nicht. Im Gegenteil: Die skandalöse Fernsehsendung, die auf nichts anderes als die Zertrümmerung ihres Idols ausgewesen war, hatte sie völlig verstört, und das nagte weiter in ihr. Monatelang erlebte ich voller Sorge mit, wie sie sich in sonderbare Angst- und Minderwertigkeitsgefühle hineinsteigerte. RTL hatte mich vernichten wollen, am allermeisten aber etwas in Tanja zerstört. Die TV-Botschaft, die bei ihr ankam, lautete: "Was du ernst nimmst, ist in Wahrheit nichts wert. Woran du glaubst, ist lauter Schwachsinn. Worauf du all deine Hoffnung richtest, ist dir bloß vorgegaukelt worden. Was bist du bloß für ein gutgläubiger Trottel." Und so vertraute sie mir an, dass sie öfters eine innere Stimme höre, die ihr höhnisch zuflüstere: "Du bist nichts wert." Das steckt hinter Tanjas Vorwurf in ihrem Brief, an ihr sei ein "Gefühlsmord" begangen worden: Denn grausam "beerdigt" wurden dabei ihre Gefühle, ihre Hoffnungen, ihr Selbstwertgefühl, ihre gerade erst wiedergewonnene Zuversicht, ihre neu aufkeimende Lebensfreude. Mit einem Schlag war alles, was in unserem Vertrauensverhältnis allmählich gewachsen war, zerstört, vernichtet - brutal, erbarmungslos, ohne die geringste Rücksicht. Und darunter litt die arme junge Frau regelrecht Höllenqualen.

Dies mitansehen, mitfühlen zu müssen, tat mir entsetzlich weh. Überdeutlich spürte ich meine Verantwortung für Tanja. Meine Traurigkeit konnte ich nicht verhehlen; doch weder durfte ich darin verharren noch mir der jungen Frau gegenüber anmerken lassen, was ich ihretwegen empfand. Die Fassung, die sie abrupt verloren hatte, musste ich, ihr zuliebe, unbedingt bewahren. Nicht nur in Tanja, auch in mir verschaffte sich eine innere Stimme hartnäckig Gehör: "Tanja soll leben", drängte sie mich, "es liegt an dir, ihr dazu die Hand zu reichen!" Ja, es war an mir, den nächsten, entscheidenden Schritt zu tun, ohne den jeder weitere unmöglich sein würde. Ich musste ihr, dieser verzweifelten Frau, irgendwie zu verstehen geben: Komm, du schaffst es noch einmal! Deine Trauer ist auch meine Trauer, aber du siehst und fühlst: Ich lasse dich nicht im Stich. Gemeinsam werden wir es schaffen.

Diese Art von Identifikation, die ich hier beschreibe, ist immer ein entscheidendes Element auf dem Weg zur Heilung. Während jedes Heilungsprozesses werden zwischendurch tiefe, düstere Täler durchschritten. Doch solange das unsichtbare Band des Miteinander-Einsseins zwischen Heiler und Krankem nicht zerreißt, verkraftet diese sonderbare Beziehung auch schwere Belastungen. In einer solchen Extremsituation ist es wichtig, den Schrei einer verletzten Seele zu hören, statt ihn zu bagatellisieren, kleinzureden oder sich taub zu stellen. Aber noch viel wichtiger ist es, das Gefühl der Hilflosigkeit in einem Kranken aufzulösen, es umzuwandeln in die Kraft der inneren Erneuerung.

Eine bewegende Szene aus jener Zeit ist mir bis heute so gegenwärtig, als hätte sie sich erst gestern zugetragen. Die völlig verunsicherte Tanja saß mir gegenüber, ein Gespräch wollte nicht in Gang kommen, jede aufmunternde Bemerkung meinerseits ließ sie unbeantwortet. Da ergriff ich spontan ihre Hände, hielt sie zwischen meinen fest, blickte ihr tief in die Augen und fragte: "Tanja, du willst doch immer noch gesund werden, oder nicht?"

Sie nickte.

"Und in den vergangenen Monaten hast du doch erlebt, dass etwas in dir geschieht, was zuvor kein Arzt mehr für möglich gehalten hätte, stimmt´s?"

Eine Träne nach der anderen kullerte ihre Wangen hinab. Jetzt wollte sie antworten, brachte vor Rührung aber keinen Ton heraus.

"Wenn das so ist", sagte ich, "so merke dir eine Grundregel, die für jeden Patienten gilt, der sich einem Heiler anvertraut. Die Regel lautet: Lass dich nicht irremachen - weder durch spottende Ärzte, noch durch skeptische Wissenschaftler, noch durch irgendwelche anderen Autoritäten, und ebensowenig durch zweifelnde Angehörige. Keiner weiß besser als du, was du erlebst, wenn du dich jemandem wie mir anvertraust. Und niemand hat das Recht, dir das auszureden."

Dies war das erste und einzige Mal, dass mich Tanja spontan umarmte und sich für einen kurzen Moment fest an mich drückte. Nun war die Reihe an mir, kein weiteres Wort mehr hervorzubringen. Auch ich kämpfte jetzt mit den Tränen. So saßen wir minutenlang schweigend da, bis die Türklingel die Stille zerriss.

Es dauerte Wochen, bis sich Tanja soweit gefangen hatte, dass sie sich wieder ganz auf den Heilungsprozess einlassen und dafür bereit sein konnte. Darüber war ich über alle Maßen glücklich und erleichtert. Und so schien es, als sei den RTL-"Extra"-Verantwortlichen zumindest bei Tanja ganz und gar misslungen, was sie offenkundig erreichen wollten: Ihr tiefes Vertrauen in mich blieb unerschüttert, sie hielt zu mir und wollte auch weiterhin meine Hilfe in Anspruch nehmen. Jetzt erst recht.

Traurigerweise reagierten Tanjas Eltern völlig anders. Unmittelbar nach der Sendung distanzierten sie sich von mir und bestritten gegenüber nachfragenden Journalisten jegliche Besserungen, die sie zuvor doch mit eigenen Augen, aus nächster Nähe, hatten miterleben können. Zugleich begannen sie ihre Tochter zu bearbeiten, sie solle jeglichen Kontakt mit einem wie mir unverzüglich abbrechen. Zudem, so erklärten sie nun plötzlich, sei die ständige Hin- und Herfahrerei für sie doch allzu beschwerlich und auf die Dauer unzumutbar; bestimmt finde man auch in unmittelbarer Nähe ihres Wohnorts einen Heiler, und zwar einen, der nicht derart übel beleumundet ist.

Die arme Tanja war wehrlos; ihr blieb keine andere Wahl, sie musste sich fügen.

Seither habe ich nie mehr von ihr gehört. Und ich befürchte: Inzwischen lebt sie nicht mehr.

So kann Rufmord auf Umwegen zu Mord werden. Und diesmal sitzen die wahren Täter, keiner Schuld bewusst und von niemandem zur Verantwortung gezogen, an einem Redaktionstisch, längst befasst mit Vorbereitungen zu weiteren öffentlichen Hinrichtungen, die Quoten bringen.

Ich kann hier mit Worten nur unvollkommen wiedergeben, was in solchen Momenten in mir, dem Heiler, vorgeht, welche Gedanken mich aufwühlen: Alles, was wir erreicht hatten, war mit einem Schlag zunichte gemacht. Es dauerte Monate, bis ich die entsetzliche Wende, die meine Beziehung zu Tanja genommen hatte, halbwegs verkraftet hatte - bis ich Kopf und Herz wieder freibekam für all die anderen Schicksale, mit denen verzweifelte Kranke meinen Beistand suchen. War es nicht eine Trägödie? In allerbester Absicht, ihre geliebte Tochter vor einem TV-enthüllten Scharlatan zu schützen, beraubten die eigenen Eltern sie der vermutlich letzten Chance auf ein neues, besseres Leben frei von Angst, Trauer und Schmerz. Von der Macht des Mediums Fernsehen verführt, ließen sie sich arglos zu Erfüllungsgehilfen einer skrupellosen Journaille machen, die buchstäblich über Leichen geht, um ihr Publikum vom Wegzappen abzuhalten.

Das Geheimnis des Amuletts

"Sich nicht unterkriegen lassen, von nichts und niemandem": So lautete die Devise einer der tapfersten Patientinnen, denen ich je begegnet bin. 75 Jahre alt war Ilse S. bereits, als sie im Mai 1998 zum ersten Mal meine Praxis aufsuchte. Und man musste keineswegs außersinnlich begabt sein, um schon beim ersten Blickkontakt zu erspüren, welch ungeheure Lebensenergie, welch unbändigen Willen den zierlichen, drahtigen Körper dieser alleinstehenden Rentnerin aus Frankfurt durchströmte.

Dabei hätte Ilse S. allen Grund gehabt, in Trauer und Melancholie zu verfallen - nicht aus Einsamkeit, denn auch ohne einen Lebensgefährten gab es keine, weil ein dichtes Netz von Freunden, Bekannten und Kolleginnen eines kleinen Astrologievereins sie auffing und trug. Nein, ihre Lebensfreude hätte unter einer Krankenakte voll niederschmetternder Befundberichte begraben werden können, die im Laufe von 25 Jahren immer dicker geworden war. Magengeschwüre plagten sie, mit dumpfen Schmerzen im Oberbauch, besonders nach den Mahlzeiten oder wenn sie gegen ihren strengen Diätplan sündigte; auch Übelkeit, Appetitlosigkeit und Völlegefühl waren ihre ständigen Begleiter. Ein Lungenemphysem lag vor, hervorgerufen dadurch, dass sich immer größere Luftblasen bildeten, die das Lungengewebe schließlich überdehnten und die Wände der Lungenbläschen unwiederuflich zerstörten - was bei Ilse S. zu chronischer Atemnot, Husten und Auswurf führte. Auch eine Hyperthyreose war bei ihr festgestellt worden, eine Überfunktion der Schilddrüse. Gelegentlich trat eine Tachykardie auf, mit abnorm beschleunigtem Herzschlag. Am stärksten jedoch machten Ilse S., seit über zwanzig Jahren, eine rheumatische Polyarthritis und Osteoporose zu schaffen, die beide scheinbar unerbittlich fortschritten; besonders ihre Hand- und Fingergelenke waren inzwischen so stark deformiert, dass Ilse S. sie kaum noch krümmen konnte. Weitere Bewegungseinschränkungen bestanden im linken Sprunggelenk. Dass sie in dieser Verfassung überhaupt, auf einen Gehstock gestützt, alleine die vier

Treppen hinauf zu meiner Praxis bewältigen konnte, war erstaunlich. "Über eine Viertelstunde habe ich für diesen Aufstieg zu Ihnen benötigt!", schimpfte sie mich aus, so als kreidete sie mir an, dass ich sie nicht zwei Etagen tiefer empfing. "Wieso praktizieren Sie nicht gleich auf dem Gipfel des Olymp?"

Vom medizinischen Befund her betrachtet, hätte Ilse S. beste Gründe gehabt, psychisch "am Boden zerstört" zu sein. Aber sie war nichts weniger als das. Warum sonst hätte sie mich aufgesucht, wenn sie wirklich bereits jegliche Hoffnung aufgegeben hätte, dass irgendjemand noch ihr schlimmes Schicksal erleichtern könnte? Sie war gekommen, weil sie mir und meinen Fähigkeiten vertraute, und dieses Vertrauen wollte ich rechtfertigen, zumal diese tapfere Greisin im Nu meine Sympathie gewonnen hatte. Schon eine Minute nach dem ersten Händeschütteln lachten und scherzten wir herzlich, und ihr dynamisches, selbstsicheres Auftreten, ihr geistreicher Humor waren dabei so umwerfend, dass sich ein Außenstehender durchaus hätte fragen können, wer hier eigentlich von wem behandelt werden sollte.

Aber wie sollte ich dieser Frau noch helfen? Sie selbst war offenbar mit einer klaren Vorstellung zu mir gekommen, was sie hier erwarten würde. Bei einem Tässchen Kaffee, das ich vor sie auf den großen runden Eichentisch im Wartezimmer stellte, musterte sie eindringlich meine Hände und murmelte: "Damit also können Wunder geschehen?"

Dass ich daraufhin den Kopf schüttelte, verblüffte Ilse S. sichtlich. "Nein, die Kraft, die von meinen Händen ausgeht, wird Ihnen auf andere Weise zuteil werden."

Verwundert starrte sie mich an. "Nehmen Sie eine alte Frau nicht auf den Arm, lieber Herr Drossinakis, und geben Sie mir hier keine Rätsel auf. Sagen Sie mir einfach frei heraus, was Sie mit mir vorhaben."

Wortlos kramte ich in meiner rechten Jackentasche, zog etwas heraus und legte es vor sie auf den Tisch - etwas, das sie zuallerletzt erwartet hätte, wie ihr entgeisterter Blick verriet. "Was soll das sein, Herr Drossinakis? Ich sehe hier nichts weiter als ein Stück weißes Papier, zusammengefaltet auf die Größe einer Scheckkarte."

Ich lächelte. "Mit all Ihrer gesammelten Lebenserfahrung, liebe Frau S., wissen Sie doch längst: Eine unscheinbare Hülle verbirgt manchmal einen überaus wertvollen Inhalt."

"Darf ich mal hineinschauen?", fragte sie.

"Nur zu!", ermutigte ich sie.

Vorsichtig und sichtlich mühsam, mit bemitleidenswert deformierten und versteiften Fingern, faltete sie das Papier auseinander. Darin kam etwas zum Vorschein, was ihr Befremden noch steigerte: "Das sind doch nichts weiter als ein paar Steinchen, Holzsplitter und Stückchen von Baumrinde." Durchdringend starrte sie mich an. "Haben Sie vor, mit mir ‚Christos' Märchenstunde' zu spielen?"

Besänftigend tatschelte ich Ihre Hand. "Es ist weit mehr, als es scheint Was Sie hier vor sich haben, ist ein sogenanntes Amulett - ein Objekt, das ich mit heilender Energie aufgeladen habe - derselben Energie, die meine Hände übertragen. Nehmen Sie es mit, tragen Sie es künftig möglichst Tag und Nacht am Körper, unmittelbar auf der Haut oder in einem Kleidungsstück, das möglichst eng auf Ihrer Haut aufliegt. Und legen Sie es unter Ihr Kopfkissen, wenn Sie zu Bett gehen. Vertrauen Sie. Den Effekt werden Sie sehr bald spüren."

Ein paar Sekunden lang herrschte Stille im Raum. Dann hatte sich Ilse S. wieder gefangen. "Mir wäre es aber, offen gestanden, viel lieber, wenn Sie mich durch Handauflegen behandeln. Dass dabei eine heilsame Kraft übertragen wird - das kann ich mir noch halbwegs vorstellen. Aber wie sollte mir so etwas" - ihr leicht verächtlicher Blick wanderte nochmals zu dem geöffneten Papier und seinem unerwarteten, äußerst befremdlichen Inhalt - "im geringsten helfen können?"

"Weil in ihm die gleiche heilende Energie gespeichert ist", erklärte ich.

"Wie soll das gehen?", bohrte die Greisin hartnäckig weiter.

"Wie sollte eine Hummel überhaupt fliegen können?", gab ich schmunzelnd zurück. "Die Hummel hat 0,7 Quadratzentimeter Flügelfläche bei 1,2 Gramm Gewicht. Nach den bekannten Gesetzen der Aerodynamik scheint es unmöglich, bei einem solchen Verhältnis jemals in die Luft abheben zu können. Die Hummel weiß das aber nicht. Sie fliegt einfach."

Ilse S. verstand das Gleichnis prompt. "Da will ich Ihnen ja gar nicht widersprechen, Herr Drossinakis. Ich sehe ohne weiteres ein, dass wir uns ein Phänomen zunutze machen können und dürfen, ohne die geringste Ahnung zu haben, wie es zustande kommt."

"So ist es", bestätigte ich. "Andernfalls dürften Sie weder telefonieren noch fernsehen. Entscheiden Sie entsprechend. Sie werden es nicht bereuen."

"Meinetwegen", gab Frau S. zögernd nach. "Aber könnten Sie mir nicht trotzdem ..."

" ... die Hände auflegen?", knüpfte ich an. "Wenn Sie möchten, gerne. Aber es muss nicht sein. Denn dieses Amulett hier wird nicht weniger wirkungsvoll sein, glauben Sie mir. Vor allem hat es für Sie einen entscheidenden Vorteil: Meine Hände kann ich Ihnen leider nicht mitgeben, wenn Sie meine Praxis verlassen - dieses Amulett hingegen sehr wohl. Ebensowenig kann ich mich von heute an rund um die Uhr mit Ihnen beschäftigen; dieses Amulett hingegen wird ab sofort 24 Stunden für Sie da sein. Dadurch erspart es Ihnen die Mühsal, bald wieder vier Treppen hochzusteigen, um mich aufzusuchen."

Frau S. nickte. "Muss ich daran glauben, damit dieses Amulett mir hilft?"

"Es verhält sich genau andersherum", antwortete ich. "Es wird Ihnen helfen, denn Ihre Bedenken sind ihm einerlei. Zweifeln Sie ruhig solange, bis Sie erste Wirkungen spüren. Und das werden Sie, das versichere ich Ihnen. Dann werden Sie Gewissheit haben."

Zwei Wochen lang tat sich nichts bei Ilse S. - nicht die geringste Besserung irgendeines Symptoms. Hatte ich zuviel versprochen?

Doch dann begannen die Schmerzen erstmals nachzulassen, zumindest ab und zu. "Die Gelenke kommen mir leichter und lockerer vor", notierte Ilse S. in ihr Tagebuch.

Ab Mitte Juni, rund einen Monat nach unserer ersten Begegnung, waren "die Schmerzen zeitweilig ganz fort", protokollierte Ilse S. "Wenn sie wiederkommen, dann nur kurz und in leichter Form, so dass ich keinerlei Schmerzmittel mehr benötige; das war schon seit zehn Jahren nicht mehr so".

Seit der zweiten Junihälfte 1998 war die Rentnerin anhaltend schmerzfrei: "26.000 Tabletten musste ich schlucken - inzwischen habe ich schon 800 eingespart." Die zuvor nahezu steifen Finger sind inzwischen wieder so biegsam, dass die Patientin ein Glas ergreifen, festhalten und anheben kann, was ihr zuvor unmöglich war.

Schon kurz nach der ersten Symptomlinderung, von der dritten Woche an, traten bei Ilse S. sonderbare Empfindungen auf, vor allem von Kälte, und insbesondere nachts. Von jener Stelle ausgehend, auf der das Amulett lag, breiteten sie sich im ganzen Körper aus. "Erzeuge ich diesen Effekt autosuggestiv?", fragte sich Ilse S. selber. "Bestimmt nicht. Denn ehe er sich einstellte, hätte ich nicht im Traum damit gerechnet. Dazu war meine Skepsis viel zu groß gewesen."

Fünf Monate später zog sie Bilanz: "Ich kann mich gut bewegen und bin glücklich, keine Schmerzen mehr zu haben. Es geht mir gut wie seit langem nicht." Auch alle anderen Symptome klangen spürbar ab. Das bestätigt ein medizinisches Gutachten, in dem es wörtlich heißt: "Infolge der Geistheilung konnte Frau S. einen so deutlichen Rückgang ihrer rheumatisch-entzündlichen Schmerzen erleben, dass sie ab Mai/Juni 1998 ihre Antiphlogistica absetzen konnte. Auch konnten die vom behandelnden Arzt einmal wöchentlich vorgenommenen Injektionen mit MTX in ihrer Frequenz auf einmal alle zehn bis vierzehn Tage reduziert werden."

Ilse S. war für mich mehr als eine gewöhnliche Klientin. Sie gehörte zu einer Gruppe von zehn chronisch Schwerstkranken, die im Rahmen des im vorigen Kapitel geschilderten Fernheil-Tests die sogenannte "Amulettgruppe" bildeten: Ihre "Fernbehandlung" bestand darin, im fünfmonatigen Testzeitraum ein Amulett zu tragen, das ich ihnen mitgegeben hatte. Die Statistik zeigt, wie verheerend ihre gesundheitliche Verfassung war, ehe der Test begann: Dem durchschnittlichen Teilnehmer dieser Gruppe machten vier fatale Diagnosen zu schaffen, an denen er seit 19 Jahren litt. Deswegen hatte er, letztlich erfolglos, sechs verschiedene Ärzte aufgesucht und vier Klinikaufenthalte hinter sich. 86 Prozent von ihnen brachten die fatale ärztliche Prognose mit, ihr Leiden sei "unheilbar".

Doch nicht nur Ilse S., auch weitere Patienten dieser Amulettgruppe erlebten, dass Ärzteprognosen nicht zwangsläufig zuverlässiger ausfallen als Vorhersagen von Wetterlagen oder Börsenkursen. Auch Gerda K., eine 56jährige Hausfrau aus Straubing, erlebte ein kleines Wunder, sobald sie mein Amulett bei sich trug. An Krücken, mit schmerzverzerrtem Gesicht, war sie im Mai 1998 in meine Praxis gehumpelt. Der Grund dafür war seit vierzehn Jahren ein *Ulcus cruris* der grauenvollsten Sorte: ein sogenanntes "Offenes Bein", mit einer klaffenden Wunde von der Größe eines Fünfmarkstücks, das so tief reichte, dass der Knochen durchschimmerte. Damit verbunden war eine Osteomyelitis, eine Knochenmarksentzündung.

Wie erging es ihr? Auch sie war anfangs skeptisch gewesen, ob das Amulett ihr im geringsten Linderung verschaffen könnte. Doch von der ersten Testwoche an erlebte die Hausfrau eine zunehmende Besserung, wenngleich das Tragen des Amuletts bei ihr zunächst keinerlei besondere Empfindungen auslöste. In ihren Wochenprotokollen berichtete sie zunächst "nicht mehr so starke Schmerzen, nur bei stärkerer Belastung", sowie eine "bessere Belastbarkeit des Beines. Auch psychisch geht es mir besser." Ab Anfang Juni 1998 machte sie dann rapide Fortschritte: Erstmals seit 14 Jahren konnte sie wieder tagelang ohne Krücken gehen. Nach eigenen Angaben war sie "vollkommen schmerzfrei. Die klaffende Wunde des offenen Beins hat sich bereits halb geschlossen und ist deutlich weniger tief; ihre Fläche schrumpfte von Fünfmarkstück- auf Pfenniggröße." Insgesamt, so schätzte die Patientin, "ist eine 70prozentige Besserung eingetreten, ohne jegliche Tabletten". Ihre Schwellungen am Bein gingen kontinuierlich zurück, "an den Waden um fast zehn Zentimeter, am Knöchel um sechs Zentimeter."

Den Eindruck, die Wirkung des Amuletts zu spüren, hatte die Patientin "meistens nachts"; es löste bei ihr inzwischen intensive Empfindungen aus, die sie auf einer Skala von 1 ("kaum merklich") bis 10 ("sehr stark") Woche für Woche durchweg mit Werten zwischen 7 und 8 einschätzte. Auch ihre Depressionen verschwanden.

Ein medizinisches Gutachten untermauerte Gerda K.´s Selbsteinschätzung: "Das seit 1979 bestehende Ulcus cruris bzw. die seit 1984/85 bestehende neurogene Osteomyelitis", so heißt es darin wörtlich, "haben sich zum ersten Mal gebessert. Die Patientin, die im Mai 1998 noch zwei Gehhilfen benötigte und starke Schmerzen hatte, erschien im September ohne Gehhilfen und mit überaus deutlicher Schmerzreduktion. Das vorher verwendete Analgetikum konnte abgesetzt werden. Das Knochenszintigramm vom 1. September 1998 befundet einen leichten Rückgang der Osteomyelitis mit radiologisch vermehrter Sklerosierung. Die Ulcuswunde hat sich verkleinert."

Damit nicht genug der Amulettwirkungen: Bei einem 64jährigen Kaufmann aus Kassel sowie einer 36jährigen Frau aus Düren besserten sich chronische Rückenschmerzen, die von der Wirbelsäule ausgingen. Insgesamt stellte das Medizinerteam bei sieben von zehn Amulettbenutzern deutliche Besserungen fest, die bei fünf sogar von Dauer waren. Und eine 70prozentige Erfolgsquote in vermeintlich "austherapierten", hoffnungslosen Fällen: Ist das nicht eine Bilanz, die auch Zweifler ermutigen sollte, das Phänomen des heilsamen Amuletts ernstzunehmen?

Manche tun es, um sogleich einschränkend hinzuzufügen: Soweit ein Amulett helfe, beruhe seine Wirkung ausschließlich auf dem starken Glauben derer, die es anwenden, verstärkt durch die Suggestionen derer, die es ihnen andrehen. Also alles "bloß Placebo"?

Sowohl Ilse S. als auch Gerda K. und die meisten anderen Mitglieder der "Amulettgruppe" hatten sich, wie geschildert, anfangs überaus skeptisch geäußert; also mangelte es ihnen doch an eben jener Gutgläubigkeit, die ihnen das "Placebo-Argument" unterstellt. Aber könnten sie insgeheim nicht doch beeindruckt gewesen sein von meinem selbstsicheren Auftreten, meiner Überzeugungskraft, der Zuversicht, die ich ihnen zu vermitteln versuchte? Hatten sie letztlich doch mehr erhofft, als sie zugeben wollten - und dadurch zu ihrer Genesung entscheidend beigetragen?

Weil diese Möglichkeit nicht auszuschließen ist, wollte ich Gewissheit und suchte sie mit wissenschaftlichen Mitteln: Lassen sich "objektiv" Amulettwirkungen feststellen, unabhängig von den Überzeugungen der beteiligten Patienten? Am 7. April 2000, rund anderthalb Jahre nach jenem aufsehenerregenden Fernheiltest, ließ ich auf eigene Kosten einen Thermografie-Experten in meine Praxis kommen. "Thermografie" ist ein Sammelbegriff für Verfahren, welche die unterschiedlichen Wärmeabstrahlungen des Körpers messen und in Farbabstufungen abbilden. Dazu kommen neuerdings hochempfindliche Infrarotkameras zum Einsatz, die auf ein Zehntel Grad genau Temperaturdifferenzen an verschiedenen Hautstellen registrieren können. Auch Ilse S. hatte ich dazu eingeladen.

Für den entscheidenden Versuch, den ich zur Sicherheit mehrfach wiederholen ließ, hatte ich zwei Amulette vorbereitet, die äußerlich völlig gleich aussahen: Das eine hatte ich mit heilender Energie aufgeladen, das andere ließ ich unbehandelt. Diese Amulette wurden nun Ilse S. auf die Stirn gelegt - aber sie wusste nicht, an welcher Stelle das "echte" Amulett lag. (Mit sogenannten "Blindversuchen" dieser Art schließen Medizinforscher aus, dass Versuchspersonen nur deshalb auf ein Therapeutikum ansprechen, weil sie zu wissen glauben, dass es wirkt.) Der Effekt, der sich im Infrarotbild deutlich abzeichnete, versetzte alle Anwesenden in Erstaunen: Unter der Hautpartie, auf der das echte Amulett lag, zeigte sich nach ein paar Minuten eine kräftige Rötung, die mit bloßem Auge sichtbar war - dagegen hatte die Haut unter dem unpräparierten Amulett überhaupt nicht reagiert. Die gemessene Temperaturdifferenz betrug immerhin 0,9 Grad Celsius. (Einzelheiten schildert Dr. Maren Hoffmann in ihrem Buch *Die heilende Kraft der Liebe*, S, 150 ff., s. Lesetipps im Anhang). Damit ist zweifelsfrei bewiesen: Ein Amulett besitzt offenbar rätselhafte physikalische Eigenschaften, die mit den Überzeugungen und Einstellungen ihrer Anwender nichts zu tun haben können.

Aber ebensowenig können solche Eigenschaften von den Objekten selbst herrühren, aus denen das Amulett besteht: Ein bloßes Stück Papier, ein Steinchen, ein Holzsplitter lösen nicht im entferntesten derartige Hautreaktionen aus, wie sie im Infrarotbild sichtbar wurden. Aber woher stammen sie dann? Was ist es, das ihnen eine geradezu magische Heilkraft einhaucht?

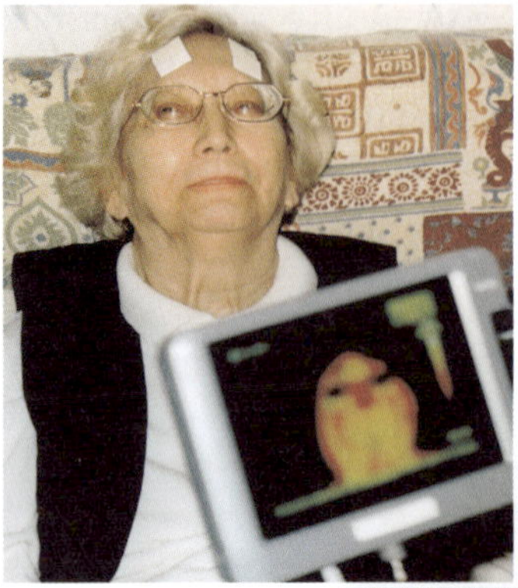

Die Macht des Amuletts im Blindversuch.

Die Versuchsperson Ilse S. weiß nicht, welches der beiden Amulette auf ihrer Stirn von mir mit Heilenergie aufgeladen worden ist. Doch nur unter dem echten Amulett rötet sich die Haut.

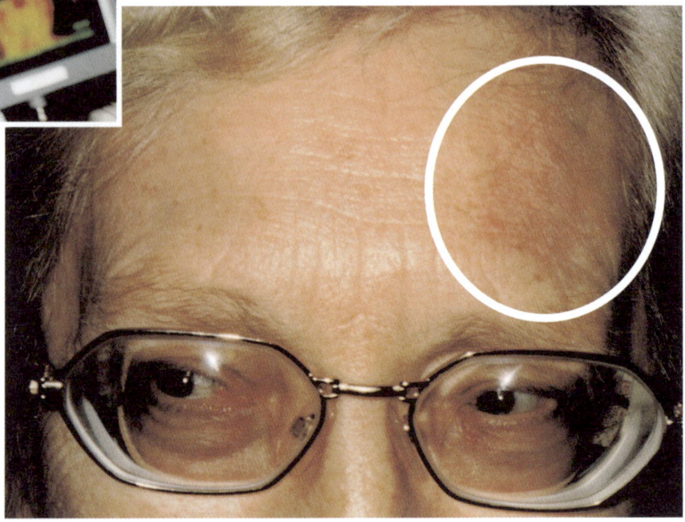

Viel deutlicher zeigt sich dieser Effekt auf den farbigen Originalaufnahmen, die im Buch *Die heilende Kraft der Liebe*, S. 157 ff. sowie in *Das Phänomen Christos Drossinakis*, S. 28 abgedruckt sind (s. Anhang: Lesetipps).

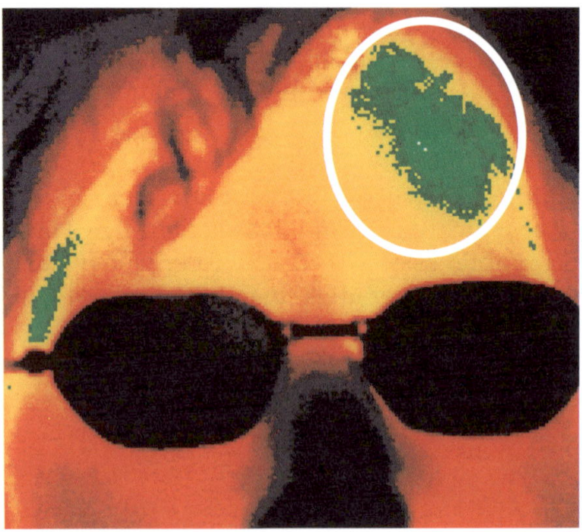

Geladenes Amulett hinterlässt Wärmespur.

"Deutlich zu erkennen ist die Stelle, an welcher das geladene Amulett plaziert war (eingekreiste Fläche). Auf der anderen Stirnhälfte, auf der das "ungeladene" Amulett lag, sind keinerlei signifikante Temperaturunterschiede nach der Behandlung festzustellen." (Gutachten)

Um Sie nun in das Geheimnis meiner Amulette einzuweihen, muss ich Sie auf eine Zeitreise mitnehmen, rund vier Jahrzehnte zurück, auf meine Heimatinsel Euböa. Dort traf ich im Sommer 1998 den "Meister des Amuletts", wie ich ihn hier nennen möchte. Wir feierten seinen Geburtstag, von dem er nicht einmal genau wusste, der wievielte es denn nun war. Inzwischen muss er über hundert Jahre alt sein, aber solche Zahlen sind ihm nicht wichtig. Ein Meister ist er auf jeden Fall, ein Weiser und ein Eingeweihter, der uralte, überlieferte Rituale kennt, beherrscht und praktiziert.

Doch ich weiß glücklicherweise einiges von dem sagenhaften Amulett und davon, wie es entsteht, oder ich muss zutreffender sagen: wie es geboren wird aus einer Vereinigung von gottgegebener Weisheit, göttlicher Liebe und menschlicher Bereitschaft und Fähigkeit, diese Elemente in eine irdische materielle Form einzubinden.

Es beginnt damit, dass dieser Meister Kinder zusammenruft, die nicht älter als drei Jahre sein dürfen. Denn, so erklärte er mir, sie haben noch keine Sünde an sich, sind rein und frei von Arglist und Untugenden, ganz nach dem mahnenden Jesuswort "Seid wie die Kinder...".

Mit den Eltern verabredet er dann, dass die Kinder einmal im Jahr in ihrem Beisein um Mitternacht sich aufmachen und die Teile für das Amulett sammeln, so spontan und intuitiv, wie es sie ihre kindliche Unschuld, ihre Vorbehaltlosigkeit und Unbefangenheit tun lässt.

Begleitet wird dieses Sammeln von Gebeten. Nach genau neun Monaten endet diese Aktion.

Daran schließt sich die Weihe der Samen und Bruchstückchen aus der Natur an. Neun Monate lang - gerade so lange, wie ein Kind im Leib der Mutter heranwächst - betet der Meister während der orthodoxen Liturgie in einer Kirche, dreimal in jedem dieser Monate praktiziert er dazu Reinigungsrituale, dreimal täglich betet er außerdem zu Hause. Schließlich segnet der Pfarrer während der Messe die gesammelten Amulett-Teile.

Wenn diese Prozedur beendet ist, nimmt der Meister die Amulettsammlung mit und geht eine Zeitlang jede Nacht um 24 Uhr ans Meer, um wieder innerhalb von genau neun Monaten die Sammlung neunmal ins Wasser zu tauchen, wiederum begleitet von Gebeten. Anschließend weiht er die Sammlung ein weiteres Mal, beginnend um Mitternacht neun Minuten lang unter dem Sternenhimmel.

Diese befremdlichen Rituale, so hat er mir erklärt, dienen dazu, die Kraft des Wassers und die kosmische Kraft in das Amulett einzuspeichern.

Nach vielen Monaten dieses wahrhaft aufwendigen Weihungsrituals ist aber, so versicherte er mir, durch die begleitenden Gebete auch die Kraft des

Glaubens und eine göttliche Kraft in den Amulett-Teilchen gespeichert.

Heute habe ich keine Zweifel mehr, dass er mir keinen Bären aufgebunden, sondern die reine Wahrheit erzählt hat. Denn ich erlebte immer wieder die auch für mich erstaunlichen Wirkungen, die von diesen Amuletten ausgehen; mit dem normalen Verstand sind sie nicht zu erklären.

Das ist es, was er mir vom Entstehen des Amuletts verraten hat, wobei er darauf hinwies, dass seine Schilderung nur ein Teil der ganzen Wahrheit sei. Die ganze Wahrheit bleibt wenigen Eingeweihten vorbehalten, die die Rituale verstehen, innerlich akzeptiert haben und in ihrer ursprünglichen Bedeutung praktizieren können.

Aus meiner eigenen Erfahrung, die ich in den Begegnungen mit ihm gesammelt habe, kann ich sagen, dass er ein tief religiöser Mensch ist, ja ein geradezu göttlicher Mensch, ein Mann, der mit göttlicher Weisheit und Erkenntnis in direkter Verbindung steht. Ich habe eine besondere Beziehung zu ihm, denn ich verstehe ihn als einen Lehrer. Wir haben ein Verhältnis, das auf Offenheit und liebevollem Vertrauen beruht, und immer wieder beeindruckt mich die tiefgründige Philosophie, die er auf ganz selbstverständliche Weise zum Ausdruck bringt, obwohl er nach westlichen Maßstäben ein "einfacher" Mann ist. Doch all das Lehrbuch- und Medienwissen, das unsereinem in den westeuropäischen Ländern täglich eingetrichtert wird, benötigt er überhaupt nicht; auch ohne es weiß er unendlich viel von den Zusammenhängen und vor allem von den Mysterien des Lebens und des Kosmos.

Wenn ich einmal niedergeschlagen bin, wenn Gefühle der Resignation in mir hochkommen und ich mir bewegende Fragen nicht beantworten kann, dann weiß ich, wo ich mir Rat holen kann, der mir weiterhilft: bei diesem über hundertjährigen Weisen. Jedesmal spüre ich ganz deutlich, dass eine tiefe, respektvolle Verbundenheit zwischen ihm und mir besteht, ja in wichtigen Anliegen und Momenten so etwas wie eine Verschmelzung stattfindet.

Unser "Kontakt" findet allerdings weniger auf technisch-kommunikative Weise statt, per Telefon oder Internet. Wir haben über die vielen Jahre unserer Beziehung eine geistige Kommunikationsform entwickelt, die keine wortreichen Bestätigungen mehr benötigt, sondern durch die Resonanz gleichgestimmter Absichten möglich wird: anderen Menschen in Respekt und liebevoller Akzeptanz zu begegnen.

Diese Symbiose aus seiner göttlichen Erfahrung und meiner geistigen Welt macht scheinbar Unmögliches immer wieder möglich. Das Amulett, dessen Entstehung ich hier beschrieben habe, ist nur das materialisierte Medium, der materialisierte Ausdruck dieser Symbiose.

Einige Male habe ich zu ihm gesagt: "Eigentlich kommunizieren wir gar nicht miteinander. Wie können wir miteinander kommunizieren, wenn wir doch eins sind?! Wir brauchen gar keine äußere Form der Kommunikation mehr."

Diese Symbiose verstehe ich heute als den Ausgangspunkt dafür, andere geistige Ebenen zu erreichen - Ebenen des "Spirit", eines heiligen Geistes, die mit Versuchen des logischen Denkens und analytischen Verstehens nicht zu erfassen, geschweige denn zu erklären sind.

Da wird in mir etwas ins Schwingen versetzt, das ich heute als die "Vibration der Seele" bezeichnen möchte. Wissen Sie, was ich damit meine? Spontan vermutlich nicht, aber viele Menschen erleben - oft plötzlich und überraschend - solche Momente, in denen sie die Vibration der Seele und die Resonanz von zwei oder mehreren Seelen deutlich wahrnehmen. Es sind Momente eines unendlichen, unbegrenzten Glückszustands, der in Worte zu fassen uns schwerfällt. Ja, es fehlen uns buchstäblich die Worte für ein solches Erlebnis. Wir können dann nur still in uns hineindenken: "Überwältigend! Einfach überwältigend!"

Diese Symbiose von Seelen wird offenbar auf die Teilstücke eines Amuletts übertragen: So entsteht ein Häufchen Emotionen, ein Häufchen Zuwendung, ein Häufchen kraftvoller Information, letztlich ein Häufchen Liebe, eingewickelt in ein ganz normales Stückchen Papier.

Vielleicht ahnen Sie nun, warum solch ein unscheinbares Sammelsurium von kleinen und kleinsten Fragmenten der Natur im Sinn des Wortes so "überwältigend" wirken kann, dass schließlich auch eine schwere Krankheit und resistente Beschwerden "überwältigt" werden.

Ich habe diesem weisen Mann auch vom Heiler-Experiment und der Beteiligung der Universität Freiburg erzählt. Er hat mir sehr aufmerksam zugehört, denn das alles war für ihn wie eine Botschaft aus einer anderen, fremden Welt. Schließlich hat er ohne Zögern gesagt: "Mein Kind, ich begleite dich bei deiner Arbeit mit meinen Gedanken und Gefühlen. Du hast durch diese Arbeit die großartige Gelegenheit bekommen, kranken Menschen etwas von der göttlichen Liebe des Kosmos zu vermitteln; du darfst sie spüren und erleben lassen, was das wirklich bedeutet. Dadurch kommst auch du selbst in die Nähe dessen, was wir als Gott bezeichnen. Das sage ich dir nicht einfach so, sondern es hat eine tiefe Bedeutung: Du gewinnst so die Fähigkeit, einen kranken Menschen in seinem Inneren zu erreichen, zu berühren und anzusprechen. Du hast so die Möglichkeit, die Ängste und Leiden eines Menschen zu mildern, indem du das Vertrauen dieses Menschen gewinnst. Ein Mensch, der sich von dir und dem, was du tust, was du für ihn tust, berührt fühlt, der hat auch Vertrauen zu dir. Das ist die wichtigste Voraussetzung dafür, dass Heilung überhaupt geschehen kann."

Und er fuhr fort: "Noch etwas Wichtiges möchte ich dir für deine wertvolle Arbeit mitgeben. Etwas, das über Erfolg oder Misserfolg entscheiden kann: Die ersten Beobachtungen, die du bei einem kranken Menschen machst, mit dem du zu tun hast, sind wertvoller und aufschlussreicher als jedes noch so umfangreiche Studium seiner sogenannten Krankengeschichte. Warum ist das so? Ich will es dir sagen. Natürlich bietet die Krankengeschichte eines Menschen wichtige Informationen über seinen Zustand. Aber sie gibt keinen Aufschluss über seine Ängste und Gefühle, über seine Hoffnungen, über seine Stärke oder seine Resignation, über seinen Glauben oder seine Zweifel. Den Zugang zu diesem wichtigen Teil eines jeden Menschen findest du nicht über die Krankengeschichte, sondern nur, indem du Kontakt mit dem Innenleben dieses Menschen aufnimmst, wenn du Zugang zu seinem Herzen hast. Das öffnet die Tür für all das Wunderbare, das dann möglich wird."

Ich habe seine Worte bis heute wohlbewahrt und sorgfältig beachtet. In der langen Zeit, die seither verstrichen ist, habe ich allerdings hinzugelernt - vor allem, was die Herstellung des Amuletts, seine "Energetisierung" betrifft, das heißt die Verwandlung von eigentlich "toter" Materie in einen Träger von Heilkraft. Längst muss ich dazu nicht mehr das Ritual nachvollziehen, in das der "Meister" mich einst eingeweiht hat. Heute genügt es, dass ich mich mental, in tiefer Trance, auf ihn einstelle, um mit seinem Geist auf einer höheren Ebene eine Symbiose einzugehen. Dann *visualisiere* ich die Schritte, die er leibhaftig tat: Ich stelle sie mir vor, vollziehe sie inwendig nach - und dies allein genügt, um Amulette von faszinierender Wirkkraft zu erzeugen. Diese Kraft kann ich noch steigern, indem ich mich im stillen Gebet mit Gott verbinde und ihn bitte, das Amulett ebenso wie mich als Sein Werkzeug zu benutzen, um irdisches Leid zu lindern. Ein solches "Energetisieren" nimmt mehrere Stunden in Anspruch, und meist halte ich mich dazu eine ganze Nacht lang wach, um völlig ungestört zu sein.

Und noch etwas entscheidendes Weiteres, das jener Meisterheiler von Euböa entweder nicht wusste oder für sich behielt, habe ich inzwischen hinzugelernt: Als Speicher für Heilenergien eignet sich Wasser nicht weniger gut. Darauf stieß ich im Laufe zahlreicher Experimente mit führenden Wissenschaftlern der osteuropäischen Bioenergie-Forschung, insbesondere mit den Physikern Professor Dr. Anton S. Antonov von der bulgarischen Universität Blagoevgrad, Dr. Ignat Ignatov vom "Wissenschaftlichen Forschungszentrum für Medizinische Biophysik" (SRCMB) in Sofia und Professor Dr. Konstantin Korotkov von der Technischen Universität St. Petersburg. In einer Serie von Tests, die im Buch *Die heilende Kraft der Liebe* (s. Anhang) im einzelnen beschrieben werden, zeigte sich: Durch bloße Konzentration kann ich die physikalisch-chemischen Eigenschaften von Wasserproben verändern - sei es aus einem halben Meter Entfernung, sei es über die Distanz von mehreren tausend Kilometern -, und diese ebenso unfassbaren wie messbaren Veränderungen in und zwischen den H_20-Molekülen hielten bis zu dreieinhalb Monate lang an. Beteiligte Wissenschaftler verglichen diesen Effekt mit jenem, den eine homöopathische Hochpotenz in ihrer Lösung hervorruft: Ein Heilmittel entsteht. Und diese Beobachtung könnte am Beginn einer Revolution der Medizin stehen: Wäre es nicht großartig, wenn Ärzte der Zukunft Medikamente verschreiben könnten, die nicht in erster Linie auf ihrer chemischen Zusammensetzung beruhen, sondern auf dem Geist, der sie durchdrungen hat?

Die Energie der göttlichen Liebe - So gehe ich beim Heilen vor

Der Mensch ist ein Säugetier, das Ordnung braucht, und deshalb zählt die Erfindung der Schublade wahrlich zu den vorzüglichsten Errungenschaften unserer Zivilisationsgeschichte. Was wäre unser Leben ohne eine Umgebung voller Schränke, Tische und Kommoden, die uns reichlich Gelegenheiten bieten, bei Bedarf den einen oder anderen offenen Kasten herauszuziehen, um darin zu verstauen, was andernfalls im Bund mit anderem unaufgeräumtem Zeug ein verwirrendes Chaos bilden würde? Zwar kennt jeder von uns Zeitgenossen, deren Lebensglück auch durch den schlimmsten Saustall nicht im geringsten beeinträchtigt zu werden scheint. Aber selbst die anarchistischste Schlampe kann auf eine bestimmte Art von Schubladen unmöglich verzichten: nämlich auf die im Kopf.

Dass wir alle geistige Schubladen mit uns tragen, ist weder zu verhindern noch nachträglich zu beheben, denn sie entstehen zwangsläufig, sobald wir denken und sprechen lernen. Dabei eignen wir uns ein System von Begriffen an, mit denen unser Verstand Ordnung in das wirre Durcheinander von Eindrücken bringt, die aus unserer Außen- und Innenwelt unablässig auf uns einströmen. Diesen Datenstrom bewältigen wir durch Kategorisieren, andernfalls wären wir orientierungslos.

Solche Schubladen öffnen sich automatisch, wenn wir Neuem, Fremdartigem begegnen. Unser Versuch, es zu begreifen, besteht darin, es in eine vorhandene Schublade zu stecken; derart untergebracht, erscheint es uns vertraut, weil wir es zusammen mit anderen Dingen verstaut haben, die wir bereits kennen.

Nichts anderes geschieht in den Köpfen von Patienten, die erstmals dem Phänomen "Geistheiler" begegnen. In welches Fach passt es? Gehört es in dasselbe Fach wie "Arzt"? Eher nein. "Psychotherapeut"? Wohl auch nicht. "Priester"? Bestimmt ebensowenig. Sollte es dann nicht am ehesten mit "Zauberern", mit "Magiern", mit "Trickkünstlern" zusammengetan werden? Ist es darin erst einmal untergebracht, so erscheint die Ordnung wiederhergestellt.

Es ist ein solches Schubladendenken, das Außenstehende häufig daran hindert, Geistiges Heilen in der ganzen Vielfalt seiner Aspekte wahrzunehmen und entsprechend zu würdigen. Seinem Wesen nach ist es weitaus komplizierter. Um im Bild zu bleiben: Um dieses Wesen zu erfassen, bräuchten wir ein zusätzliches Fach, in das wichtige Elemente der Psychotherapeut- und Priesterschublade hineingehören, neben einem weiteren Element, das mit dem Etikett "Energiearbeit" und "Seelsorge" nur unvollständig und irreführend bezeichnet wäre. Was ich damit meine, möchte ich in diesem Kapitel am Beispiel meiner eigenen Praxis erläutern. Wer verstehen möchte, wie ich beim Heilen vorgehe, und als Kranker davon profitieren will, der muss willens sein, einzelne Fächer und Zuordnungen in seinem bisherigen Schubladensystem selbstkritisch zu überdenken. Erst dann kommt er dem Geheimnis meiner Behandlungserfolge näher.

Erster Schritt: Ängste nehmen.

Angst macht krank. Und sie verhindert Heilung. Deshalb betrachte ich es als eine meiner vordringlichsten Aufgaben, Hilfesuchende von der allerersten Begegnung an davon zu befreien. Darin besteht eine entscheidende Voraussetzung dafür, dass sie von meinen Bemühungen profitieren.

Denn psychische und bioenergetische Ebene hängen aufs engste miteinander zusammen. Krankheit entsteht, wenn der Energiefluss gestört, blockiert ist - und Ängste aller Art können dazu führen. Ehe sie behoben sind, wäre es sinnlos, dem Klienten Heilenergie zuzuführen - sei es durch Handauflegen, durch eine Fernbehandlung oder mit Hilfe eines Amuletts.

Die Energie würde verpuffen, sie könnte nichts bewirken. Schlimmer noch: Bestehende Ängste könnten sich, sofern sie nicht vorgängig beseitigt werden, auf den Heiler und seine Vorgehensweise übertragen - mit der fatalen Folge, dass sich ein bestehendes Leiden eher noch weiter verschlechtert.

Einen besonders eindrucksvollen Fall dieser Art erlebte ich im Verlauf des "Fernheil-Tests" von 1998, von dem in den vorangegangenen Kapiteln bereits die Rede war. Zu jener zehnköpfigen Patientengruppe, die von mir ein "energetisiertes" Amulett erhalten hatte, gehörte auch Doris L., eine damals 24jährige Studentin aus dem nordbayerischen Halberstadt. Seit elf Jahren litt sie an besonders ausgeprägtem, allergisch bedingtem Asthma bronchiale, mit bedrohlichen Anfällen von Atemnot vor allem im Frühjahr, zu Beginn des Pollenflugs, je nach Witterung aber auch im Winter. In der Heuschnupfenzeit machten der jungen Frau Augenjucken, verstärkter Tränenfluss und ein lästiger Niesreiz zu schaffen; aus ihrer Nase tropfte, "wie Wasser", ein dünnflüssiges Sekret. In ihrer Leistungsfähigkeit war sie dadurch stark eingeschränkt, konzentriertes Studieren war ihr nur noch phasenweise möglich. Kaum begann Doris L. mein Amulett zu tragen, da *verschlimmerten* sich Atemnot und Hustenreiz erheblich; zeitweilige Linderung erlebte sie nur, nachdem sie mit mir telefonierte und sich von mir beruhigen ließ. Zunächst sah sie sich gezwungen, ihre Medikamente höher zu dosieren und sich noch stärkere Präparate verschreiben zu lassen. Als das nichts half, beschloss sie in der elften Testwoche eigenmächtig, das Amulett abzulegen. Vom selben Tag an "verbesserten sich meine Atembeschwerden kontinuierlich", notierte sie in ihr Tagebuch, "und ich konnte endlich mal wieder die ganze Nacht durchschlafen."

Was war da geschehen? Hatte ich, versehentlich oder sogar vorsätzlich, Doris´ Amulett mit "negativer", gesundheitsschädlicher Energie aufgeladen? Wohl kaum, denn beim "Energetisieren" ging ich nicht anders vor als bei den Amuletten der übrigen neun Gruppenmitglieder, und von diesen fühlte sich hinterher niemand auch nur im geringsten beeinträchtigt. Liegt nicht die Vermutung auf der Hand, dass Doris das Amulett nicht geheuer, seine "Magie" unheimlich war? Dass sie insgeheim negative Auswirkungen befürchtete, die daraufhin prompt eintraten? Fiel sie einer sich selbst erfüllenden Prophezeiung zum Opfer? Als ein Mediziner, der den Test begleitete, Doris darauf ansprach, sah sie darin eine völlig abwegige Unterstellung. Aber könnte sie nicht von einer Furcht belastet gewesen sein, die ihr gar nicht bewusst war? Dies scheint mir die plausibelste Erklärung, eine naheliegendere kenne ich nicht.

Dabei gibt es nicht "die" eine Angst, mit der Kranke zu mir kommen - sondern zumeist ein ganzes Bündel von Befürchtungen und bangen Erwartungen, die aufmerksam und sensibel erspürt und aufgelöst werden müssen.

Da ist zum einen die Angst vor der besonderen Behandlungsweise, vor etwas so Anrüchigem, Umstrittenem, Befremdlichem, übel Beleumundetem wie "Geistiges Heilen". Die "Energien", die dabei vermittelt werden, sind vielen Hilfesuchenden unheimlich. Und vor allem unter tiefgläubigen Christen begegnen mir hin und wieder Menschen, die unter dem Eindruck von törichter Kirchenpropaganda sogar argwöhnen, einer wie ich könnte mit finsteren Mächten im Bund sein: Mache ich mir womöglich diabolische Kräfte zunutze, bin ich Handlanger des Teufels? (Die Johannes-Offenbarung prophezeit für die Endzeit vor dem Weltuntergang, dass manche Menschen, mit übernatürlichen Kräften ausgestattet, falsche "Zeichen und Wunder" vollbringen werden, zu denen Satan sie befähigt hat.) Solcher fundamentalistischen Eiferei kann ich nur entgegenhalten, dass der vermutlich größte Heiler aller Zeiten Jesus Christus, der Gottessohn persönlich war; schon er heilte durch Handauflegen und Gebet, wie Dutzende von Stellen im Neuen Testament belegen. Es ihm gleichzutun, war der Kern des Heilungsauftrags, mit dem er seine Jünger in die Welt hinausschickte. Es ist dieser Auftrag, den Heiler wie ich ernstnehmen und zu erfüllen versuchen, und sie bemühen sich darum in jener Barmherzigkeit, Demut und Liebe, die Jesus uns vorgelebt hat. Wer dahinter den Teufel am Werk sieht, könnte ebensogut den Gottessohn selbst verdächtigen, er habe mit dem Bösen paktiert.

Eine weitere Angst richtet sich auf das Risiko des Scheiterns. Viele Patienten bringen zu mir eine unsägliche Leidensgeschichte mit, die fast immer schon mehrere Jahre, manchmal sogar Jahrzehnte währte - eine schier endlose Schreckenszeit voller Einschränkung, Schmerz und enttäuschter Erwartung. Die allermeisten haben, ehe sie sich mir anvertrauen, mindestens eine Handvoll Ärzte konsultiert, mehrere Klinikaufenthalte hinter sich, und seit einer halben Ewigkeit schlucken sie Medikamente, die zuwenig bis gar nichts gebracht haben, abgesehen von üblen Nebenwirkungen. Auf der letztlich vergeblichen Suche nach Hilfe haben die meisten eine Unmenge Zeit und Geld verloren. Und nun sollte ausgerechnet ich, ein Nichtarzt, mehr erreichen können? Gewiss, allein schon die Tatsache, dass ein Patient überhaupt zu mir kommt, belegt immerhin, dass er sich einen letzten Funken Hoffnung bewahrt hat - dass er bereit ist, sich nicht in sein Schicksal zu ergeben, sondern weiterzukämpfen. Aber rechnet er insgeheim nicht doch damit, dass auch dieser neuerliche Versuch von vornherein zum Scheitern verurteilt ist? Diese Angst erschwert es mir enorm, therapeutisch etwas zu erreichen, deshalb muss auch sie angegangen und aufgelöst werden. Und dafür kenne ich kein besseres Mittel als Literaturstudien: Inzwischen gibt es reichlich Fachbücher - ich denke an die zahlreichen Veröffentlichungen von Dr. Harald Wiesendanger, Dr. Daniel Benor und anderen Autoren -, die anhand aufwendiger, anspruchsvoller wissenschaftlicher Studien belegen, wie effektiv Geistiges Heilen sein kann. Und was insbesondere dieser Heiler hier, Christos Drossinakis, mit Hilfe einer derartigen Behandlungsweise erreicht - auch unter Aufsicht von Ärzten und Wissenschaftlern -, können Patienten inzwischen in mehreren Büchern nachlesen (s. Anhang: Lesetipps). Es gibt also keinen guten Grund, an der Effektivität Geistigen Heilens zu zweifeln.

Keine Frage, auch Geistiges Heilen hilft nicht jedem, zumindest nicht im erhofften Ausmaß, und auch ich bin kein allmächtiger Gesundheitszauberer. Aber gilt das nicht für jede therapeutische Maßnahme, für jeden Anwender? Können Ärzte denn Garantien abgeben? Hundertprozentige Genesungschancen sind nirgendwo zu haben, und wer so tut, als könne er sie versprechen, ist ein Scharlatan der übelsten Sorte. In Wahrheit mag die Chance gering sein - aber sie besteht. Und jede noch so kleine Chance ist doch immer noch besser, als überhaupt keine mehr zu haben. Auch in der Medizin sind "Wunder" rar. Doch wer nicht mit Wundern rechnet, ist kein Realist. In meiner jahrzehntelangen Praxis hat sich immer wieder der kluge Satz bestätigt: Beinahe jede Krankheit ist heilbar - wenn auch nicht jeder Kranke.

Die Angst vor dem Scheitern einer Therapie steigt besonders dann in Patienten hoch, wenn sie sich an ihren Leidensweg erinnern - wenn sie die Stationen ihrer Krankengeschichte vor dem geistigen Auge Revue passieren lassen. Deshalb wäre es kontraproduktiv, solche Erinnerungen noch weiter zu verfestigen: etwa durch bohrende Fragen, wie es dem Betreffenden denn bisher ergangen ist. Die ganze, zumeist hochkomplizierte Entstehungsgeschichte einer Krankheit lasse ich grundsätzlich ruhen, ich vermeide es, sie zu thematisieren und bremse Patienten, die sie unaufgefordert vor mir ausbreiten wollen - nicht etwa deshalb, weil es mir am nötigen Interesse mangelt, sondern weil ich derartige Rückblicke für ebenso fatal wie fruchtlos halte. Was war, ist nicht mehr zu ändern. Also lassen Sie es uns vergessen. Denn nicht um die schlimme Vergangenheit geht es, sondern um unser gemeinsames Hier und Jetzt, in dem Sie in eine bessere Zukunft aufbrechen können, und dabei werde ich Sie begleiten. Das ist es, was ich einem Hilfesuchenden vermitteln will.

Warum in meiner Praxis nicht im entferntesten das stattfindet, was im medizinischen Fachjargon "Anamnese" heißt, hat noch einen zweiten

Grund. Wenn Ärzte die Vorgeschichte des Kranken erkunden, so vor allem deshalb, weil sie sich daraus Hinweise auf die Ursachen des Leidens, die zu stellende Diagnose, eine geeignete, darauf abgestimmte Behandlung versprechen. All das ist für mich als Heiler ohne Belang, auch insofern bin ich kein Ersatzdoktor. Was auch immer die Ursache einer Erkrankung sein mag - Geistiges Heilen kann sie beseitigen. Gleichgültig welche Diagnose vorliegt - für meine Vorgehensweise spielt sie keine Rolle, weil ich sie nicht darauf abstimme. Ob Migräne oder metastasierter Krebs, Rheuma oder Magersucht, Allergien oder Tinnitus: Immer behandle ich auf die gleiche Weise.

Eine weitere Angst rührt von dem Irrglauben her, Geistiges Heilen sei ein "Placebo" - es helfe allenfalls dem, der an seine Wirkung glaubt. Und so kommen viele Patienten zu mir mit der Befürchtung, meine Behandlungsweise erreiche bei ihnen möglicherweise deshalb nichts, weil es ihnen an der rechten Überzeugung mangle. Wenn ich solche Vorbehalte spüre, setze ich mehrere Argumente dagegen: 1.) Ich habe einer Vielzahl von Kranken helfen können, die mir anfänglich mit allergrößter Skepsis begegnet sind. 2.) Bewusstlose - z.B. Komapatienten -, Säuglinge und Kleinkinder, aber auch niedere Tiere, Pflanzen, isolierte Zellen und Wasserproben reagierten nachweislich auf mich, wenngleich ihnen allen schwerlich zuzutrauen ist, dass sie Überzeugungen bezüglich geistiger Heileffekte hegen. 3.) Wiederholt konnte ich Patienten helfen, die gar nicht wussten, ob und wann ich mit ihnen arbeite - seien es Menschen, die von mir auf Bitte von Angehörigen fernbehandelt wurden, seien es Versuchspersonen in "placebokontrollierten" wissenschaftlichen Studien, die vorab "verblindet" worden waren, d.h. im Ungewissen darüber blieben, ob sie zur Gruppe der Behandelten gehören oder einer unbehandelten Kontrollgruppe zugelost worden waren. Kurzum: Glaube ist hilfreich - bei mir nicht anders als in der Praxis eines Arztes, Psychotherapeuten oder Heilpraktikers -, jedoch keine Vorbedingung.

Bei manchen Patienten erspüre ich darüber hinaus auch eine unterschwellige Angst, die unsereinem besonders irrational erscheinen mag: die Angst vor dem Gesundwerden. Sie erwächst aus dem subjektiven Gewinn, den Kranksein mit sich bringen kann. Wer krank ist, erfährt unter Umständen mehr Aufmerksamkeit, Zuwendung und Mitgefühl durch Angehörige, Freunde und Kollegen. Es wird mehr Rücksicht auf ihn genommen. Er wird umsorgt. Er muss weniger Verantwortung tragen. Belastungen und Verpflichtungen aller Art bleiben ihm eher erspart. Ginge all das nicht verloren, wenn der Betreffende wieder gesund würde? Als Heiler muss ich auch auf diese Angst einfühlsam eingehen - und dem Patienten vermitteln, dass es kein größeres Geschenk gibt als ein gesundes, selbstbestimmtes Leben voller neuer Möglichkeiten, frei von belastenden Symptomen.

Nicht unterschätzt werden darf ferner die Angst, dem Heiler "ausgeliefert" zu sein. Viele Patienten stellen sich unter Geistigem Heilen etwas vor, das sie über sich ergehen lassen müssen (und können) - etwas, das ihnen geschieht, ganz ohne ihr Zutun. Oft verbirgt sich dahinter die Vorstellung, ein Heiler führe eine sonderbare Art von Strahlentherapie durch, bei welcher der Behandelte ein passives Objekt bleibt, so ähnlich wie bei Bestrahlungsterminen in der radiologischen Abteilung eines Krankenhauses. Und diese Vorstellung führt sie in die Irre. Tatsächlich gelingt Geistiges Heilen nur als Gemeinschaftsprojekt - unter der Voraussetzung, dass der Patient aktiv mitarbeitet, dass er sich öffnet und vertraut, dass er bereit ist, mit krankmachenden Einstellungen und Gewohnheiten zu brechen. Darin liegen zugleich die Macht des Patienten und die Grenzen des Heilers. Äußerst lehrreich sind in diesem Zusammenhang Erkenntnisse aus einem noch jungen Forschungszweig innerhalb der Medizin, der sich mit sogenannten "Spontanremissionen" befasst: Genesungen ohne erkennbare äußere Ursache, insbesondere ohne dass irgendeine Therapie stattfand, so dass sie insofern *sponte*, von innen heraus, geschehen sind. Besonders gut und zahlreich dokumentiert wurden solche Fälle in der Onkologie: Aus unerfindlichen Gründen stellen bösartige Tumore plötzlich ihr Wachstum ein, werden inaktiv, bilden sich sogar vollständig zurück. Welches mysteriöse Etwas war es, das da "von innen heraus" zur Heilung führte? Als gemeinsames Merkmal der meisten "Spontanheilungen" bei Krebs fanden Wissenschaftler einen unerschütterlichen Glauben der Betroffenen an ihre Chance, die Weigerung, sich mit ihrer Diagnose abzufinden, einen geradezu titanischen Willen, weiterzuleben. Die Fähigkeit, diesen psychischen Faktor in eine Therapie einzubringen, liegt in jedem Patienten - und darin besteht sein wichtiger, unverzichtbarer Beitrag dazu, dass Geistiges Heilen gelingt. Insofern ist es nichts, was ihm "widerfährt". Er selbst ist es, der entscheidend dazu beiträgt. Und darin liegt seine besondere Macht als unentbehrlicher Ko-Therapeut. Unter meinen aufgelegten Händen wird er durchaus nicht zum "Patienten" im ursprünglichen Sinn des lateinischen Wortes "*patiens*" - zum Erduldenden, Ertragenden. Er und ich, wir sind vielmehr Partner. Zusammengefunden haben wir, um gemeinsam ein großartiges Projekt in Angriff zu nehmen: nämlich seine Genesung. Und nur so, Hand in Hand, werden wir es schaffen.

Wer Angst beseitigen will, muss ihr etwas entgegensetzen können: neue Hoffnung, Zuversicht, Vorfreude auf einen glücklichen Ausgang der Behandlung. Wer je miterlebt hat, wie ich Patienten empfange, mit ihnen rede und auf sie eingehe, der weiß, dass ich auf Ermutigung besonders viel Wert lege - nein, nicht darauf, falsche Hoffnungen zu wecken, sondern das Gefühl zu vermitteln: Heilung ist möglich, und diese Aussicht gibt allen Grund zu guter Laune. Dazu gehört, dass ich als Heiler nicht zaudere, zögere und mitjammere, dass ich nicht selber den Kopf hängen lasse und schwarz sehe. Helfen kann ich nur in dem Maße, in dem ich fest davon überzeugt bin, dass ich es kann, und diese Überzeugung mit jedem Wort, jeder Geste, jedem Mienenspiel ausstrahle. Wenn nicht einmal ich selbst glaube, dass es dem Patienten mit meiner Hilfe bald besser gehen wird - wie sollte er es dann können? Ich bin grundsätzlich zuversichtlich, und diese Zuversicht strahle ich aus: Ich scherze und lache viel mit meinen Klienten, manche necke ich und schäkere mit ihnen, wobei mir sicherlich meine mediterrane Mentalität, das sonnige Gemüt eines waschechten Griechen, sehr entgegenkommt. Mancher Außenstehende könnte meinen, dies sei unsensibel, plump und geschmacklos - angesichts des schreienden Elends, das auf vielen meiner Klienten lastet. Ich kenne aber kein wirkungsvolleres Therapeutikum, um Angst zu lösen, als gemeinsames Lachen und Fröhlichsein. Glauben Sie mir, die Mehrzahl meiner Patienten nimmt dies dankbar an - ebenso wie es kleine Kinder auf Krebsstationen tun, wenn sie Besuch von professionellen "Klink-Clowns" bekommen.

Die meisten Patienten, die mich aufsuchen oder mit dem Gedanken spielen, es zu tun, wissen noch nicht, was sie bei mir erwartet - und wer sie erwartet. Mancher Kranke, da bin ich sicher, sucht dringend Hilfe, hat aber nicht den Mut, zu mir zu kommen. Die Angst vor dem Unbekannten hält ihn zurück. Auf dieses Unbekannte richten sich furchterfüllte, geradezu abenteuerliche Vorstellungen. Anfangs, als mir diese Angst erstmals auffiel, reagierte ich mit Verwunderung darauf, und zeitweise glaubte ich ernsthaft, ich selbst sei der Auslöser von Schreckensvorstellungen. Doch allmählich verstand ich, dass nicht ich die Ursache dafür bin. Solche tiefreichenden Reaktionen vieler Patienten sind vielmehr mit grundlosen Vorurteilen, mit Un- und Halbwissen zu erklären. Einem Buch wie diesem hier gelingt es hoffentlich, dagegen anzugehen.

Zweiter Schritt: Geduld lehren.

Eines der größten Therapiehindernisse besteht darin, dass der Patient zuviel auf einmal will. Weil er Geistheiler mit "Wunder"heilern verwechselt, erwartet er, dass alles, was ihn belastet, vollständig und auf einen Schlag verschwindet, sobald der Heiler mit ihm zu arbeiten beginnt - möglichst in einer einzigen Sitzung. Lässt ein solches "Wunder" auf sich warten, reagiert der Patient enttäuscht und frustriert, baut Abwehrhaltungen und Misstrauen auf, verliert Hoffnung - und vereitelt damit Therapiewirkungen, die andernfalls möglich gewesen wären.

In diesem Zusammenhang muss ich an eine etwa sechzigjährige Klientin denken, die aus Hamburg zu mir nach Frankfurt reiste - eine ehemalige Tänzerin. Seit langem machten ihr unerklärliche neurotische Beschwerden zu schaffen, die sie nun endlich loswerden wollte. Wie sie mir erklärte, sah sie sich als Opfer eines Voodoo-Rituals, seit dem sie unter innerer Unruhe, Schlaflosigkeit, Ess- und Konzentrationsstörungen litt.

"Wie lange dauert es denn, bis Sie mich davon befreit haben?", wollte sie von mir wissen.

"Nun, ich bin kein Prophet", antwortete ich. "Ich vermute aber, dass Sie mit mindestens zehn Sitzungen rechnen müssen. Je länger ein Leiden bereits besteht, je stärker 'chronifiziert' es schon ist, desto mehr Zeit benötigt auch Geistiges Heilen."

Empört brauste die Dame auf: "Was, zehn Sitzungen!? Sie scherzen wohl! Können Sie das denn nicht mit einer Behandlung wegmachen?"

Was sollte ich ihr nun erwidern? Wie sollte ich auf ihr völliges Unverständnis reagieren?

Sie fortzuschicken, ohne zumindest den Versuch einer Hilfe zu unternehmen: das kam für mich nicht in Frage. Da hatte ich einen rettenden Einfall.

"Werte Frau", sagte ich zu ihr, "ich schlage Ihnen eine Art Gegengeschäft vor. Sie bringen mir in einer Stunde professionellen Balletttanz bei - und wenn Sie das schaffen, befreie ich Sie in einer Sitzung von Ihrem Leiden."

Veblüfft starrte sie mich an; meinen Vergleich hatte sie verstanden - ansonsten aber noch immer nichts begriffen. Unverrichteter Dinge reiste sie wieder ab. Das "Wunder", das ich ihr anbieten konnte, war ihr zu gering.

Dritter Schritt: Entspannen.

Ein Abschied von Angst und Ungeduld löst Verkrampfungen, insofern ist mit den beiden ersten Behandlungsschritten zugleich der dritte getan. Solange ein Patient angespannt ist, kann er sich nicht öffnen für das, was ich ihm vermitteln will - im psychischen Bereich, aber auch auf der bioenergetischen Ebene. Deshalb beginne ich Behandlungen grundsätzlich damit, dass ich den Patienten bitte, es sich auf einem weichen Sessel oder Sofa gemütlich zu machen. Dabei sollte er eine möglichst unverkrampfte Körperhaltung einnehmen - also nicht etwa die Beine übereinanderschlagen oder die Arme über der Brust verschränken. Die Füße sollten mit der gesamten Sohle den Boden berühren, die Hände locker auf den Oberschenkeln liegen oder auf dem Bauch übereinandergelegt sein. Dann bitte ich den Patienten, die Augen zu schließen und mindestens eine halbe Minute lang tief und gleichmäßig zu atmen. Mit hypnoseähnlichen Suggestionen helfe ich ihm, seinen Geist zur Ruhe zu bringen, alle von außen eindringenden Geräusche und andere Sinnesreize auszublenden - und sich voll und ganz darauf zu konzentrieren, wie sich meine aufgelegte Hand anfühlt, welche Empfindungen sie in seinem Körper auslöst.

Vierter Schritt: Energie übertragen.

Den physikalischen Kern Geistigen Heilens bildet das Übertragen von Bioenergie - einer rätselhaften Kraft, die vermutlich das ganze Universum durchzieht; die traditionelle chinesische Medizin kennt sie als "Qi", indische Weisheitslehren als "Prana". Von Heilern wie mir kann diese Energie konzentriert und an Patienten weitervermittelt werden. Dabei lege ich meine rechte Hand, unabhängig von der jeweils vorliegenden Diagnose, stets auf das Brustbein. Nach meinen Erfahrungen liegt hier die optimale Eintrittsstelle für jene Art von Energie, die ich beim Heilen einsetze.

Die Bedeutung der Hand beim Heilen wird dabei vermutlich überschätzt. Die ausgestreckte, ruhig aufgelegte Hand gilt in allen Kulturen als Inbegriff des fürsorglichen und tröstenden Helfens, und vermutlich trägt diese tief in uns verankerte Symbolik selbst zum Heileffekt bei. Dass die Hand im Grunde aber überflüssig wäre, wird an der Möglichkeit von Fernheilungen deutlich. Wenn ich einen Patienten behandle, während er sich mehrere hundert oder gar tausend Kilometer von mir entfernt aufhält, so spielt meine Hand offenkundig nicht die geringste Rolle. Das hängt mit einer wesentlichen Eigenschaft der vermittelten Energie zusammen: Sie überwindet beliebige

Entfernungen, ohne sich im geringsten abzuschwächen. Nicht die Hand ist es, die dieser Energie die Richtung gibt und eine Übertragung gewährleistet - sondern der *Geist*, in dem sie eingesetzt wird.

Wie gelingt es mir, mit dieser Energie zu arbeiten? Was geht in mir vor, während ich sie einsetze?

Wesentliche Voraussetzung dafür ist ein veränderter Bewusstseinszustand. Wann immer ich "geistig" heile, versetze ich mich vorher in Trance. Dann bin ich wie "weggetreten", nehme nichts um mich herum mehr wahr, werde ganz eins mit der Situation, mit dem Behandelten, mit dem Universum. In den Anfängen meiner Heilertätigkeit benötigte ich dafür eine längere meditative Vorbereitung. Inzwischen jedoch bin ich mühelos imstande, buchstäblich von einem Moment zum anderen einen solchen Trancezustand in mir zu induzieren; er "überkommt" mich regelrecht, insofern einem Sekundenschlaf vergleichbar, bloß mit dem Unterschied, dass ich sein Eintreten willentlich steuern und ihn jederzeit wieder abrupt beenden kann.

Heilende Energie als ein rein physikalisches Phänomen zu betrachten, halte ich für falsch. Als gläubiger orthodoxer Christ sehe ich in ihr etwas Göttliches, ein himmlisches Geschenk. Dafür, dass sie tatsächlich einen "höheren" Ursprung hat, kenne ich keinen überzeugenderen Beweis als die Rolle des Gebets beim Geistigen Heilen. Abertausendfache Erfahrungen haben mich gelehrt, dass ich mit der heilenden Energie erst dann und umso besser arbeiten kann, wenn ich zuvor die Hände zu einer Fürbitte falte, wenn ich in tiefer Andacht Gott darum flehe, dass auch bei diesem Kranken "Sein Wille geschehen" möge. Oft beziehe ich den Patienten dabei ein - dann beten wir gemeinsam. Mit stillen Gebeten beginne ich nicht nur jede einzelne Sitzung, sondern auch jeden Arbeitstag. Würde ich darauf verzichten, so wären meine Behandlungsergebnisse schlechter - und darin sehe ich ein überzeugendes pragmatisches Argument für die Existenz Gottes und seine Präsenz im Heilprozess.

Die Hinwendung zu Gott, während ich heile, führt in mir zwangsläufig auch zu einem veränderten Selbstbild, das sich in meiner Praxis ebenfalls als unentbehrlich erwiesen hat. Wer sich als Werkzeug Gottes versteht, hört auf, sich als "Macher" zu sehen. Nicht er selbst ist es, der heilt - "es" heilt durch ihn. "*Dein* Wille geschehe" - nicht meiner. Diese Überzeugung bringt mein Leitspruch zum Ausdruck, den Sie im Internet gleich auf der Startseite meiner Homepage finden: "Ich selbst heile im Grunde niemanden. Kranke heilen sich selbst, mit Gottes Hilfe. Meine Aufgabe ist es, dafür die Voraussetzungen zu schaffen."

Der Gott, an den ich glaube, ist zuallererst der Inbegriff unendlicher Liebe und Barmherzigkeit. Deshalb gehört ein tiefes, aufrichtiges, bedingungsloses Gefühl von Liebe zum Wichtigsten, was ich als Heiler in den therapeutischen Prozess einbringen kann, und meine Behandlungen sind umso erfolgreicher, je mehr mir das gelingt. Wenn ich die tiefe Traurigkeit eines krebskranken Kindes, seiner Eltern und Geschwister fühle, dann verbinde ich mich mit ihnen allen; ich verschmelze mit ihren Wünschen und Hoffnungen, die allein jetzt wichtig sind, und mache sie zu meinen eigenen. Diese Konzentration in Liebe auf einen bestimmten Menschen, der für diesen Augenblick für mich der wichtigste vor allen anderen ist - diese Konzentration in Liebe kennt keine Grenzen, weder zeitliche noch räumliche. Es ist die schöpferische Heilkraft, die überall und zu jeder Zeit "da" ist. Dann gilt nur noch: Dein Wunsch, gesund zu werden, ist mein Wunsch. Mein Wunsch, dass du gesund wirst, ist der Wunsch Gottes mit seiner Schöpferkraft.

Wenn ich also gefragt werde: "Christos, was empfindest du, wenn du aktiv bist?", dann könnte ich kurz und knapp antworten: Liebe. Denn es ist das liebevolle Eingehen auf den kranken Menschen vor mir, das Heilung möglich macht. In der Verschmelzung findet das liebevolle "Hinüberfließen" einer heilenden Kraft statt, die wir bis heute nicht wirklich erklären, sondern nur unzureichend in Teilaspekten skizzieren können. Gleichwohl fühle ich sie aber; ich fühle genau, ob und wann sie "aktiv" ist und "fließt", in mich hinein, durch mich zum Kranken, Heilung Suchenden. Dazu muss ich imstande sein, mich hineinfallen zu lassen in die tiefe Ebene unserer Seelen und in unser Unbewusstsein. Und ich muss mich in Liebe öffnen können für eine andere Welt des Fühlens und Wahrnehmens. Der Schlüssel dazu ist Empathie: Durch sie gelingt es mir, mich in ein anderes Wesen - ob Mensch oder Tier - und in seine Lebenssituation zu versetzen, ja zu versenken, das "Innerste" nicht nur des Anderen, sondern auch meines zu erkennen - und ihn zu verstehen, seine Emotionen und Motive nachzuempfinden. In einem solchen emphatischen Prozess fühle ich mich wie der Andere. Dann komme ich ihm so nahe, wie es auf andere Weise nicht möglich ist. Ich bin er.

Erst aus dieser liebevollen Verschmelzung kann ein geistiges Band entstehen, das keine räumlichen Grenzen kennt - und es ermöglicht, durch Fernbehandlungen, selbst über Kontinente hinweg, keine geringeren Wirkungen zu erzielen als im unmittelbaren Kontakt. "Fernheilung", wie ich sie verstehe, schließt allerdings mehr ein als nur das intentional gesteuerte Fließen von "Energie". Hinzu kommt, was ich *"telepathische Suggestion"* nenne: bewusste Eingebungen, mit denen ich, über welche Entfernung auch immer, direkt das Unbewusste eines Kranken erreiche und es veranlasse, Selbstheilungskräfte in Gang zu setzen. “Suggestion” - dieses Wort hat für viele, die davon hören, einen unangenehmen Beigeschmack, denn es klingt nach Einreden, nach Manipulieren, nach Aufzwingen. Damit wäre grob missverstanden, worum es mir geht, wenn ich jemandem telepathisch suggeriere: Ich rede ihm nichts ein, was ihm fremd ist. Im Gegenteil: Ich wecke und stärke etwas, was schon in ihm steckt - nämlich ein ungeheures Potential zur Selbstregulation von biologischen Vorgängen, die aus dem Gleichgewicht geraten sind.

Heilen - das ist also beileibe nicht bloß das berühmte Handhinhalten oder Handauflegen. Es ist weitaus mehr. Heute weiß ich: Wenn ich einen Menschen von seiner Krankheit befreit habe - mag sie noch so schwer gewesen und gar als unheilbar angesehen worden sein -, dann ist das nur deshalb möglich geworden, weil meine "innere Welt" mit der des Kranken verschmolzen ist, weil es keine Trennung mehr gegeben hat. Nun mögen Sie ermessen, was auch ich fühle, wenn der Kranke durch mich Linderung oder gar Heilung erlebt. Und Sie mögen erahnen, dass ich durch eben diese Heilung auch selbst neue Kraft erfahre, die ich an einen anderen Kranken wiederum weitergeben kann.

Im christlichen Weltbild ist Gott das höchste, aber nicht das einzige Wesen, von dem wir auch in größter Not Beistand erwarten können: Engel und Heilige unterstützen Ihn dabei. Dieser "Geistigen Welt" fühle auch ich mich zutiefst verbunden, während ich behandle. Besonders gegenwärtig ist mir dabei stets der Geist meines verstorbenen Großvaters Iannis, meines großen Lehrers und Vorbilds, von dem in diesem Buch bereits wiederholt die Rede war. Seine Präsenz "in" mir besteht nicht bloß in einem Erinnerungsbild, das bis heute kaum verblasst ist. *Er selbst* ist anwesend, und seinen Beistand, seine Führung spüre ich, während ich Kranken zu helfen versuche, wie auch dann, wenn ich zu ergründen versuche, woran sie leiden. (Siehe dazu das Buch *Psi-Diagnose*, s. Anhang: Lesetipps). Pure Einbildung? Ich erinnere mich an eine Studie, die begleitend zu dem oben geschilderten "Fernheil-Test" durchgeführt wurde. Mit Hilfe der "Hochfrequenz-Sofortbild-Fotografie" (HFS), einer Weiterentwicklung der Kirlian-Technik, forschte der Grenzwissenschaftler Hans-Christian Seidl im Frühjahr und Herbst 1998 nach bioenergetischen Veränderungen bei mehreren Versuchspersonen, die ich behandelt hatte, aber auch bei mir selbst. Solche Veränderungen können beim HFS-Verfahren an Größe, Form, Struktur und Farbe von Strahlenkränzen abgelesen werden, die sich um Fingerkuppen herum zeigen. Als Seidl meine rechte Hand aufnahm, nachdem ich mehrere Behandlungen vorgenommen hatte, entstand ein Foto, wie es der Wissenschaftler nach eigenen Worten "noch nie zuvor gesehen" hat: "Es zeigt sich ein unglaubliches Blau. Es füllt fast das ganze Bild aus - und alle Räume zwischen den Fingern. Auch die Finger selbst sind bis auf den letzten Punkt ausgefüllt mit dieser Energie. Das blaue Feld umschließt fast das Ganze. Dabei tauchen ‚Phantomfinger' auf, die ich so noch nie gesehen habe" - dicht neben den energetischen Abdrücken jeder einzelnen meiner Fingerkuppen taucht jeweils ein weiterer auf. Woher stammen diese mysteriösen "Phantomfinger"? In genau jenem Augenblick, als das Foto entstand, wie auch bei allen vorausgegangenen Heilsitzungen spürte ich ganz deutlich, dass mein Großvater körperlos anwesend war und mich anleitete. Ich sah nichts von ihm, und trotzdem war er mir so nah, als stünde er leibhaftig hinter mir. Hatte er auf dem HFS-Foto einen objektiven Beweis hinterlassen wollen, dass er weiterlebte - dass das Ende seines physischen Körpers nicht sein Ende war? (Mehr darüber ist nachzulesen in der Broschüre "*Das Phänomen Christos Drossinakis - Der meistgetestete Heiler der Welt*", S. 18-19, und ausführlicher in *Die heilende Kraft der Liebe*, S. 215-228; s. Anhang: Lesetipps).

Was löst meine Vorgehensweise in den Behandelten aus? Können sie die vermittelte Heilenergie spüren? Wenn ja, wie fühlt sich das an? Grundsätzlich angenehm? Oder muss der Patient eine schwierige "Behandlung" erdulden, Schmerzen ertragen, Belastungen aushalten?

Nichts von alledem. Bei mir, durch mich werden keine Schmerzen ausgelöst - sondern genommen; es werden keine Organe belastet, keine Mittel und Methoden angewendet, die den Kranken erschöpfen könnten. Das "Schlimmste", was einem Patienten widerfahren kann ist, dass er nichts spürt. Doch das ist, wie die Erfahrung immer wieder gezeigt hat, keineswegs ein Zeichen von Wirkungslosigkeit. Ansonsten berichten Kranke übereinstimmend von angenehmen, wohltuenden, manchmal auch für sie überraschenden Empfindungen. Um Ihnen zu verdeutlichen, wovon ich spreche, möchte ich einige der vielen, die ganz gleichartige Erfahrungen gemacht haben, selbst zu Wort kommen lassen. Die "Kontakte" dieser Menschen zu mir haben sich teilweise schon vor etlichen Jahren ereignet, teilweise sind sie jüngsten Datums. So die Äußerungen jener Personen, die am Heilertest mit mir teilgenommen haben, der 1998 in Deutschland und der Schweiz durchgeführt und über den auf dem "Weltkongress für Geistiges Heilen" in Basel im November 1998 ausführlich berichtet wurde. Ich bin mir sicher: Wenn Sie, wie anfänglich beschrieben, zu denen gehören, die Angst vor dem Kontakt mit mir haben, werden Sie sich nach dem Lesen der folgenden Zitate vermutlich erstaunt fragen, warum und wovor Sie denn eigentlich Angst haben sollten.

Die Lehrerin Christina G. berichtet: "Während der Fernheiltermine traten starke, merkwürdige Empfindungen auf, die ich sonst im Laufe des Tages nicht habe."

Der Diplom-Ingenieur Reinhard G. spürte "starke Wärme im Körper und Kribbeln im unteren Rumpfbereich", das Gefühl des Schwebens, ohne Gewicht zu haben.

Die Astrologin Anne S. spürt an Fernheiltagen oft "mehr Lebensfreude und Kraft".

Die Hausfrau Maria K.: "Innere Ruhe stellt sich ein."

Erna O.: "Ich spürte Wärme durch meinen Kopf und Körper dringen, eine totale Erleichterung."

Die Hausfrau Ingeborg S., die sich anfangs übermäßig skeptisch auf einen Versuch mit mir eingelassen hatte, berichtete von ungewöhnlichen Empfindungen wie "Kribbeln, Wärme, Kälte, ein Gefühl des Durchströmtwerdens und Schwebens". Manchmal hatte sie das Gefühl, als würde ihr ein unsichtbarer "Verband" angelegt."

Patienten, die mich aufsuchen, biete ich in der Regel *Einzel*sitzungen an: Im Behandlungszimmer sind dann nur sie und ich; allenfalls ist noch eine Begleitperson - der Lebenspartner, ein Freund, die Eltern - anwesend. Ab und zu kommt es aber vor, dass ich zwei Patienten auf einmal zur Behandlung bitte. Wir bilden dann einen "Heilkreis", bei dem ich ihnen gleichzeitig die Hände auflege. Wann ich so vorgehe, entscheide ich spontan, wobei ich mich ausschließlich von meiner Intuition und außersinnlichen Eindrücken leiten lasse. Manche Patienten verwundert, ja verstört diese Vorgehensweise, weil sie die Erwartungen durchkreuzt, mit denen sie zu mir gekommen sind: Sie rechneten mit einer "Eins-zu-Eins-Situation"; wie Geistiges Heilen anders vonstatten gehen sollte, konnten sie sich nicht im geringsten vorstellen. Hin und wieder reagieren sie sogar verärgert, in der Meinung, dass geteilte Zeit wohl nur zu halbem Effekt führen kann. Warum gehe ich bisweilen so vor? Den Ausschlag gibt dabei, wie ich die Patienten als bioenergetische Wesen wahrnehme: In seltenen glücklichen Fällen passen ihre Energien nämlich so ideal zueinander, dass sich die Heilwirkung bei beiden noch steigert, wenn ich sie in einer gemeinsamen Sitzung zusammenführe. Denn nicht nur Patient und Heiler, auch Patienten untereinander können buchstäblich "auf der gleichen Wellenlänge liegen". Es besteht dann eine verblüffende Übereinstimmung im feinstofflichen Bereich, hinsichtlich der Frequenz jener subtilen Schwingungen, an denen ich die beteiligte Bioenergie erkenne. Das gleiche Phänomen - die Potenzierung von Heilwirkungen in Gruppensituationen - erlebe ich häufig auch, wenn ich bei öffentlichen Veranstaltungen eine gleichzeitige "Massenheilung" aller Anwesenden vornehme: Aus rätselhaften Gründen scheinen sich die Energien der Versammelten, angeregt durch meine heilende Intention, gegenseitig zu verstärken. Dabei kommt es mitunter zu verblüffenden Spontanheilungen - in einer Geschwindigkeit und einem Ausmaß, das im Alltag der Einzelsitzungen eher selten ist.

Am allermeisten verwundert Patienten aber, wie kurz die eigentliche Behandlung durch mich ist. Bloß wenige Minuten lege ich ihnen die Hand auf. Wie sollen in einer derart knappen Zeitspanne überhaupt irgendwelche Heilwirkungen zu erzielen sein? Weil dieser Aspekt immer wieder zu Missverständnissen führt - auch bei Journalisten, die sich nach einem kurzen Telefonat mit mir und Interviews mit ein paar Behandelten schon anmaßen, über meine Arbeit zu richten -, erachte ich es für dringend nötig, auf diesen Punkt näher einzugehen. Denn an diesem Punkt wird zugleich ein Grundprinzip Geistigen Heilens deutlich, das sich neuerdings wissenschaftlich untermauern lässt.

Eine öffentliche Hinrichtung erlebte ich deswegen im März 1995: "*Esotera*", damals Deutschlands führende esoterische Fachzeitschrift, prangerte mich, ohne Chance zur Gegendarstellung, seitenlang als "Sekunden-Heiler" an - gestützt auf Beschwerden einer Handvoll unzufriedener Patienten, ich hätte sie empörenderweise bloß wenige Minuten behandelt. (Auf die Hintergründe des "*Esotera*"-Skandals, bei dem ich von einem anonymen Anrufer sogar finanziell erpresst wurde, gehe ich ein in *Die ganze Wahrheit - Ein Heiler wehrt sich gegen Rufmord*, Kap. 1, S. 9-28, s. Anhang: Lesetipps.) Ein Strick gedreht wurde mir aus meiner Erklärung, die eigentliche Energieübertragung erfolge sogar binnen Sekunden.

Doch dazu stehe ich nach wie vor. Wenn ich trotzdem meine Hand länger auflege, dann nur als 'Placebo': Die meisten Klienten meinen halt, dass eine Kraft um so mehr ausrichtet, je länger sie einwirkt. Das ist naheliegend, aber kurzschlüssig. Wäre es wirklich so, dann müsste die große Mehrheit der weit über zehntausend sogenannten "Geistheiler" in Deutschland grandiose Heilungen am Fließband produzieren, die längst Ärzte arbeitslos, Kliniken leer und Krankenkassen überflüssig gemacht haben müssten - denn sie behandeln im Durchschnitt 30 bis 45 Minuten, manche sogar bis zu zwei Stunden. Zeigt nicht allein schon dies, dass die Behandlungsdauer dem Effekt keineswegs proportional ist?

Dass die Übertragung von Heilenergie eher einem "Schuss" gleicht als einem kontinuierlichen, langanhaltenden "Strom", lassen Messungen vermuten, die der deutsche Physiker Professor Dr. Fritz-Albert Popp schon Ende der neunziger Jahre an seinem "Internationalen Institut für Biophysik" in Neuss vorgenommen hat. Als Versuchspersonen hatte er mehrere Heiler eingeladen, darunter auch mich. Worum ging es dabei? Alles Lebendige sendet ein geheimnisvolles Licht aus - so schwach wie das Licht einer Kerzenflamme aus zwanzig Kilometern Entfernung. Professor Popp, sein Entdecker, spricht von "Biophotonen": Möglicherweise kommuniziert durch sie alles Leben miteinander, von einzelnen Zellen bis zu ganzen Organismen. Mit eigens entwickelten Apparaturen kann Popp dieses Licht messen und sichtbar machen. In Versuchsreihen mit mehreren Heilern am 19. März 1999 stellte er nur bei mir ein "zweifellos hochsignifikantes" Ergebnis fest, das er in einem Gutachten als "nahezu spektakulär", ja "sensationell" bezeichnet. Dies, so Popp, "sollte uns vorsichtig machen gegenüber allzu schneller Verdammung heilerischer Fähigkeiten". Was veranlasste ihn zu einem solchen Lob? Wie seine Geräte registrierten, war ich imstande, die Abstrahlung von Biophotonen willentlich zu beeinflussen - und, wenn ich mich darauf konzentrierte, weit über Normalwerte zu erhöhen. Diese gemessene Abstrahlung glich dabei einer regelrechten "Eruption", einem kurzzeitigen Ausbruch.

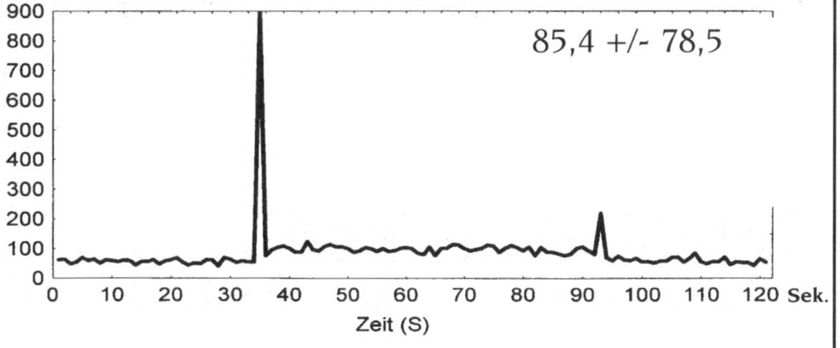

Biophotonen-Abstrahlung aus meiner rechten Hand, während ich mich auf das Heilen konzentrierte. Im Laufe von 2 Minuten kommt es zu einer regelrechten Eruption (nach ca. 35 Sek.). Bestätigt dies meine Annahme, die "Energieübertragung" beim Heilen gleiche einem "Schuss", alles Weitere sei bloß placeboartiges Beiwerk?

Sollte ich, um die Erwartungen meiner Patienten nicht zu frustrieren und kritischen Stimmen vorzubeugen, die Übertragung von Bioenergie nicht einfach deutlich verlängern - sagen wir, auf eine Viertelstunde, oder eine halbe? Im Rahmen mehrerer wissenschaftlicher Studien habe ich dies an einigen Versuchspersonen getan - und dabei ohne böse Absicht einen sonderbaren Effekt ausgelöst, über den die Behandelten ebenso erschraken wie die beteiligten Ärzte und Wissenschaftler: An genau der Stelle, auf die ich die Hand auflegte, färbte sich die Haut knallrot, so extrem, als hätten sich die Betreffenden eine leichte Verbrennung zugezogen. Entsprechend starke, zunehmend schmerzhafte Empfindungen von Hitze schilderten sie. Die Umrisse meiner Hand zeichneten sich auf der leicht entzündeten Haut deutlich ab. Es dauerte Stunden, bis die Rötung verblasste. Offenbar ist die Energie, die ich übertrage, so stark, dass ich im Interesse meiner Patienten gut daran tue, sie möglichst sparsam zu dosieren. (Mehr über diesen mysteriösen Wärmeeffekt finden Sie in der Broschüre *Das Phänomen Christos Drossinakis*, S. 26-27 und dem Buch *Die heilende Kraft der Liebe* (s. Anhang: Lesetipps).

Im Herbst 1999 wurde an der Universität Halle die rätselhafte Wärmeabstrahlung von meinen Händen untersucht, ebenfalls unter Einsatz einer Infrarotkamera. Ein SAT1-Kamerateam war dabei. Auch hier zeigte sich das Phänomen in mehreren Versuchen - wie später in Forschungsinstituten in Moskau und Sofia.

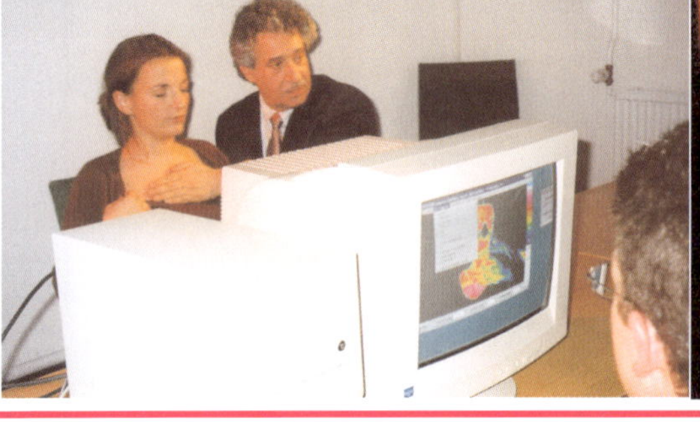

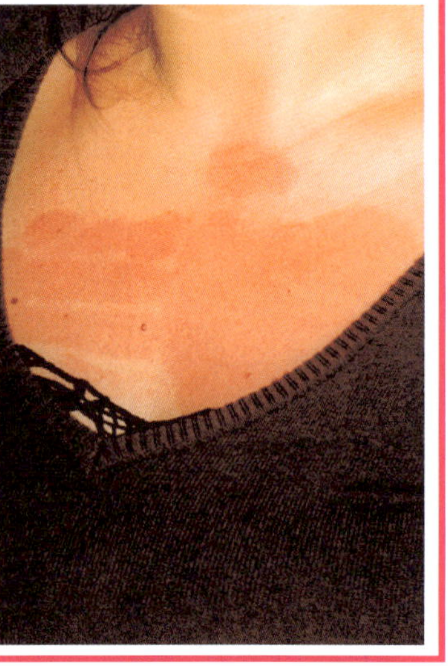

Fünfter Schritt: Energetisches Nachwirken.

Nach dem Handauflegen ist eine Heilsitzung bei mir noch keineswegs beendet. Denn die Patienten mit der soeben aufgenommenen Energie sogleich nach Hause zu schicken, würde ihr einen Großteil ihrer potentiellen Wirkung nehmen. Wer von mir behandelt wurde, bleibt anschließend mindestens eine halbe Stunde allein im Zimmer zurück, ungestört und in vollkommener Ruhe - in derselben entspannten Körperhaltung, in der er von mir soeben die heilende Energie empfangen hat. Denn nun beginnt das entscheidende Stadium auf dem Weg, seine Selbstheilungskräfte zu aktivieren: Die aufgenommene Energie muss sich im Körper verteilen, sie muss in alle Organe fließen - vor allem zu jenen, in denen sie am dringendsten benötigt wird, um Funktionsstörungen oder geschädigte Strukturen zu beheben; sie beseitigt Blockaden, sie gleicht Defizite aus und stellt das energetische Gleichgewicht wieder her. Viele Behandelte erleben diese Phase nicht minder intensiv wie die vorausgegangene Behandlung: Sie haben das Gefühl, dass unsichtbare Wellen durch sie hindurchwogen; sie spüren eine wohlige Wärme, haben den Eindruck, dass sie regelrecht im Raum schweben, manche berichten mir hinterher sogar, sie hätten zeitweilig ihren Körper verlassen. Wieder andere nehmen seltsame Farben wahr, Engelwesen und andere hilfreiche Geister, hin und wieder auch verstorbene Angehörige. Manchmal begleite ich diesen Prozess von einem Nebenzimmer aus, indem ich unterstützend eine Fernbehandlung durchführe, falls ich spüre, dass eine solche zusätzliche Intervention nötig und hilfreich ist.

Wie sonderbar die geschilderte Vorgehensweise manchen Außenstehenden auch erscheinen mag: Der Erfolg spricht dafür, und das allein zählt. Am Beispiel einer kleinen Patientin, die mir im Laufe vieler gemeinsamer Monate ganz besonders ans Herz gewachsen ist, möchte ich veranschaulichen, wie ich die skizzierte Vorgehensweise in meiner Praxis umsetze - und wieviel ich damit bewirken kann.

Es war Ende 1990, als Michaela K., im Juni 1984 geboren, ihren Eltern Sorgen zu machen beginnt: Das aufgeweckte, bildhübsche Mädchen ist auffallend kleiner als seine Zwillingsschwester. Mitte 1993 ist Michaelas Körpergröße mit 1,22 m deutlich hinter dem Altersdurchschnitt zurückgeblieben.

In der Hoffnung, eine Behandlung mit Wachstumshormonen könnte helfen, bringt das Ehepaar K. seine Tochter im August 1993 zu der Frankfurter Kinderärztin Dr. R. Thorbeck. Diese hegt einen schlimmen Verdacht: Möglicherweise drückt ein Tumor auf Michaelas Hypophyse - Hirnanhangdrüse -, jenes 14 Millimeter lange Organ an der Basis des Zwischenhirns, in dem Wachstumshormone synthetisiert werden.

Um Klarheit zu schaffen, wird Michaela an die Frankfurter "Gemeinschaftspraxis Radiologie und Nuklearmedizin" überwiesen; dort arbeiten sechs Spezialisten mit modernstem diagnostischem Gerät, darunter einem Kernspin(resonanz)tomographen (MRT).

Am 27. August 1993 bestätigt ein MRT von Michaelas Schädel die furchtbare Vermutung der Kinderärztin. Ein ausgedehnter Tumor wird entdeckt:

3,3 cm tief, 2,9 cm lang, 2 cm breit. Die Geschwulst hat sich vom Boden der Sella - einer Vertiefung der Schädelhöhlenbasis, in der die Hypophyse liegt - bereits bis oberhalb des Sehnervs ausgebreitet. Die Diagnose lautet auf "Craniopharyngeom" (von lat. *cranium*: Schädel, und griech. *pharynx*: Rachen, Schlund), womit die Lage der Geschwulst bezeichnet wird.

Die Eltern sind fassungslos: Nicht die geringsten Anzeichen in Michaelas Verhalten hatten je auf eine derartige Erkrankung hingedeutet. Die üblichen Symptome eines Gehirntumors wie Kopfschmerzen, Erbrechen, Ausfälle im Gesichtsfeld, Zittern, gestörte Reflexe, beeinträchtigte Sensibilität, Motorik und Sprache fehlten völlig.

Zur eingehenden Untersuchung wird Michaela vom 30. August bis 14. September 1993 in das Zentrum der Kinderheilkunde der Frankfurter Universitätsklinik stationär aufgenommen. Eine Computertomographie, für die ihr zuvor ein Kontrastmittel injiziert wird, erhärtet den Tumorbefund.

Am 17. September 1993 wird Michaela dort operiert. Anschließend bleibt sie zwei Wochen im Krankenhaus.

Der Eingriff scheint erfolgreich: Ein zweites Kernspintomogramm, unmittelbar nach der Operation aufgenommen, deutet auf eine "vollständige Tumorentfernung" hin, wie die Stationsärztin Ch. Wedekind protokolliert. (Allerdings räumt sie, eher beiläufig, ein verdächtiges Signal "am Sellaboden rechts" ein.) "Bei gutem Allgemeinzustand" kann Michaela am 1. Oktober nach Hause entlassen werden. Zur Nachbehandlung und Vorbeugung von Rückfällen muss sie fortan täglich bis zu vier verschiedene Medikamente schlucken. Doch die Zeitbombe in Michaelas Kopf tickt weiter, wie sich bald herausstellt.

Um sicherzugehen, ziehen Michaelas Eltern am 6. April 1994 den Frankfurter Arzt Dr. K. Hartmann zu Rate, einen Spezialisten für pädiatrische Endokrinologie (Drüsenfunktionen und hormonelle Abläufe bei Kindern). Der stellt eine Störung der Hypophysenfunktion fest. (Die Untersuchung wird für Michaela zur Qual. Die vier Testsubstanzen, die ihr dazu eingespritzt werden, lösen eine heftige allergische Reaktion aus. Eine halbe Stunde lang erbricht sie immer wieder.) Dr. Hartmann vermutet einen Rückfall, befürchtet außerdem ein "intracranielles Aneurysma", ein Blutgerinnsel an einem Gefäß innerhalb des Gehirns, wahrscheinlich infolge des chirurgischen Eingriffs.

Daraufhin muss Michaela am 11. April 1994 erneut eine Woche lang in die Frankfurter Uniklinik. Eine Angiographie - eine Röntgenuntersuchung von Gefäßen nach Injektion eines Kontrastmittels - bestätigt Dr. Hartmanns Befürchtung.

Am 26. April 1994 wird Michaelas Schädeldecke zum zweiten Mal geöffnet. Neurochirurgen versuchen, den Resttumor zu entfernen.

Abermals vergeblich: Bei einer erneuten Kernspintomographie fallen nach wie vor "Unregelmäßigkeiten am Boden und rechts von der Sella auf", wie der Leiter der Abteilung für Pädiatrische Neurologie, Prof. Dr. G. Jacobi, einräumen muss. Die verdächtigen Stellen auf Michaelas Tomogramm sind um so ernster zu nehmen, als vor der Aufnahme versehentlich kein Kontrastmittel verabreicht worden war; trotzdem zeichnen sie sich deutlich sichtbar ab. Die Uniklinik bereitet die entnervten Eltern darauf vor, dass eine dritte Operation unumgänglich sei. (Die beiden ersten Eingriffe schlugen mit jeweils rund 100.000 DM zu Buche.) Den Eltern wird auf brutale Weise verdeutlicht: Das Leben ihres Kindes ist trotz jahrelanger qualvoller Behandlung unverändert gefährdet. Wenn nichts Entscheidendes geschieht, wird die kleine Manuela möglicherweise als geistiger Krüppel dahinsiechen.

Ende April 1994 wendet sich das verzweifelte Ehepaar K. an mich - spät, aber gottseidank noch nicht zu spät. Michaelas Schicksal geht mir zutiefst zu Herzen. Über ihr bisheriges Leid, ihre unsägliche "Patientenkarriere" in den Mühlen der Schulmedizin, über ihre düstere Prognose bin ich erschüttert. Doch auch bei den Eltern fühle ich die Verzweiflung und das Klammern an eine letzte Hoffnung. "Helfen Sie unserer Tochter! Helfen Sie uns!" Das ist die Botschaft, die ich sofort unausgesprochen vernehme.

Ja, ich will helfen. Und ich weiß, dass das nicht auf mechanische, unbeteiligte Weise möglich ist. Was ich schon früh, als kleines Kind, auf intuitiv-selbstverständliche Weise verstanden habe, das kommt nun auch bei Michaela K. aus Frankfurt - wie bei allen anderen Kranken - zur Geltung. Als damals, auf Euböa, der kleine Sperling mit dem verletzten Bein oder die schwerbehinderte Katze zu mir kam, da habe ich mich mit dem Wesen dieser Geschöpfe verbunden. Ich bin regelrecht verschmolzen mit ihm, dem Spatzen, mit ihr, der Katze. Mein geliebter Großvater, der auch mein Lehrer war, hat mir schon zeitig bewusst gemacht: "Du musst die Freude ebenso wie die Traurigkeit und das Leiden der Menschen - wie aller anderen Geschöpfe - miterleben. Dann erst wirst du sie verstehen. Und wenn du sie besser verstehen kannst, dann verstehst du auch dich besser. Das heißt auch, dann bist du fähig, deine Gefühle zu sortieren, zu stärken und zu entwickeln." Das wichtigste der Gefühle heißt: Liebe! "Sie ist eine Macht!" hat mein Großvater dazu gesagt. Und heute weiß ich: eine Macht, die heilen kann.

Also lege ich Michaela die Hände auf. Sie erweist sich als eine fabelhafte, in jeder Hinsicht vorbildliche Patientin: Sich tief zu entspannen, gelingt ihr mühelos. Befürchtungen und Zweifel, wie sie durch die Köpfe erwachsener Patienten gehen, belasten sie nicht. Schon während der allerersten Sitzung beginnen Hände und Füße des Mädchens, die zuvor monatelang andauernd kalt waren, plötzlich heiß zu werden. Als ich sie nach der Behandlung für eine Weile allein im Behandlungszimmer lasse, verharrt sie dort regungslos, mit geschlossenen Augen, tief atmend, mit einem unbeschreiblich seligen Ausdruck auf ihrem zarten, blassen Gesichtchen. Hinterher fühlt sich die Kleine "auf einmal ganz leicht", sie wird viel aktiver. Nach und nach verschwinden leichte neurologische Auffälligkeiten, die offenbar von den schweren neurochirurgischen Eingriffen herrühren: darunter eine Schwäche des linken Beins, ein feines Zittern und eine mangelhafte Konvergenz des rechten Auges, das sich nach innen bewegte, wenn Michaela nahe Gegenstände fixierte.

Am 14. Juni 1994 feiert Michaela ihren zehnten Geburtstag, fröhlich wie lange nicht mehr - und ich feiere mit, unsagbar glücklich und dankbar für diese großartigen Fortschritte. Die Familie schöpft neue Hoffnung. Doch die bange Frage bleibt: Was ist aus dem Gehirntumor geworden?

Ganz deutlich spüre ich: Es gibt überhaupt keinen Grund mehr, sich Sorgen zu machen. Woran alle ärztliche Kunst scheiterte, das ist mit der Kraft Gottes doch noch möglich geworden.

Aber so groß das Vertrauen der Eltern in mich inzwischen auch geworden ist: Meine subjektive Gewissheit genügt ihnen verständlicherweise nicht. Nach zehn Behandlungen bei mir wollen sie eine medizinische Überprüfung. Auf einem erneuten MRT, aufgenommen am 18. Juni 1994, sind "Tumor-Restformationen nicht mehr nachweisbar", wie der Radiologe Dr. Halbsfurth feststellt. Ebensowenig kann er noch eine "Gefäßmalformation (-fehlbildung), Blutung oder Ischämie" (arterielle Durchblutungsstörung) feststellen.

Kann das wirklich sein? Gab es während der MRT-Aufnahme womöglich einen technischen Defekt, oder war die Auswertung der tomografischen Bilder fehlerhaft? Noch wagen die Eltern nicht, ihre Sorgen ganz aufzugeben. Sie drängen auf eine weitere Untersuchung. Und am 10. Oktober 1994 bestätigt eine weitere Tomographie: Der Tumor ist verschwunden. Und das bedeutet für die Familie: Die schwarzen Schatten des Todes haben sich verflüchtigt, eine tonnenschwere Last fällt von ihnen ab. Endlich darf sie sich wieder auf eine bessere, glückliche Zukunft freuen. Und Michaela darf wieder anfangen, die gleichen Träume zu träumen wie jedes andere Kind ihres Alters: wie es ist, erwachsen zu sein, einen lieben Mann und großartige Kinder zu haben, denen von Anfang an erspart bleibt, was Michaela selber durchmachen musste.

Bis heute ist Michaela wohlauf - und kaum noch kleiner als Altersgleiche, denn unmittelbar nach der Heilung setzte ein gehöriger Wachstumsschub ein. Aus dem Grundschulkind von einst, dem ich zu einem gesunden Leben verhelfen durfte, ist inzwischen eine erwachsene junge Frau geworden, der niemand mehr auch nur das Geringste von ihrer dramatischen Krankengeschichte anmerkt.

Es sind solche Fälle, die mir immer wieder aufs Neue die Gewissheit geben: Ja, Gott existiert wahrhaftig. Im Vertrauen auf ihn, auf seine unendliche Güte und Macht, ist alles möglich.

Die Last des unheilen Umfelds

Die folgende Szene wird für viele Leser vermutlich unglaublich klingen, sie irritieren und ein Gefühl der Ratlosigkeit auslösen. Doch Sie können mir glauben: sie hat sich genau so zugetragen. Und bedauerlicherweise ist sie kein Einzelfall, sondern bloß ein Beispiel für viele gleichartige andere, die ich Jahr für Jahr erlebe.

Die Eheleute hatten sich durch einen Anruf des Mannes bei mir angekündigt. Sie wollten mich aufsuchen, weil die Frau - so deutete der Mann verschwommen an - mit "einem gewissen Problem" zu tun habe; ich solle doch mal sehen, ob ich "da was machen" könne. Anrufe dieser Art machen mich gewöhnlich noch nicht stutzig, denn ich habe gelernt, dass viele Menschen sich in ihrer Hilflosigkeit nicht angemessen mitteilen können. Doch die anfänglichen Unsicherheiten lösen sich oft schon bei der ersten Begegnung, beim ersten persönlichen Gespräch auf.

Ich war gerade im Empfangszimmer, als dieses Ehepaar bei mir eintraf. Sofort erkannte ich, dass das "Problem" durchaus kein kleines war. Die Frau - sie mochte Ende Fünfzig sein - konnte sich nur schwerfällig, an einer Krücke fortbewegen, wobei sie dabei das linke Bein wie einen Fremdkörper hinterherzog. Ihr Mann, das fiel mir auf, ging ihr zwei, drei Schritte voraus und machte keinerlei Anstalten, seiner Frau auf dem beschwerlichen Weg zum Stuhl in der Mitte des Raumes, am großen Tisch, behilflich zu sein. Sie im wahrsten Sinne des Wortes zu unterstützen, kam ihm nicht in den Sinn.

Wie hatte die Frau nur die Treppen in die zweite Etage geschafft?, schoss es mir durch den Sinn. Musste sie alle Belastungen ihres Alltags ebenso bewältigen: auf sich allein gestellt? Einen Schritt vor dem erlösenden Stuhl brachte sie es noch fertig, mich schwer atmend und sichtlich erschöpft anzulächeln, der ich, von ihrem Anblick verunsichert, hinter meinem Schreibtisch stehen geblieben war.

Nachdem ich sie willkommen geheißen hatte, versuchte ich sie ein wenig aufzumuntern und ihr Mut zu machen, während sie sich vorsichtig, wie in Zeitlupe, unsicher auf dem Stuhl niederließ. "Das haben Sie ja großartig geschafft! Vier Treppen, da kommen manchmal auch junge Menschen ganz schön ins Atmen!"

Erstaunt, doch dankbar für die Anerkennung, schaute sie mich an. Ich drückte ihre feuchte Hand und tätschelte beruhigend ihre Schulter. Dann entschuldigte ich mich für ein paar Minuten, um in ein Nebenzimmer zu gehen, in dem ein anderer Klient auf mich wartete. Ehe ich von dort in den Empfangsraum zurückkehren konnte, wurde ich vom Ehemann der Gehbehinderten regelrecht abgefangen. Zudringlich baute er sich vor mir auf und begann, mit unterdrückt leiser Stimme und bedeutungsvollen Gesten auf mich einzureden: "Ich wollte Ihnen ... also, ich muss Ihnen etwas erklären, wissen Sie. Es ist wichtig, damit Sie informiert sind, sonst hat die ganze Behandlung keinen Zweck, gar keinen Sinn hätte sie sonst. Sie müssen wissen, Sie können es ja so nicht sehen: Meine Frau ist nicht wirklich .. krank, es sieht bloß so aus ... sie redet es sich nur ein, verstehen Sie? Es ist ganz einfach: es ist nur eine Art Blockade, wenn Sie wissen, was ich meine. Die medizinische Literatur ist voll davon, das wissen Sie ja sicher. Ich habe mich genau informiert. Es ist eine mentale Blockade, sonst nichts, darüber ist von Fachleuten schon viel geschrieben worden. Nur diese Blockade muss aufgelöst werden, und dann gibt es auch diese angebliche Krankheit nicht mehr. Verstehen Sie?"

Er hatte in einem zunehmend aggressiv-zischelnden Ton auf mich eingeredet, und nun, nachdem er dieses inquisitorische "Verstehen Sie?" ausgesprochen hatte, sah er mich lauernd an. Ich zögerte meine Antwort einige Sekunden hinaus, dann sagte ich langsam und betont: "Jaaa, ich verstehe!"

Ein fast schon gieriges Funkeln in seinen Augen signalisierte mir: Er glaubte, "gesiegt" zu haben - gesiegt über seine Frau und über diesen fremden Heiler, zu dem seine Frau unbedingt hatte gehen wollen. Hinter seiner Stirn konnte ich ein ganzes Kapitel seiner Gedankengeschichte lesen: Er hatte schließlich diesem absurden Wunsch nachgegeben, hatte gesagt: "Also gut, wenn du unbedingt meinst, dass dir das helfen kann, dann fahren wir eben zu diesem Mann, vorher gibst du ja keine Ruhe. Er wird dir sicherlich sagen können, was wirklich mit dir los ist. Vielleicht brauchst du ja gerade das, auf mich hörst du ja nicht, du musst ja immer deine Erfahrungen machen. Bitte, fahren wir also hin, an mir soll es nicht scheitern, dann weißt du es besser..."

Woher ich die Gedanken dieses Mannes kenne? Es sind Gedanken, die mir ungezählt viele Male in ähnlichen Fällen mehr oder weniger deutlich bestätigt worden sind. Es ist das klassische Konfliktmuster, das viele Kranke und ihre Angehörigen mitbringen, zusätzlich zur eigentlichen Krankheit, wenn sie zu mir kommen.

Was hinter meiner schlicht klingenden Antwort "Ja, ich verstehe!" steckte, blieb dem Mann verborgen. Zu stark fixiert war er auf den Wunsch, der "Sieger" in diesem Spiel zu sein. In Sekunden hatte ich auch in diesem Fall die wahren Zusammenhänge erkannt: die Verstrickung in ein Macht- und Beherrschungsspiel, das der Mann vermutlich schon Jahrzehnte mit seiner Frau spielte - erbarmungslos, rücksichtslos, getrieben von dem Ehrgeiz, sich selbst als der Rechthabende zu bestätigen, der immer weiß, was für seine Frau gut oder nicht gut, das Richtige oder das Falsche ist, und der als ewiger "Märtyrer" gegen alles vermeintliche Unverständnis in der Welt kämpft.

Genau das hatte ich erkannt und verstanden. Und ich wusste, was zu tun war, wenn ich der Schwerkranken irgendwie helfen wollte - darum ging es. Ich musste ihren Mann zunächst in seinem Glauben lassen und dabei doch die Art von Behandlung beginnen, von der ich wusste, dass sie auch für diese Frau die richtige und wirksame sein könnte. Ich wusste weiterhin, was auf jeden Fall zu verhindern war: einen Konflikt zwischen diesem Ehepaar zu nähren, der nur eine höchst unerwünschte Folge gehabt hätte: Die Frau, die ohnehin schon mit einer schweren Belastung lebte, wäre psychisch noch stärker belastet worden, sie wäre zerrissen worden zwischen den Polen Ehemann-Heiler, wäre in hilflose Ratlosigkeit gestürzt worden, aus der sie sich selbst wohl kaum hätte befreien können.

Ich werde gleich ausführlich auf die immensen Gefahren eingehen, die in solchen Situationen und Konstellationen nicht nur dem Kranken, sondern auch dem Heiler drohen. Es sind Risiken, die meine heilerische Autorität gefährden und die göttliche Heilkraft auf intellektueller Ebene in Frage stellen.

Doch zunächst möchte ich vom Fortgang der Geschichte dieses Ehepaars und ihrem schließlich glücklichen Ende berichten. Wieder einmal hatte ich mich keineswegs getäuscht. Bei den folgenden Besuchen der beiden versuchte der Ehemann, mit immer ähnlichen Formulierungen und angeblichen Erklärungen auf mich einzuwirken, mich zu beeinflussen und zu "bearbeiten", ja, mich zu manipulieren. Und das, während ich mit seiner Frau schon mitten im Behandlungszyklus war. Den Eindruck, durch diesen Mann gestört zu werden, empfand ich schließlich so stark, dass ich mich entschloss, mich eines kleinen Tricks zu bedienen.

Beim nächsten Besuch der beiden, als es der Frau schon sichtlich leichter fiel, zu mir in die Wohnung zu kommen und sie deutlich weniger behindert gehen konnte, begrüßte ich beide mit betonter Freude: "Das ist ja großartig, welche Fortschritte Sie machen. Verstehen Sie, Frau ...., *Fort*-Schritte! Das können Sie jetzt wörtlich verstehen, Sie schreiten fort, Sie schreiten immer besser voran. Und Ihr Mann ist sicherlich nicht unbeteiligt daran, wie es Ihnen heute geht", fuhr ich vieldeutig fort. Dabei nickte ich abwechselnd zuerst ihr, dann ihrem Mann zu. "Verstehen Sie?"

"Ja, ja", sagte die Frau aufgeregt, "ich spüre schon die Verbesserung, ich spüre, jetzt wird es gut, es wird jetzt immer besser. Ja, ja, ich verstehe, was Sie meinen!"

Da drehte ihr Mann den Kopf halb zur Seite, als wollte er unsicher ausweichen, und ließ dann ein halblautes "Ich verstehe" hören. Ganz sicher, es war für ihn die schwierigere Situation, ein Moment der wahrhaften Prüfung, die er zu bestehen hatte - während es für seine Frau der Moment der Erlösung war, der Beginn der Heilung. Der Mann hatte nur noch nicht verstanden, dass auch für ihn - wenn auch erst ganz zaghaft - in einem bestimmten Sinn ein Prozess der Heilung begonnen hatte, den er nun nicht mehr verhindern konnte.

Manchmal ist es notwendig, dass ich solche oder ähnliche psychische Kunstgriffe anwende, um eine Blockadesituation aufzulösen und doch noch zum Ziel zu kommen. Und das Ziel heißt immer wieder: den Heilungsprozess in Gang bringen. Eine solche Notwendigkeit ist um so dringlicher, wenn ich es wie in diesem Fall mit einer regelrechten Tragik zu tun habe. Mit einer Tragik, die darin bestand, dass der Mann selbst zwar von einer Blockade sprach, unter der seine Frau angeblich "nur" litt, dass er jedoch nicht erkennen konnte, in welch hohem Maße er selbst an dieser Blockade beteiligt war; dass er möglicherweise sogar weitgehend die Blockade verkörperte.

Dieser Fall bietet ein typisches Beispiel für die manchmal dramatischen Beziehungsgeflechte, in denen Kranke und ihre Angehörigen buchstäblich gefangen sind; aus eigener Kraft können sie sich selten daraus befreien.

Wie aber soll ein Heiler darauf reagieren? Was kann er überhaupt tun, um mit solchen Konflikten zurecht zu kommen? Leugnen und ignorieren, das lehrt die Erfahrung, dient letztlich keinem der Beteiligten, weder dem Kranken, noch dem Heiler, noch den Angehörigen. Andererseits darf ich als Heiler einen wichtigen Leitgedanken, ja eine Regel von entscheidender Bedeutung nicht aus dem Sinn verlieren: Ein Heiler ist kein Psychotherapeut, er darf sich nicht in einen Familienkonflikt hineinziehen lassen, und er darf sich auf keinen Fall zum "Kronzeugen" einer der Konfliktparteien machen lassen.

Gleichzeitig darf er aber nie das Interesse des Kranken an wirksamer Hilfe und kompetenter Unterstützung vergessen. Was sich aus diesen widerstreitenden Polen ergibt, möchte ich als eine Gratwanderung bezeichnen, bei der ich als Heiler wachsam und mit höchster Konzentration darauf achten muss, dass der Kranke nicht abstürzt, dass aber auch ich selbst mich nicht hineinziehen lasse in einen Abgrund von Eifersucht, Macht- und Dominanzstreben, Herrschsucht, Rechthaberei, Verweigerungshaltung oder gar Feindseligkeit.

Dennoch darf ich solche typischen Störfaktoren nicht ignorieren, sondern muss sie zur Kenntnis nehmen, denn es ist nun einmal eine Tatsache: Diese Frau kam in mehrfacher Hinsicht behindert zu mir. Sie musste ihren Wunsch, mich, den Heiler aufzusuchen, gegen den Widerstand ihres Mannes durchsetzen. Damit stand sie wahrlich vor keiner leichten Aufgabe, denn durch ihre Behinderung war sie in gewissem Maße von ihrem Mann abhängig. Von großer Bedeutung ist für die Verfassung des Kranken allerdings das Wissen, ob er von Angehörigen unterstützt wird oder, wie in diesem Fall, alleingelassen wird. Dann fehlt ihm eine wichtige Grundlage für das Gefühl von Sicherheit, das Richtige zu tun, ein Gefühl, das ein Kranker für seinen Genesungsprozess braucht. Es liegt dann zwangsläufig an mir, die fehlende unterstützende Motivation zu erreichen.

Manche Angehörigen beurteilen einen Patienten regelrecht als einen Teil ihrer selbst und versuchen, ihn in ihrem eigenen Sinne zu beeinflussen und zu manipulieren. Das kann unbewusst, häufig aber auch bewusst geschehen. Aus diesem Grund muss ich mir manchmal die Frage stellen und zu beantworten versuchen: Um wessen Heilung geht es da eigentlich? Gilt es in erster Linie, den Kranken zu behandeln - oder seine Angehörigen, die in negativer Abwehrhaltung neben ihm stehen? Diese Frage und die Klärung des Konflikts sind sehr wichtig, denn die Erfahrung lehrt, dass es herzlich wenig bringt, sich in bester Absicht nur mit dem Kranken selbst zu beschäftigen, wenn er von anderer Seite durch mehr oder weniger deutliche Negativreaktionen in seinem Glauben und in seiner eigentlichen Zuversicht immer wieder erschüttert wird. Ein kranker Mensch kann durch solch eine Verunsicherung psychisch regelrecht zerrissen werden, obwohl es doch ganz im Gegenteil darauf ankommt, ihn wieder "ganz", wieder heil zu machen. Die innerliche Verweigerung durch Angehörige kann sogar so weit gehen, dass sie sich zu äußerlichem Sabotageverhalten hinreißen lassen. Dabei spielen sich oftmals regelrechte Eifersuchtsdramen ab, denn häufig liegt dem destruktiven Verhalten der Angehörigen eine krankhafte Eifersucht auf den Heiler zugrunde. Das kann dadurch zum Vorschein kommen, dass sich ein Angehöriger abfällig über die Heilungsmethode äußert und ihre Wirksamkeit von vornherein und ohne jede fachliche Kenntnis anzweifelt.

Gelingt es nicht, diesen unglückseligen Drang so rasch wie möglich irgendwie aufzulösen, dann kann es zu dem Drama kommen, von dem ich immer wieder einmal erfahre: Der Kranke wird von Angehörigen verspottet, gar beleidigt und verunglimpft; und er wird regelrecht bearbeitet, er solle doch von diesem "Scharlatan" ablassen.

Man muss sich einmal vorzustellen versuchen, welch große und zusätzliche Belastung eine solche Erfahrung für einen Kranken bedeutet. Nun ist er nicht nur mit dem Kampf gegen seine Krankheit beschäftigt - ihn belastet nun kräftezehrend auch noch der Kampf, die Auseinandersetzung mit Angehörigen, nicht selten mit dem eigenen Partner.

Ich bin mir sicher, dass eine solch negative "Programmierung" zu einem beträchtlichen Teil das zweifelhafte Werk der Medien ist, von fragwürdigen Berichten in Zeitschriften und Fernsehsendungen. Wenn ich an die Wirkungen derartiger zum Teil sachlich falscher, zum Teil sogar verlogenen Berichte denke, dann muss ich sagen, dass sie zwar nicht im strafrechtlichen, aber sicher im ethisch-moralischen Sinn den Charakter eines Verbrechens haben - eines Verbrechens, das an der oftmals letzten Hoffnung von schwerkranken Menschen fahrlässig-gedankenlos oder gar zynisch vorsätzlich verübt wird. Denn gerade die Kraft der Hoffnung kann von entscheidender Bedeutung sein für die Verbesserung im Befinden eines Menschen, der sich dem Tod näher wähnt als dem Leben. In ähnlichem Sinn verstehe ich auch die unseligen Auswirkungen des Heilpraktikergesetzes, eines Paragraphenwerks, das in einer düsteren Zeit der deutschen Geschichte geschaffen wurde, jedoch bis heute dazu missbraucht wird, selbst fähige Heiler strafrechtlich zu verfolgen - weil sie Hilfe leisten wollen oder dies wirkungsvoll getan haben. Ein schwerkranker Mann hat zu mir einmal gesagt: "Herr Drossinakis, es ist schrecklich und grausam, wenn man von den Medizinern, von den Ärzten verlassen wird. Aber es ist noch grausamer, wenn man als Kranker vom Gesetz verlassen wird. Das ist eine unerträgliche Situation, die mich in höchstem Maß belastet. Sie ahnen nicht, Herr Drossinakis, wie das Gefühl ist, verlassen zu sein in einer solchen Situation, in der Not des Krankseins allein zu sein!"

Doch, ich ahne es, mehr noch, ich weiß es, weil ich schon ungezählte Male die Zwänge und Belastungen miterlebt habe, die Kranke zusätzlich durchstehen müssen, und weil sich untrügliche Spuren solcher Belastungen zeigen, die mir leider nur zu vertraut sind.

Ich kann nicht verhehlen, dass ich in einer solchen Situation manches Mal an den Rand der Verzweiflung gerate. Aber ich weiß dann auch, was ich zu tun habe. Ich bete zu Gott, dem Schöpfer, und bitte inständig darum, mir die notwendige Kraft zu geben, mich vor dem Versagen zu bewahren.

Dann tauche ich, für Außenstehende unmerklich, in ein stummes Zwiegespräch mit dem leidenden Kranken ein, nehme ohne Worte Kontakt auf mit seinem inneren Erleben, mit seinen Gefühlen; und fast immer erhalte ich von ihm die stumme Antwort.

Diese Art des Gesprächs, der stummen Kommunikation ist etwas Erhabenes, von einer Tiefe, die schwer zu beschreiben ist. Man kann ein solches Ereignis, das den Kranken und den Heiler über den Abgrund des Zweifelns hinwegträgt, nicht mit Worten und Begriffen ausdrücken, man kann es nur empfinden und in der eigenen Gefühlswelt nachvollziehen. Beide, Kranker und Heiler, schließen sich dabei in einem unbeschreiblichen Glücksgefühl zusammen. Es ist eine Art von Zusammenschluss, die im Moment des Geschehens durch nichts und niemanden verhindert oder gestört werden kann. Daraus erwächst dem Kranken eine aufbauende Kraft, die ihn mit Zuversicht auf den weiteren Genesungsprozess blicken lässt.

In ganz ähnlicher Weise findet eine Verschmelzung zwischen mir und einem Kranken statt, wenn die Belastungen durch Angehörige zunächst übergroß erscheinen. Das ist zum Beispiel dann der Fall, wenn eine krebskranke Frau durch eine Brustoperation verstümmelt worden ist. Ebenso verhält es sich bei anderen Krankheiten, die in irgendeiner Weise eine Veränderung in der äußeren Erscheinung eines Menschen zur Folge haben. Der Kranke nimmt dann bewusst oder unbewusst wahr, wenn der Partner, die Partnerin oder andere Angehörige ihm gegenüber eine Abneigung oder gar Abwehrhaltung entwickeln; er "hört" mit seinen Gefühlen den Vorwurf "Du bist nicht mehr der Alte!", nicht mehr "der Partner, den ich geheiratet habe".

Welch ein grausames (Fehl-)Urteil drückt sich dabei aus! Beim Kranken werden dadurch bohrende Selbstzweifel ausgelöst: Ich bin minderwertig, ich bin nichts mehr wert, warum soll ich überhaupt noch gesund werden, wenn mich meine Familie derart ablehnt?

In einer solchen extrem schwierigen Situation kann ich nur eines tun: Ich muss einen offenen Konflikt auf jeden Fall vermeiden, der die seelische

Wunde des Kranken erbarmungslos offenlegen würde. Vielmehr muss ich zu erreichen versuchen, dass der Kranke sich innerlich wieder stabilisiert; er muss wieder "aufgebaut", in seinem Selbstwertgefühl wieder bestärkt werden, so dass er den Glauben an sich und seine Persönlichkeit, an seine Einzigartigkeit und Bedeutung wiederfindet. Dass er erfährt: er wird von mir in seiner Persönlichkeit und Individualität erkannt und anerkannt, als vollwertig ernst genommen und akzeptiert.

Es ist im Grunde so einfach, auch längst bekannt, was ein Kranker unbedingt braucht, um seine Krankheit überwinden zu können. Er benötigt Anerkennung, so etwas wie Bewunderung dafür, dass er Fortschritte in seinem Heilungsprozess macht. Die Bestätigung durch mich wie auch durch Angehörige, durch Partner und Kinder, ist eine der wirksamsten Arzneien, die wichtige Impulse für den Fortgang der Heilung geben kann. Bleibt diese Bestätigung aus - wobei sie nicht einmal sachlich begründet, jedoch von aufrichtigen Gefühlen für den Kranken geleitet sein muss -, dann kann es mitunter sogar zu einer dramatischen Umkehr im Befinden des Kranken kommen: er flüchtet sich in andere, noch belastendere Krankheitsformen, in der Hoffnung, dann auf diese Weise doch noch die unterstützende Aufmerksamkeit der Angehörigen zu bekommen.

Entsprechend gilt: Zu schnellen Heilungsprozessen oder gar zu sogenannten Spontanheilungen kommt es auffallenderweise dann, wenn der Kranke durch die herzliche Aufmerksamkeit und Zuwendung seiner Angehörigen beachtet und begleitet wird; wenn er sich sicher, das heißt behütet und auch seelisch versorgt fühlen kann.

Wenn Angehörige einen Kranken und seine Bedürfnisse "übersehen" und missachten, so tun sie das nicht immer vorsätzlich, in böser Absicht, sondern oftmals einfach aus Gedankenlosigkeit und Unkenntnis darüber, was ein kranker Mensch wirklich braucht. Sie sind dann der Meinung, es genüge schon, dem Kranken irgendein Medikament zu reichen. Wenn der Kranke daraufhin signalisiert, dass er viel mehr benötigt, dass auch sein Bedürfnis nach Liebe, sein Mangel an Zuwendung und Geborgenheit behandelt werden muss und er unter rücksichtsloser Missachtung obendrein leidet, dann bekomme ich immer wieder lebensnah vorgeführt, dass viele Familienangehörige und Lebenspartner, auch wenn sie einander äußerlich nahestehen, in verschiedenen "Sprachen" sprechen. Doch wer die Sprache des anderen nicht kennt, der kann ihn auch nicht verstehen.

Diese Aufgabe bleibt dann von mir zu erfüllen: den Kranken mit seinen Wünschen und Bedürfnissen tiefreichend zu verstehen, mich ihm und seinem wahren Wesen so weit wie möglich anzunähern, jene Art von Nähe herzustellen, die er schmerzlich vermisst, und schließlich seiner inneren Stimme Ausdruck zu geben.

So kann ich verhindern, dass ein Kranker im Gefühl der Vernachlässigung und Missachtung immer tiefer versinkt - in Hoffnungslosigkeit, in sein Krankheitsbild, gar in neue Beschwerden und Krankheiten, getrieben von dem ungehörten Hilfeschrei: Wann endlich beachtet ihr mich?

Ich muss sicher nicht erst im Detail erklären, wie weit der Kranke in einer solchen Familienkonstellation entfernt ist von dem Ideal, das ihm helfen könnte: Ich nenne es die "harmonische Symbiose", das Einswerden aller irgendwie an der Krankheit eines Menschen beteiligten Personen. Wie kann ich ein solches aufbauendes Miteinander gegen alle Hindernisse und Widerstände erreichen, ohne zum Familienpsychotherapeuten zu werden. Welche Methode kann dann noch wirksam sein und weiterhelfen? Dann bleibt mir nichts anderes übrig, als auf eine sehr subtile Weise nicht nur die Krankheit zu behandeln, sondern insbesondere auch die Wechselwirkung der Gefühle aller Beteiligten. Dabei lasse ich mich leiten von einem vorrangigen Motiv: Der Kranke muss "Erfolgserlebnisse" haben, er muss Anlass haben, sich zu freuen, auch über solche Ereignisse, die zunächst wie belanglose Kleinigkeiten erscheinen, sich tatsächlich jedoch längerfristig in wunderbarer Weise auswirken können.

Eine positive Erfahrung vergisst ein Kranker kaum, vor allem dann nicht, wenn er jahrelang Erfahrungen negativer Art gemacht hat.

Selbstverständlich, und glücklicherweise, erlebe ich häufig auch sehr erfreuliche Verhaltensweisen von Angehörigen. Oftmals erahnen sie die geschilderten Zusammenhänge, beachten sie und beherzigen dabei: Was dem Kranken hilft, das ist gut! Motivation ist in diesem Sinn gut, also sollte ich ihn motivieren! Zuversicht zu haben ist gut - also versuche ich, sie ihm zu vermitteln! Hoffnung zu haben ist gut - also bestärke ich ihn darin! Geborgenheit und Vertrauen zu fühlen ist gut - also verschaffe ich ihm diese Gefühle!

Ein Kranker, der zu mir kommt, bewegt sich zwischen zwei Polen: Auf der einen Seite ist der Heiler mit seiner Behandlung, mit der von ihm praktizierten Methode. Auf der anderen Seite stehen die Angehörigen, die mit dem Kranken Tag und Nacht zusammenleben. Die Schwierigkeit, daraus eine Einheit, ein harmonisches Ganzes zu schaffen, besteht darin, dass alle Beteiligten eigene Vorstellungen, Ideen, Gedanken, Gefühle und Absichten mitbringen, ein eigenes Verständnis gerade auch bezogen auf die Situation des Kranken. Zur Kunst des Heilens gehört, Spannungsfelder zwischen diesen beiden Polen zu erkennen, sie abzubauen oder gar nicht erst entstehen zu lassen.

Wenn ich die Gelegenheit habe, im Beisein eines Kranken mit seinen Angehörigen über das Krankheitsproblem offen zu reden, ohne destruktive versteckte oder offene Attacken befürchten zu müssen, dann zeigt sich auch gleich die im ursprünglichen Sinn des Wortes "heilende" Wirkung solcher Art von Kommunikation: der Kranke bekommt ein Gefühl von Sicherheit, fühlt sich beachtet, geachtet, ernst genommen und respektiert.

Das geschieht allerdings nicht immer auf so einfache Weise, wie es hier erscheinen mag. Denn es gibt Kranke, die das Schweigen als Lebensform entwickelt haben und kultivieren, keineswegs aus einer böswilligen Verweigerungshaltung heraus, sondern einfach deshalb, weil es ihrem Wesen entspricht. Auch eine solche Wesensart muss ich akzeptieren und respektieren, ebenso sollten es die Angehörigen versuchen. Doch ergibt sich daraus ein spezifisches Problem. Denn wie kann ich, der Heiler, wie können die Angehörigen erfahren, welche Wünsche und Bedürfnisse der Kranke hat, wenn er sie nicht deutlich zu verstehen gibt?

Dann ist es für mich noch wichtiger als zuvor schon beschrieben, mit ihm in eine stumme Zwiesprache zu gehen. Das heißt in einem solchen Fall konkret: Ich versuche, sein Schweigen in mir zu reflektieren und auf diese Weise eine Resonanz zu schaffen, die das äußerliche Schweigen überwindet. Nur auf diese Weise kann es möglich werden, passende Lösungen für ein Krankheitsproblem zu finden.

Doch mit gutem Willen ist es dann, wenn es an die eigentliche "Arbeit" geht, keineswegs getan. Ich drücke es so aus: Der Heiler muss anstreben, den guten Willen - der ganz sicher auch eine wichtige Voraussetzung für das Gelingen des Heilungsprozesses ist - in Vorteile zu verwandeln - und zwar in konkrete, fühlbare und letztlich auch sichtbare Vorteile im Befinden des Kranken. Das gelingt, indem ich dem Kranken auf ehrliche, aufrichtige Weise das Gefühl gebe, dass er jetzt, in diesem Moment, der Wichtigste ist, für den ich, der Heiler mein Bestes bereit bin zu geben und zu tun.

Man darf nicht unterschätzen, welch gewaltige Auswirkung es hat, wenn ich diese Bereitschaft, diese Absicht dem Kranken deutlich machen kann. Genau so aktiviere ich bei ihm positiv wirkende Gefühle und Emotionen. Die Integration, die Anteilnahme der Angehörigen am Schicksal und am Erleben des Kranken ist, wie schon erwähnt, der andere wesentliche Aspekt in diesem Prozess.

Anders gesagt: Zu den Aufgaben eines guten Heilers gehört, innerhalb des sozialen Systems, dem der Kranke angehört, Solidarität zu sichern oder wiederherzustellen. Sie zählt zu den wesentlichen Voraussetzungen für eine Genesung. Denn in einem unheilen Umfeld kann niemand auf Dauer heil werden.

Gerade die eingangs geschilderten Machtspiele sind es, die eine solche Solidarität verhindern; sie muss ich zu "regulieren", zu kanalisieren versuchen, das heißt, in solche Bahnen zu lenken, dass sie an Intensität und Bedrohlichkeit verlieren - und der Weg frei wird für Heilung. Das kann ich aber nur dann, wenn ich uneingeschränkt autonom handle und so verfahre, wie es mir gemäß ist, und vor allem: wie es am wirksamsten ist.

In diesem Sinn ist die Bestimmtheit, mit der ich gegen alle Beeinflussungsversuche bei meinem Konzept bleibe, wiederum ein Element, das dem Kranken ohne weitere Erklärung Sicherheit gibt. Unsicherheit, ein Schwanken und Zweifeln bei mir würde sich sofort auf ihn übertragen, er würde sich dann selbst zweifelnd fragen: Weiß der Drossinakis wirklich, was er tut, was er tun muss und was er tun kann?

Ratschläge von Angehörigen können gutgemeint sein, ich betrachte sie deshalb zunächst einmal als Gelegenheit, einen vielleicht wichtigen Hinweis zu erhalten. Doch schon dabei muss ich wachsam sein. Denn manches Mal habe ich erlebt, daß Ratschläge von Angehörigen mit einer solchen Dynamik verbunden waren, dass ich meine Autonomie bedroht fühlte. In solchen Fällen muss ich klare Grenzen setzen, um mein Programm, das ich weitgehend nach Erfahrung gestalte, nicht torpedieren, nicht gefährden zu lassen. Das erfordert nicht selten eine Gratwanderung, bei der ich immer die vorrangigen Bedürfnisse und Interessen des Kranken im Sinn behalten muss. Auch aus einem anderen Grund darf ich dem Dominanzstreben von Angehörigen, die ihre Vorstellung von der "richtigen" Behandlung durchsetzen wollen, nicht nachgeben. Der Kranke wird schnell misstrauisch, wenn er erfährt, dass zum Beispiel sein Partner nun nachdrückliche Empfehlungen gibt, wie die Behandlung auszusehen habe. Zweifelnd wird er sich dann fragen, warum er in den vergangenen Monaten und Jahren nicht gesund geworden ist, wenn doch der Partner angeblich das Rezept für das Gesundwerden kennt. Der Kranke fühlt und versteht sofort, dass es hierbei einen eklatanten Widerspruch gibt. Würde ich diesen Widerspruch stehenlassen, indem ich vor dem Dominanzstreben eines Angehörigen zurückweiche, dann würde der Kranke sofort das Vertrauen zu mir verlieren. Ich muss daher selbst bei geradezu besessenen Versuchen von Angehörigen, mir ihre Ansicht und Meinung aufzuzwingen, "in meiner eigenen Mitte bleiben."

Bei allen diesen Details und Möglichkeiten müssen wir auf jeden Fall immer auch berücksichtigen, dass eine Familie oder ein (Ehe-)Paar als ein Organismus anzusehen sind. Bei allem, was innerhalb dieses Organismus geschieht, habe ich es nicht mit theoretischen Strukturen zu tun, die blutleer auf dem Papier analysiert werden können, sondern mit einem Komplex voller Leben, voller individueller Regungen.

Eine besondere Tücke stellt der Versuch von Angehörigen des Kranken dar, mich, den Heiler, verantwortlich zu machen für Fehler und Versäumnisse, die sich in der Vergangenheit zugetragen haben. Sie berichten mir dann vorwurfsvoll, wieviel Inkompetenz sie bei diversen Ärzten und Therapeuten erlebt haben, und projizieren ein entsprechendes Erwartungsbild auf mich, noch bevor sie mit mir über die Möglichkeiten des Geistigen Heilens überhaupt und über die Möglichkeiten meiner Methode im besonderen gesprochen haben. Ich muss dann behutsam, doch unmissverständlich erklären, dass Kranker, Angehörige und Heiler ein Beziehungsgeflecht bilden, in denen es nicht nur einen Verantwortlichen, auf jeden Fall aber keinen "Schuldigen" gibt; in diesem Geflecht sind alle drei Parteien für das Gelingen eines Heilungsprozesses verantwortlich. So versuche ich jedem Beteiligten das Gefühl zu vermitteln: Auch du bist wichtig - und mitzuständig. Du bist nicht schuldig. Aber du könntest Schuld auf dich laden, wenn du durch Machtstreben oder tyrannisches Verhalten, durch Eifersuchts- oder Ränkespiele den Heilungsprozess des Kranken blockierst oder verhinderst.

In diesem Zusammenhang erlebe ich gelegentlich paradoxe Situationen. Da kommt ein Schwerkranker mit einem Familienangehörigen zu mir, weil er, der Kranke, Hilfe braucht. Doch im Laufe der Behandlung stellt sich heraus, dass der Angehörige mit seinem destruktiven Verhalten Probleme zum Ausdruck bringt, die ebenso gelöst werden müssen. Und dann beginnt der Kranke dem vermeintlich gesunden Angehörigen Hilfe zu geben. Mehr noch: es kommt vor, dass der Kranke die Situation erst jetzt erkennt und die Führung übernimmt.

Bemerkenswert ist, dass er sich dadurch nicht notwendigerweise belastet fühlt, sondern ganz im Gegenteil neue Stärke gewinnt, ein neues Selbstbewusstsein entwickelt, ebenso die Gewissheit, dass er selbst - trotz seiner Behinderung durch Krankheit - fähig ist, autonom zu handeln. Schließlich kann er es mit der besonderen Autorität eines Kranken schaffen, dass latente Spannungen zwischen Familienmitgliedern durch ihn neutralisiert werden.

Für solche Menschen, die in gewisser Weise durch die Konfrontation mit ungelösten Konflikten zu einem neuen Leben und zu neuer Kraft erwachen, empfinde ich aufrichtige Bewunderung. Denn sie führen uns vor Augen, wie wir Energie, geistige wie psychische, so kanalisieren können, dass sie aufbauend, konstruktiv und stärkend wirkt. Meine Bewunderung ist um so größer, wenn ich ein solches "Erwachen" bei Menschen erlebe, die wissen, dass sie keine allzu lange Lebensspanne mehr vor sich haben. Auf diese Weise werden sie im wahren Sinn des Wortes Herr ihres eigenen Schicksals.

So werden sie obendrein für mich zu wichtigen Assistenten, die nicht nur meine Arbeit insgesamt erleichtern, sondern auch selbst zugänglicher werden für meine Methode.

Derartige Erfahrungen mit dem ganzen Spektrum von menschlichen Wesensarten und Verhaltensweisen, von Denkart und Lebensart, von Drama und Tragik, vom Leiden und von Freude, wie ich sie in diesem Kapitel beispielhaft beschrieben habe, erinnern mich immer wieder an meinen großen Lehrmeister, meinen Großvater Iannis, der das gesegnete Alter von 106 Jahren erreichte und dabei an Weisheit immer noch gewann. Ich erinnere mich in diesem Zusammenhang deshalb an ihn, weil er mich schon frühzeitig, als ich noch ein kleiner Junge war, entscheidend ermutigte, wann immer es zu Auseinandersetzungen mit meinen Eltern kam, weil ich in meinem Kopf andere Vorstellungen hatte als zum Beispiel mein Vater. Mein Großvater hat mich in meiner Eigenwilligkeit ausdrücklich bestärkt, auch gegenüber meinem Vater, und er hat mir nicht nur geraten, sondern mich regelrecht ermahnt: "Denke stets über dein Verhalten nach. Aber gehorche nicht blindlings Befehlen, die dir andere geben wollen. Auch nicht den Befehlen deines Vaters. Denn was ihm angemessen erscheinen mag, das muss für dich keineswegs den passenden Weg darstellen." In diesem Sinne hat er meinen Vater ermahnt, er solle nicht mit Zwang meinen Glauben und meine Entwicklung beeinflussen, sondern ganz im Gegenteil meine Freiheit und Unabhängigkeit fördern. "Nur so", davon war Großvater überzeugt, "wird dein Sohn die Fähigkeiten entwickeln können, die ursprünglich zu ihm gehören, die Teil seiner Persönlichkeit sind."

Mein Großvater hat weiter erklärt: "Wenn dein Sohn einmal respektvoll mit anderen Menschen umgehen soll - und ich weiß, das soll er, das ist seine Aufgabe -, dann muss er selbst auch Respekt erfahren haben."

Und zu mir hat er gesagt: "Deine Entwicklung, mein Junge, ist nicht abhängig von deinen Eltern, sondern von deiner eigenständigen Persönlichkeit, von dem Selbstwertgefühl, das zu entwickeln dir möglich ist - und schließlich von dem Vertrauen, das du selbst zu dir hast. Hüte dich aber vor dem Irrtum, der den Namen Starrsinn trägt. Denn jede Erfahrung ist letztlich von Bedeutung und wertvoll für dich, wenn du sie angemessen in dein Leben integrierst, das heißt, wenn du ihr den Platz und die Bedeutung in deinem Leben einräumst, die der Entwicklung deiner Fähigkeiten förderlich ist. Dann brauchst du dich vor keiner Aufgabe zu fürchten, denn aus deiner Überzeugung erwächst dir eine enorme Kraft."

Eines Tages leitete mein Großvater eine weitere Lehrstunde so ein: "Christos, ich möchte dir ein Geheimnis verraten, das du auf dem folgenden Lebensweg niemals vergessen solltest, weil es dir viel helfen kann. Es werden viele Menschen zu dir kommen, schwerkranke Menschen, die eher zu dir "gebracht" werden, jedoch nicht aus eigenem Antrieb, schon gar nicht aus eigener Überzeugung zu dir kommen. Es fehlt ihnen deshalb auch der Glaube daran, dass sie ihre Krankheit überwinden, dass sie Heilung erleben können. Weißt du, was in einem solchen Fall deine erste Aufgabe sein wird? Du musst den Kranken überzeugen, du musst ihn deine Sicherheit spüren lassen. Das ist der erste wichtige Schritt zur Heilung. Wie aber könntest du überzeugen, wenn du nicht um deine Stärke wüsstest? Wie könntest du überzeugen, wenn du dich nach allen möglichen, mehr oder weniger zweifelhaften und unbrauchbaren Empfehlungen von vielen anderen Menschen richten würdest? Es wäre gar nicht möglich, denn wenn du zehn Empfehlungen und Ratschläge eingeflüstert bekommst, welche sollte die richtige sein? Wie willst du das erkennen? Ich sag dir, wie du es erkennen kannst: Entscheide dich nach der Stimme, die in dir spricht, unterdrücke sie nie, sie wird dir den besten Weg weisen."

Und Großvater fuhr fort: "So widerstehst du auch der Versuchung, die Entwicklung einer Krankheit nach deinem Wunsch formen zu wollen. Eine Krankheit lässt sich nicht formen. Tue nur das, was dir gegeben ist, vermeide jeden Zwang, so, wie auch du nicht willst, dass man dir Zwang antut. Und denke daran: Ein kranker Mensch erblickt sich im Gesicht des Heilers. Du kannst das vergleichen mit einem Menschen, der sich im Spiegel betrachtet und darin wiedererkennt. Wenn der Kranke im Gesicht des Heilers nicht auch sein Gesicht erblickt, dann wird er unruhig und beginnt zu zweifeln und zu schwanken. Du musst ihm also das sichere Gefühl geben, dass das, was du tust, das Richtige für ihn ist. Dann schaffst du auch eine heilsame Einigkeit. Wenn der Kranke mit dem Heiler nicht einig ist, wird er wahrscheinlich seine wahren Emotionen und Gefühle aus Angst vor der Reaktion des Heilers verbergen. Dann ist der Zugang zu ihm für dich versperrt."

Ich will nicht verhehlen, dass mir die Realität des Alltags trotz dieser weisen und hilfreichen Erkenntnisse das Leben als Heiler manchmal schwer macht. Zum Beispiel dann, wenn sich ein Schwerkranker starrsinnig verweigert und mich "hängen" lässt. Dann entwickeln sich auch bei mir Gefühle des Grolls, des Missmutes und der Abneigung. Doch ich erinnere mich immer wieder an die Wortes meines Großvaters: "Jede Erfahrung ist wichtig, du musst sie nur richtig einordnen." Dann erkenne ich plötzlich den anderen Aspekt der Herausforderung, den wir auch im täglichen Leben so leicht übersehen: Ich kann jede Herausforderung durch einen Kranken - und sei sie zunächst noch so frustrierend - auch verstehen als Motivation zum richtigen, wirksamen Handeln. Wenn ich das vergesse und deshalb keine gesundheitliche Verbesserung erreiche, die andernfalls durchaus möglich wäre, so werde ich nur unter dem Schmerz und der Niedergeschlagenheit über mein Versagen zu leiden haben. Soll das die Folge meiner Bemühungen sein? Selbstverständlich nicht. Wenn selbst in hartnäckigen Fällen das scheinbar Unmögliche doch noch möglich wird, so ist das nicht etwa der Sieg der Vernunft über die widrigen Umstände, sondern der Sieg der Liebe, in der das wahre Geheimnis Geistigen Heilens liegt.

Auch hierzu hat mir mein Großvater die passende Weisheit vermittelt: "Es ist nicht unbedingt wichtig, wie du mit der Krankheit eines Menschen umgehst und zurecht kommst. Viel wichtiger ist, dass du zwischen dir und dem Kranken wahrhaften Kontakt herstellst, um mit ihm harmonisch und in Frieden arbeiten zu können. Dann wird sich bewahrheiten: Der beste Heiler, der beste Arzt ist der Kranke selbst!"

Streng vertraulich - Wenn Ärzte zu mir kommen

Von Geistigem Heilen hält "die" Medizin angeblich überhaupt nichts - zumindest keiner ihrer führenden Vertreter, die öffentlich als ihre Sprecher auftreten. Zu ihnen zählt anscheinend auch der Präsident der Bundesärztekammer, Professor Jörg Hoppe. Im Jahre 1999, damals noch zweiter Vorsitzender von Deutschlands bedeutendster ärztlicher Standesvertretung, hielt Hoppe auf einer Tagung zum Thema "*Alternative zur Medizin? Der Streit um die Alternativmedizin*" in Berlin einen programmatischen Vortrag, der an kompromissloser Deutlichkeit nichts zu wünschen übrig ließ. Alle Methoden zur Behandlung von Krankheiten, so dozierte er dort unwidersprochen, lassen sich vier Kategorien zuordnen: 1. die "wissenschaftlich erforschte und ständig überprüfte" Schulmedizin; 2. die "unkonventionellen ärztlichen Therapien", die immerhin "erfahrungswissenschaftlich überprüft" seien; 3. die "Paramedizin", für die es "keinen Wirksamkeitsnachweis gibt"; und 4. die "Scharlatanerie", d. h. "rational nicht nachvollziehbare Methoden wie zum Beispiel die Geistheilerei, die in einer künftigen Diskussion keine Rolle spielen werden."

Vor diesem Hintergrund ist schwer vorstellbar, dass es überhaupt irgendwelche Ärzte geben könnte, die mit Geistigem Heilen sympathisieren. Doch nun möchte ich Ihnen klar und unmissverständlich ein "offenes Geheimnis" anvertrauen: Es ist wahr, es ist kein Gerücht, es ist keine Spekulation - es ist vielmehr Tatsache, die ich selbst zigfach erlebt habe: Auch etablierte, praktizierende Arzte kommen zu mir, dem medizinisch ungebildeten Laien, wenn sie oder ihre Angehörigen schwere gesundheitliche Leiden haben, bei denen ihre Schulweisheit ihnen nicht mehr weiterhilft. Natürlich tun sie das zumeist incognito, unter dem Siegel der Verschwiegenheit: Fast alle verlangen mir zuallererst ein Ehrenwort ab, dass ich die Tatsache ihres Besuchs strikt vertraulich behandle. Auf keinen Fall möchten sie, dass ihr Name im Zusammenhang mit einem "Heiler" wie mir genannt wird. "Sie wissen schon, der Spott der Kollegen, die Häme der Ärzteschaft, die Repressalien der Standesorganisation, was würde der oder der dazu sagen ..." Ja, die Mechanismen der Inquisition funktionieren noch, auch wenn sie im neuzeitlichen Gewande verkleidet daherkommt.

Ist es nicht geradezu grotesk, dass in unserer aufgeklärten Zeit "Mut" dazu gehören soll, als Arzt zu einem Heiler zu gehen und sich von ihm das zu erhoffen, was die gefürchteten Arztkollegen nicht zuwege gebracht haben: Heilung? Trotzdem ist es für mich Ehrensache, zu meinem Wort zu stehen, wenn ich jemandem zusage, dass er so unerkannt von mir gehen kann, wie er gekommen ist. Aus demselben Grund würde ich auch niemals Einzelheiten zu meinen Kontakten mit weltberühmten Herrschern, Angehörigen von Königshäusern, hochrangigen Politikern und Wirtschaftsführern preisgeben. (Von dieser Schweigepflicht ausdrücklich entbunden hatten mich lediglich Schah Reza Pahlevi von Persien und die Reederstochter Tina Onassis.) Glücklicherweise gibt es aber auch einige wenige mutige Ärzte, die sich zu ihrem Besuch bei mir bekennen - und mir erlauben, ihre Erfahrungen mit mir zu schildern, sofern ich wenigstens ihren Nachnamen unkenntlich mache.

Bis heute in lebhafter Erinnerung geblieben ist mir beispielsweise Dr. Isabelle B. Mit dem 26. November 1991 beginnt für sie ein Alptraum: Bei einer Unterleibsuntersuchung werden bösartige Zellveränderungen an ihrem Gebärmutterhals festgestellt, ein Vorstadium von Krebs. Sie soll operiert werden. Wochenlang schiebt sie den Termin vor sich her, in wachsender Panik. Schließlich wendet sie sich an mich. Ich lege ihr ein paarmal die Hände auf, nichts weiter. Kurz darauf, am 24. April 1992, lässt Frau B. eine weitere Gewebeanalyse vornehmen: Diesmal wurden keine bösartigen Zellen mehr gefunden. Sie waren spurlos verschwunden.

Dass unter meinen Händen etwas geschehen sein muss, was ärztliche Schulweisheit übersteigt, braucht Isabelle niemand zu erklären: Denn die Französin ist selbst Doktor der Medizin, Fachärztin für Herz- und Gefäßerkrankungen mit eigener Praxis in der Bretagne.

Auf mich neugierig gemacht hatte sie einer ihrer Patienten: Dario C., ein gelernter Zimmermann aus Kroatien. Ende 1991 hatte der damals 19jährige einen Bekannten in Frankreich besucht. Zwei Monate zuvor hatten bei Dario rätselhafte Beklemmungen im Brustbereich eingesetzt. Bei den geringsten Anstrengungen rang er keuchend nach Luft, sein Herz raste. Auf Drängen seines Gastgebers suchte Dario die Herzspezialistin auf. Ein EKG, aufgenommen am 15. November 1991, zeigte schwere "Herzrhythmusstörungen infolge schnellen Vorhofflimmerns", wie Dr. Isabelle B. notierte. Sieben Tage später belegte ein Echokardiogramm eine gefährliche "Hypokinesie der Herzwand des linken Ventrikels": Die Bewegungen von einzelnen Muskelabschnitten der linken Herzkammer waren eingeschränkt und verlangsamt. Auf hochdosierte Medikamente wie Digoxin, Lopril und Cordaron allein wollte sich Dario nicht verlassen: Er fuhr nach Frankfurt und quartierte sich dort zwei Monate ein, um sich von mir täglich die Hände auflegen zu lassen. Anschließend ließ er sich im Städtischen Krankenhaus Frankfurt-Höchst untersuchen: Jegliche Anzeichen des Herzleidens waren verschwunden, ein EKG zeigte "keinerlei pathologischen Befund" mehr, wie Chefarzt Dr. Bendix K. in seinem Befundbericht vom 6. Februar 1992 festhielt.

Frau Dr. B.´s Erfahrungen mit mir ließen eine andere Medizinerin aufhorchen: die Zahnärztin Dr. Sylvie D. Deren Tochter Marion war im Juni 1987 zur Welt gekommen. Neun Monate später traten bei dem Kind erste Symptome der "Little-Krankheit" auf - so benannt nach dem Londoner Chirurgen William Little (1810-1894) -, einer Kinderlähmung aufgrund eines Hirnschadens. "Im Alter von zwei Jahren", berichtet Frau Dr. D., "konnte sich Marion kaum allein umdrehen; sie krabbelte auf dem Bauch mit Hilfe der Arme, während sie die Beine nachzog. Als sie vier war, wussten wir nicht, ob Marion jemals sprechen würde: Ihr Vokabular umfaßte nicht mehr als zehn Worte, die meisten verstümmelt. Ihre Beine konnten sie nicht tragen, Muskeln und Sehnen hatten sich zurückgebildet." Das Gutachten eines Arztes aus Nantes stellte darüber hinaus starke "psychische und emotionale Störungen" fest, unberechenbare Aufmerksamkeits- und Stimmungsschwankungen; Marion wird darin als "extrem launisch und widersetzlich" beschrieben. Ab April 1992 begann ich mich um das

Mädchen zu kümmern. "Seit dieser Zeit", erklärt die Ärztin, "ist eine bemerkenswerte Änderung in der allgemeinen Entwicklung eingetreten. Marion macht beschleunigte Fortschritte. Sie beginnt, allein an Krücken zu gehen, sie lernt zu schreiben, und die verbale Kommunikation kommt in Gang. Nach jedem Zusammentreffen mit Herrn Drossinakis merken wir, dass sie dynamischer, ruhiger und beharrlicher ist bei allem, was sie unternimmt. Sie versteht alles, lacht auf Scherze, sie stellt Überlegungen an. Wir haben wieder Hoffnung geschöpft." Leider riss unser Kontakt kurz darauf ab, vermutlich deswegen, weil der Mutter die über tausend Kilometer lange Fahrt nach Frankfurt und zurück auf die Dauer zu beschwerlich wurde.

Mit ihr verbürgen sich mehrere Medizinprofessoren und über 200 Ärzte, die sich mir in den vergangenen drei Jahrzehnten anvertraut haben, für meine therapeutischen Fähigkeiten - und damit unterstreichen sie Dutzende von positiven Gutachten, die Ärzte über mich am Ende von Heilertests verfasst haben. (Eine Fülle von ärztlich kontrollierten Studien, an denen ich beteiligt war, wird vorgestellt in Dr. Maren Hoffmanns Buch "*Die heilende Kraft der Liebe. Christos Drossinakis - Ein Geistheiler im Blickpunkt der Wissenschaft*", s. Anhang: Lesetipps.)

Auf solches Lob bin ich verständlicherweise besonders stolz, denn es stammt aus berufenem Mund. Wer sollte denn besser beurteilen können, ob ein Heiler etwas aus ärztlicher Sicht Unerklärliches zustande gebracht hat, als Ärzte selbst - nicht jene, die aus sicherer Distanz ihre Vorurteile pflegen, sondern solche, die als Kranke monatelang aus nächster Nähe und am eigenen Leib miterlebten, was Geistiges Heilen bewirken kann.

Einer dieser Ärzte war der Internist Dr. Peter B. Wenngleich skeptischer Schulmediziner, ließ er sich im Alter von 32 Jahren auf einen Versuch mit mir und meinen Möglichkeiten ein - allerdings weniger aus Einsicht als vielmehr unter dem unerbittlichen Zwang seines Leidens. Dr. B. hatte durch permanente Überlastung und ständigen Praxisstress ein Magengeschwür entwickelt; seither litt er unter häufigem Durchfall, weswegen er "manchmal mehr Zeit auf der Toilette als in der Praxis zubringen musste", wie er mir anvertraute. Es war ein Leiden, das selbst ihn, den Fachmann, der er als Internist ist, schließlich ratlos machte und zeitweilig resignieren ließ. Nun, geholfen haben ihm nur sechs Besuche bei mir, danach war er seine Beschwerden los.

Ein Nervenarzt aus Passau, Dr. med. S., bedankte sich bei mir schriftlich: "Ich hatte schwere Durchblutungsstörungen und eine Kniegelenksentzündung im linken Bein. Trotz ständiger fachärztlicher Behandlung musste ich andauernd schmerzstillende Medikamente einnehmen und war deutlich gehbehindert." Nach nur vier Behandlungen bei mir, so erklärt Dr. med. S. weiter, "bin ich absolut schmerzfrei. Auch bei längerem Gehen habe ich keine Beschwerden mehr. Ich werde Sie auf jeden Fall im Bekanntenkreis weiterempfehlen."

Im Oktober 1999 suchte mich die Ärztin Dr. med. Antje A. auf, um mich um Hilfe für ihr chronisch krankes Kind zu bitten. Ihre Erfahrungen mit meinen Heilbemühungen fasste sie in einem Brief vom 16. November 1999 zusammen: "Über die Begleitung meines Sohnes durch Herrn Drossinakis bin ich sehr froh, da ich eine Stärkung meines Kindes im seelischen Bereich beobachte. Als praktizierende Medizinerin ist mir bewusst, dass diese Bereiche im täglichen Praxis- und Klinikbetrieb nicht immer ausreichend berücksichtigt werden können."

Zwischen Dezember 1994 und April 1995 vertraute sich mir Frau Dr. phil. Christina G. an - die Ehefrau von Dr. med. Einar G., Chefarzt einer Klinik in Hessen. Ein Dutzend Sitzungen fanden statt. In einem mit "Ärztliche Bescheinigung" überschriebenen Papier vom 9. November 1999 fasst der Chefarzt zusammen, was er in meiner Praxis erlebte:

"Bei meiner Frau war damals eine Überfunktion der Schilddrüse, verbunden mit einer Vergrößerung - einem sogenannten Struma -, in der Deutschen Klinik für Diagnostik in Wiesbaden festgestellt worden. Neben der von dort aus eingeleiteten medikamentösen Therapie war ihr daran gelegen, auch mit einer anderen, unkonventionellen Maßnahme das gesundheitliche Befinden, das durch die mechanisch und funktionell störenden Symptome der Dysfunktion der Schilddrüse beeinträchtigt war, zu beeinflussen."

"Ich hatte Gelegenheit", so der Chefarzt weiter, "die Durchführung der im landläufigen Sinne als 'Geistheilung' bezeichneten Maßnahmen durch Herrn Drossinakis zu beobachten.

Mein Eindruck war, dass sich Herr Drossinakis in unaufdringlicher Weise um seine Klienten bemüht, fern jeglichen Gebarens, das man leider oft in diesen Kreisen antrifft, die ich mir im Fernsehen des öfteren kritisch betrachtet habe, und die man meist als scharlatanhaft einstufen kann. Hiervon kann also bei der Vorgehensweise des Herrn Drossinakis keine Rede sein.

Herr Drossinakis machte in diesen Sitzungen einen konzentrierten Eindruck, wobei ein direkter Körperkontakt ("Handauflegen") bei seinen Maßnahmen offensichtlich nicht erforderlich war.

Da sowohl meine Frau als auch ich unkonventionellen Verfahren - auf welchem Gebiet auch immer - primär kritisch gegenüberstehen, muss man der Vorgehensweise von Herrn Drossinakis auf dem Gebiet des 'Geistheilens' ein menschlich angenehmes und in den Auswirkungen auch überzeugendes Prädikat ausstellen.

Meine Frau hatte nach diesen Sitzungen jeweils das Empfinden von Aktivitäten bzw. Hitzegefühl im Hals-/Schilddrüsenbereich, was man natürlich als subjektiven Effekt der 'Geistheilmaßnahmen' durch Herrn Drossinakis bezeichnen kann. Immerhin kontrollierte ich in jener Zeit regelmäßig den Halsumfang meiner Frau und konnte tatsächlich auch einen Rückgang des Halsumfangs während der Zeit der Geistheilmaßnahmen feststellen.

Natürlich kann hier nicht objektiviert werden, welchen Anteil die Maßnahmen durch Herrn Drossinakis am Ergebnis - neben der medikamentösen Therapie - hatten. Dennoch kann niemand ausschließen, dass die Geistheilversuche von Herrn Drossinakis einen zusätzlichen, wünschenswerten Effekt auf das Gesamtbefinden eines Patienten haben.

Meine positiven Beobachtungen betrafen in jener Zeit auch andere Probanden von Herrn Drossinakis, die mir im einen oder anderen Fall auch über Besserungen ihrer Beschwerden bzw. Symptome berichten konnten."

Ein Medizinprofessor der Frankfurter Universitätsklinik - er will ungenannt bleiben, weil er Kollegenspott und Repressalien der Ärztekammer fürchtet - litt an einer schweren Mitralklappen-Insuffizienz: Eine Herzklappe schloss nicht mehr, ging nur noch bis zu einem Winkel von 30 Grad zu. Eine Operation schien ihm zu riskant. Stattdessen suchte er mich auf - und nach knapp drei Dutzend Sitzungen funktionierte die Herzklappe wieder einwandfrei.

Einen Mediziner aus München, ebenfalls Lehrstuhlinhaber, hatten jahrzehntelang entsetzliche Migräneanfälle gequält - so sehr, dass er deswegen schon zwei Selbstmordversuche unternommen hatte. Seit er sich, auf Empfehlung eines Arztkollegen, mir anvertraute, sind die Schmerzattacken nie wiedergekehrt.

Hätte ich all diesen Kranken sagen sollen: "Hilf dir selbst, Arzt, sonst hilft dir keiner!"? Hätte ich sie etwa, wie mir geraten wurde, unter Druck setzen sollen mit der kompromisslosen Forderung: "Ich behandle Sie, aber nur unter der Bedingung, dass Sie sich zu Ihrem Besuch bei mir bekennen"? Nein, das kam nicht in Frage. Denn gleichgültig, wer zu mir kommt und in welcher Situation er sich befindet - ich tue für ihn, was ich tun kann. Und dabei geschieht in mir nichts anderes, als wenn ich einen Müllmann oder einen Lageristen, einen Obdachlosen, eine Rentnerin oder irgendwelche anderen "kleinen Leute" behandle, auf die manch medizinisch hochgebildeter Doktor gerne herabblickt: Ich verbinde mich mit ihrem inneren Wesen, ich empfinde ihre ganze Ratlosigkeit und Verzweiflung. Ich fühle, dass der Betreffende noch nicht sterben will, dass er an seinem Leben hängt und deshalb eine große Hoffnung mitgebracht hat, wie sorgsam er sie auch hinter fachmännischen medizinischen Erläuterungen und akademisch unterkühlter Distanz verbergen mag. Ich erkenne dahinter seine Unsicherheit und seine Angst, diesem Leiden ausgeliefert zu sein. Ja, tatsächlich: Auch er ist erfüllt von einer Angst, die mir nur allzu verständlich erscheint, und diese Angst hat die Begegnung zwischen ihm, dem öffentlich anerkannten Arzt und Professor, und mir, dem verleugneten "Heiler", überhaupt erst möglich gemacht. Wie mit jedem Patienten, so beginne ich auch mit einem kranken Arzt in tiefer Verbundenheit eine Kommunikation, deren Essenz Heilkraft heißt. Ich tue mein Möglichstes, ohne dass ich dabei eine blitzschnelle, vollständige Genesung garantieren kann. Zu den unrealistischen Erwartungen von ungeduldigen Menschen, denen nichts schnell genug gehen kann, kursiert in Ärztekreisen der sarkastische Kommentar: "Unmögliches geschieht sofort, Wunder dauern etwas länger." Wie wahr! "Wunder" ereignen sich kaum je ruckzuck, aber sie sind nicht ausgeschlossen. Gänzlich erklären kann ich das selbst nicht, warum es bei dem einen länger dauert, bei dem anderen deutlich weniger Zeit braucht, bis er Linderung oder Heilung am eigenen Leib erlebt. Aber ist es denn überhaupt unbedingt wichtig, dass wir wissen: Was wirkt dabei? Und wie wirkt es? Mir genügt es zu wissen, dass es eine Kraft gibt, die immer wieder "Wunderbares" zuwege bringt.

Kann ein Arzt kategorisch ausschließen, dass sich in diesem Sinne ab und zu "Wunder" ereignen? Widerspricht das nicht der eigenen Praxiserfahrung, die Ärzte ein ums andere Mal mit rätselhaften "Spontanremissionen" machen? Kurioserweise will sich nicht einmal Ärztekammerpräsident Professor Hoppe auf eine solch rigorose Abwehrhaltung versteifen. Während eines Interviews für eine ARD-Fernsehreihe über Geistiges Heilen wurde er gefragt: "Angenommen, Sie selbst hätten eines Tages eine Krankheit, die aus schulmedizinischer Sicht unheilbar ist - und dann käme ein medizinischer Laie auf Sie zu und würde sagen: "Ich probier´s, Ihnen zu helfen" - würden Sie dieses Angebot ausschlagen?"

Der Ärztekammerpräsident zögerte kurz, dann antwortete er wörtlich: "Also, wenn ich zu der Überzeugung gelangt wäre, dass meine Situation ausweglos ist, dann würde ich nicht ausschließen, dass ich mich darauf einlasse."

Wenn jeder Patient, und insbesondere jeder Arzt, mit Geistigem Heilen ebenso verfahren würde, wäre schon viel gewonnen.

Der Meilenstein von Überlingen

Kabbalisten und Anhänger der Numerologie werden wohl einen symbolträchtigen Hinweis in diesen Zahlen erkennen: 22.2.1999 - dreimal die 2, einmal genau in der Mitte die 1, dreimal die 9! Für mich haben diese Datumszahlen tatsächlich eine ganz besondere Bedeutung, denn sie stehen unter einem Vertrag, den ich an jenem Tag mit dem "Institut und Tagesklinik für Biomedizin und Immunologie" in Überlingen am Bodensee geschlossen habe. Dieses Dokument könnte in der Geschichte des deutschen Gesundheitswesens ein neues Kapitel einleiten; auf jeden Fall wurde mit ihm ein ungewöhnliches, hochspannendes neues Kapitel in meiner Lebensgeschichte aufgeschlagen. Denn mit diesem Tag wurde zwischen dem Chefarzt, zugleich Leiter der Klinik, und mir, dem Heiler, eine stetige Zusammenarbeit vereinbart - zum Wohl von schwerkranken, überwiegend als "unheilbar" eingestuften Krebspatienten.

Damit begann eine Zusammenarbeit, wie sie in England schon seit Jahrzehnten in mehreren hundert Krankenhäusern offiziell anerkannt ist und wie selbstverständlich praktiziert wird, zur Zufriedenheit aller Beteiligten. Von dort stammen mehrere Studien, die übereinstimmend belegen: Sobald Geistiges Heilen in den Klinikbetrieb einbezogen wird, sinkt der Medikamentenverbrauch, verkürzen sich stationäre Aufenthalte, klingen Symptome rascher ab, werden Nebenwirkungen ärztlicher Maßnahmen besser vertragen, verbessern sich Allgemeinbefinden und Lebensqualität von Patienten. Warum mussten in Deutschland dann aber so viele Jahre vergehen, ehe nun endlich ein solcher Versuch auch hierzulande offiziell "gewagt" wird? Welches Wagnis, welches Risiko sollte für Schwerkranke je damit verbunden gewesen sein?

Wer hinter Geistigem Heilen pure "Scharlatanerie" wittert, wie der eingangs des vorigen Kapitels zitierte Ärztekammerpräsident, müsste kooperationswilligen Kliniken unterstellen, sie seien esoterisch verblendet und würden sich unbedacht zu Handlangern pseudotherapeutischer Scharlatane machen. Wollen die Hardliner der Schulmedizin eine solche Anklage im Ernst aufrecht erhalten? Wollen sie tatsächlich die jahrzehntelang in England gesammelten überzeugenden Erfahrungen als Spinnereien abtun, nur weil sie nicht in ihr persönliches Weltbild passen?

Hat sich der medizinische Leiter der Klinik in Überlingen, ein universitär ausgebildeter Arzt, mit mir folglich einen üblen Kurpfuscher ins Haus geholt? Mit eben diesem Vorwurf wurde er in einem Interview konfrontiert, ausgehend von der Frage, was ihn eigentlich dazu bewegt hat, sich auf dieses Experiment mit mir überhaupt einzulassen. Er antwortete wörtlich:

"Zu uns kommen vor allem Schwerkranke, als 'unheilbar' geltende Krebspatienten aus ganz Deutschland und weiteren europäischen Ländern. In England dürfen Geistheiler bereits auf zahlreichen Krebsstationen mitarbeiten. Mit ihrer Hilfe konnten dort nachweislich Schmerzmittel deutlich reduziert werden, Angstzustände besserten sich erheblich, vielerlei Krankheitssymptome klangen ab, Nebenwirkungen schulmedizinischer Maßnahmen traten milder auf als erwartet ... Fürs erste möchten wir, im Rahmen einer wissenschaftlichen Studie, einen Geistheiler vor allem bei der Therapie 'unheilbar' Krebskranker einsetzen. (...) Uns liegt am Herzen, was unseren Patienten nützen kann - und nicht die Bewahrung der 'reinen' Lehre..."

Der Klinikleiter wurde weiterhin gefragt, warum er gerade mit Christos Drossinakis eine solche Vereinbarung geschlossen hat. Er antwortete: "Nach unserer Kenntnis ist kein Heiler eingehender wissenschaftlich getestet worden als er. Seine Erfolge waren durchweg beachtlich. Außerdem schätzen wir, dass er hochmotiviert ist, auch in unserer Klinik wissenschaftlich nachweisen zu helfen, dass seine Heilmethode tatsächlich wirkt ... Wäre er ein Scharlatan, so würde ihn unsere wissenschaftliche Studie demaskieren; mit ihr prüfen wir, ob von Geistigem Heilen eine positive therapeutische Wirkung auf eines der bedrohlichsten Krankheitsbilder überhaupt ausgeht. Uns sind zwei wissenschaftliche Tests bekannt, an denen auch Herr Drossinakis teilgenommen hat. In beiden Studien sind ihm erstaunliche therapeutische Effekte bescheinigt worden ..."

Und wie beurteilt der Chefarzt den nach wie vor heiklen, in Deutschland bisher weitgehend vermiedenen Kontakt zwischen seiner primär schulmedizinisch ausgerichteten Klinik und mir, dem "Heiler", der nichts weiter mitbringt als Intuition, Gottvertrauen und den selbstsicheren Glauben daran, dass seine aufgelegten Hände eine mysteriöse 'Heilkraft' vermitteln können?

Die Zuversicht, die in dieser Stellungnahme zum Ausdruck kommt, entspricht voll und ganz meiner eigenen Einschätzung, dass diese ungewöhnliche Form der Zusammenarbeit überaus fruchtbar sein kann. Der Überlinger Klinikchef zweifelte jedenfalls nicht daran. Auf die Frage, ob er tatsächlich der Meinung sei, dass Geistiges Heilen selbst bei schweren chronischen Leiden wie Krebs etwas ausrichten könne, die aus schulmedizinischer Sicht als "behandlungsresistent" gelten, wenn nicht gar als "austherapiert", antwortete er kurz und bündig: "Allerdings!"

Befürchtete der Chefarzt denn nicht Kompetenzgerangel und andere Konflikte? Sein Therapeutenteam ist durchweg medizinisch hochqualifiziert, während der Heiler als Laie daherkommt.

“Da sehe ich keinerlei Probleme”, entgegnete der Chefarzt erfreulich klar und deutlich. “Wenn es Herrn Drossinakis tatsächlich gelingen sollte, bei unseren Patienten unerwartete Besserungen zu erreichen - dank welcher mysteriösen Kraft auch immer -, so wüsste ich hier niemanden, der damit nicht einverstanden wäre.

In den zitierten Äußerungen kommt ein Maß an Sicherheit zum Ausdruck, das in diesem Zusammenhang höchst ungewöhnlich ist, zumal in Anbetracht all der Einwände von Skeptikern, die sich berufen fühlen, warnend in Frage zu stellen, dass ein Kranker auf solch obskure Weise gesund werden könne. Ihnen möchte ich, in Anlehnung an das Zitat eines tatkräftigen Politikers, entgegenhalten: "Reden Sie nur, wir handeln schon mal!"

Aber setzt verantwortliches medizinisches Handeln nicht eine wissenschaftlich abgesicherte Theorie voraus, die erklärt, wie Behandlungserfolge auf diesem Wege überhaupt möglich sein sollen? Der Überlinger Klinikleiter sprach mir aus dem Herzen, als er zu diesem Problem schlicht erklärte: "Es gibt in der Medizin vieles, was wir noch nicht recht verstehen, aber akzeptieren müssen." Wie wahr!

Als ich mich dazu entschloss, mich ein gutes Jahr lang, bis März 2000, auf das Überlinger Experiment einzulassen, war es mein sehnlichster Wunsch, dass Ärzte damit überzeugende Erfahrungen machen können, die sie für ihren Pioniergeist belohnen. Und natürlich hoffte ich darüber hinaus, dass ich am Ende meiner Mitarbeit feststellen konnte: Es hat sich gelohnt - insbesondere für die krebskranken Menschen, die dort vertrauensvoll den Kontakt zu mir suchten.

Genau dies trat ein. Nach einem Vierteljahr zog die Überlinger Klinik eine hocherfreuliche erste Zwischenbilanz. Zu jenem Zeitpunkt lag, wie der Chefarzt berichtete, "eine Auswertung für zehn Krebspatienten vor, die Herr Drossinakis in unserem Institut betreut. Dabei handelt es sich um drei Fälle von Ovarialkarzinom, zwei Sarkomen, drei Mamma- und zwei Colonkarzinomen. Bei achtzig Prozent der Patienten wurde eine Verbesserung des Allgemeinzustandes, Schmerzreduzierung, höherer Lebenswille und bessere Beweglichkeit festgestellt."

Wie haben die Patienten denn auf das Zusatzangebot "Geistheilung" reagiert? Nehmen sie es an?

"Sie sind darauf vorbereitet", erläuterte der Klinikleiter. "Seit längerem schon bieten wir unseren Patienten Hypnose und Meditation an. Geistiges Heilen scheint uns dieses Angebot sinnvoll zu ergänzen. Die ersten Patienten, die sich die Hände auflegen ließen, waren durchweg sehr angetan davon, vereinzelt äußerten sie sich geradezu euphorisch."

Zwei Jahre nach Beginn des Experiments zog der Westdeutsche Rundfunk (WDR 5) in einer Sendung, die am 20. Juli 2001 ausgestrahlt wurde, die folgende Bilanz: "Auch in Überlingen am Bodensee glaubt man an solche heilsamen Effekte (des geistigen Behandelns). In der Tagesklinik X wurde vom Frühjahr 1999 an ein Heiler (Christos Drossinakis) beschäftigt. Ein Jahr lang therapierte er Krebspatienten auch mit seinen Händen. Das Ergebnis der Begleitstudie: 70 bis 80 Prozent der Patienten verspürten eine Besserung. Die Laborwerte bescheinigten dieses Gefühl bei immerhin mehr als einem Drittel. In ihrem Blut war die Anzahl der Tumormarker - das sind die Substanzen, die bei Bildung von Krebsgeschwüren im Blut nachgewiesen werden können - deutlich zurückgegangen."

Unmittelbar im Anschluss daran wird der frühere Präsident der Berliner Ärztekammer, Dr. med. Ellis Huber, im WDR mit dem Satz zitiert: "Wenn Geistheiler ein Medikament wären, wären sie längst zugelassen."

Die Zeit ist längst reif dafür, dass der Überlinger Pionierversuch Nachahmer in anderen Kliniken findet. Deutschland gilt auf dem Gebiet der "High-Tech"-Medizin als hochentwickeltes Land mit einem Versorgungsniveau der Spitzenklasse. In manchen medizinischen Disziplinen haben deutsche Ärzte weltweit anerkannte Pionier- und Entwicklungsarbeit geleistet, so zum Beispiel bei Operationstechniken und in der Diagnostik. Nun hätte dieses Land die Möglichkeit, auch in einer schulmedizinisch (noch) nicht anerkannten Disziplin, dem Heilen ohne Operationsinstrumente, ohne Computergeräte und ohne Medikamente, Weltruf zu erlangen. Es geht schließlich, wie auch in der Überlinger Klinik, um chronisch schwerkranke Menschen, mit deren Leiden die konventionelle Medizin nicht zurecht kommt.

Wenn solche Kooperationen wie in Überlingen endlich auch in anderen Kliniken praktiziert würden, so könnte das deutsche Gesundheitswesen um eine segensreiche Methode bereichert werden. Dann könnte die deutsche Medizin endlich wieder einmal wegweisend wirken.

Nie zu spät - Geistheilung für ältere Menschen

Es war an einem grauen Novembertag, nach einer kurzen Mittagspause, als mir unter den Hilfesuchenden, die sich ungeduldig wartend um den großen Tisch in meinem Empfangszimmer versammelt hatten, eine ältere Dame auffiel, die mich prüfend, geradezu durchdringend fixierte, sobald ich den Raum betreten hatte. Mitte Siebzig mochte sie sein. Zwischen ihren Beinen hielt sie zwei Krückstöcke.

"Was kann ich für Sie tun?", erkundigte ich mich, nachdem ich sie in ein Behandlungszimmer geführt hatte.

"Nein, nein, es geht nicht um mich. Ich bin wegen meiner Tochter hier. Sie hat Brustkrebs, wissen Sie. Weit fortgeschritten. Sich verstümmeln lassen will sie nicht, und auch eine Chemotherapie lehnt sie ab. Können Sie helfen?"

"Richten Sie Ihrer Tochter doch bitte aus, sie möge so rasch wie möglich zu mir kommen - in einem solch dringenden Fall werde ich ihr immer kurzfristig einen Termin anbieten können, und ich werde mein Möglichstes tun", erwiderte ich. "Aber Sie haben meine Frage nicht beantwortet: Was kann ich *für Sie* tun?"

Sie zuckte mit den Schultern. Dann griff sie nach ihren beiden Krückstöcken, hielt sie mir demonstrativ entgegen und meinte mit einem gequälten Lächeln: "Mich *davon* befreien? Sie belieben zu scherzen. Von Arthrose? Nach fast dreißig Jahren? In meinem Alter?"

“Was spricht grundsätzlich dagegen?”, fragte ich zurück.

Sie wandte ihren Kopf ab, Richtung Fenster. “Die kahlen Bäume da draußen - stehen sie nicht da als Sinnbilder eines natürlichen Lebenszyklus, der sich seinem Ende zuneigt? Ich bin 71, im Herbst meines Lebens, vielleicht hat für mich sogar schon der Winter begonnen. ‘Altes Eisen’, wie man sagt. Was ist da schon noch zu machen?”

Die Metapher reizte mich zum Einspruch. “Zugegeben, in der kalten Jahreszeit sieht ein Baum wie tot aus. Aber der nächste Frühling kommt bestimmt. Dann blüht der Baum wieder auf - nicht durch ein “Wunder”, sondern dank einer Fähigkeit zur Regeneration, die ihm innewohnt, auch in Zeiten, in denen äußerlich nichts darauf hindeutet. Was macht Sie so sicher, dass eine solche Kraft nicht auch in Ihnen liegt? Vielleicht kann Geistiges Heilen einen Impuls geben, der dieses Potential freisetzt.”

Ungläubig starrte sie mich an. “Manche Leiden sind eben altersbedingt, das wird Ihnen jeder Arzt bestätigen. Damit muss man sich halt abfinden.”

Ich schüttelte den Kopf. “Kaum ein Begriff ist unsinniger. Das Alter an sich ‘bedingt’ doch überhaupt nichts. Wie soll der zeitliche Abstand von Ihrer Geburt ‘Ursache’ von etwas sein können? Die eigentliche Ursache Ihrer Arthrose sind Abnutzungserscheinungen. Diese mögen zunehmen, je älter man wird, und schwerer zu stoppen oder gar umzukehren sein. Aber kein Naturgesetz verhindert das prinzipiell. Im Gegenteil: Solange wir leben, tragen wir Selbstheilungskräfte in uns, wie schwer sie manchmal auch zu aktivieren sein mögen. Wenn Sie sich beim Kartoffelschälen in den Finger geschnitten haben, verheilt die Wunde auf kurz oder lang wieder - vielleicht nicht mehr so rasch wie in Ihrer Jugendzeit, aber sie tut es. Wenn Ihrem Körper so etwas gelingt - weshalb sollte er dann nicht auch zu mehr imstande sein?”

Einen Moment lang schwieg sie, sichtlich betroffen. “Machen Sie mir bitte keine falschen Hoffnungen”, sagte sie schließlich. “Sie wollen mir doch nicht im Ernst weismachen, dass Sie schon jemals einem Schwerkranken jenseits der Siebzig noch wesentlich helfen konnten?”

“Doch, genau das will ich”, gab ich zurück. “Lassen Sie mich Ihnen ein paar Beispiele schildern.” Ihre Neugier war geweckt. Sie lehnte sich im Sessel zurück und schaute mich erwartungsvoll an.

“Genauso alt wie Sie, 71, war Alice M. aus Basel, als ich sie im Mai 1984 kennenlernte. Zwei Jahre zuvor hatte sie einen Gehirnschlag erlitten. Seither war sie gelähmt an den Rollstuhl gefesselt. Nachdem die behandelnden Ärzte ihr keinerlei Hoffnung mehr machen konnten, dass sie je wieder auf eigenen Beinen stehen würde, wandte sich Alice in ihrer

Verzweiflung an mich: "Helfen Sie mir, lieber Herr Drossinakis, Sie sind meine letzte Hoffnung! Lassen Sie nicht zu, dass ich in diesem verfluchten Rollstuhl sterbe!" Schon bei ihrem ersten Anruf spürte ich, welches entsetzliche Gefühl von Verlassenheit auf ihrem Leben lastete, wie eine schwarze Wolke. Dieser verzweifelte Schrei nach Erlösung - von der Behinderung, vom Gefesseltsein an einen Rollstuhl, von den schweren Belastungen, die mit solchen Einschränkungen und Zwängen verbunden sind - erschütterte mich bis ins Mark. Ich musste nicht lange überlegen. Siebzehnmal fuhr ich zu ihr in die Schweiz - das waren hin und zurück jeweils über 300 Kilometer. Aussichtslos? Vergeblich?" Ich stand auf, ging zum Aktenschrank, zog einen Ordner heraus und blätterte darin, bis ich einen handschriftlichen Brief von Alice M. fand, verfasst Anfang 1985. Und ich las daraus vor: "Schon bei der allerersten Begegnung mit Herrn Drossinakis geschah mit mir etwas Unheimliches. Plötzlich wurde es in meinem Bein ganz heiß. Zwei Jahre lang hatte ich es überhaupt nicht mehr gespürt. Nach der fünften Behandlung forderte Herr Drossinakis mich auf: "Stehen Sie auf!" Mir kam das völlig absurd vor. Trotzdem stemmte ich mich zaghaft hoch - und tat freihändig drei Schritte, während mir die Freudentränen über die Wangen liefen. Von der zehnten Sitzung an stand mein Rollstuhl im Keller. Ich brauchte ihn nicht mehr."

"Oder Erna O. fällt mir ein", so fuhr ich fort, eine Rentnerin aus Göppingen, ebenfalls Anfang Siebzig. Seit 1972 war ihre rechte Körperhälfte gelähmt. Ohne fremde Hilfe konnte sie nicht mehr gehen. 'Finden Sie sich damit ab', meinten mehrere Ärzte, keiner konnte ihr helfen. Welcher gesunde Mensch kann wirklich ermessen und nachempfinden, was ein solches Urteil für die Betroffenen bedeutet! Es ist, als würden sie lebendig eingemauert in ein unabänderliches Schicksal, ohne Fenster, ohne Ausgang. Zwanzigmal besuchte ich sie. Dann marschierte sie wieder Treppen hinauf - alleine, ohne jegliche Stütze."

Die Greisin vor mir unterbrach mich an keiner Stelle. Atemlos, mit leicht geöffnetem Mund und weit aufgerissenen Augen, lauschte sie meinen Erzählungen, gebannt hing ihr Blick an meinen Lippen. "Mit solchen Fallbeispielen", sagte ich, "könnte ich Sie mühelos bis nach Mitternacht unterhalten - lauter gut dokumentierte, teilweise von Ärzten überprüfte und bestätigte Behandlungserfolge mit Geistigem Heilen bei Hochbetagten wie Ihnen. Aber draußen warten Patienten - deshalb möchte ich Ihnen nur noch kurz von Ilse S. berichten", und ich erzählte ihr von der wundersamen Besserung, die bei mir jene 75jährige Rentnerin erlebte, von der im Kapitel über die Heilkraft der Amulette ausführlich die Rede war. Ilse S. war eine gleichaltrige Schicksalsgefährtin - auch sie hatte schwer an Arthrose gelitten.

Es war dieses letzte Beispiel, das meinen zögerlichen Gast überzeugte. Fünf Monate lang kam sie zu mir, um sich von mir die Hand auflegen zu lassen - danach war mit bloßem Auge unverkennbar, dass die Schwellungen an den rheumabetroffenen Knie- und Handgelenken zurückgegangen waren; die Gelenke selbst waren viel beweglicher geworden. Medikamente konnten abgesetzt werden. Noch mehr Glück hatte die Tochter der alten Dame: Zwei Monate nach Behandlungsbeginn begann der Tumor in ihrer rechten Brust zu schrumpfen, Metastasen wurden inaktiv und bildeten sich zurück. Weitere drei Monate später belegten Röntgenbilder: Der Kampf gegen den Krebs war gewonnen, und dies, obwohl begleitend keine schulmedizinische Therapie stattgefunden hatte. Wundertaten eines Heilers? Nein - Geschenke des Himmels.

Nie zu früh - Geistiges Heilen bei Kindern

Kinder zum Geistheiler? Das sei noch viel weniger ratsam als im Fall von Erwachsenen, warnen Kritiker. Denn der Hauptfaktor, der in der Praxis von einem wie mir zu Behandlungserfolgen führe, seien die Suggestionen, denen Behandelte ausgesetzt werden; die esoterischen Erklärungen, denen sie glauben schenken sollen, und mancherlei pseudoreligiöse Rituale, die Eindruck schinden sollen. All dies begünstige einen "Placebo-Effekt", eine Selbstheilung kraft eines starken Glaubens daran. Dafür, so wird weiter argumentiert, seien Patienten um so empfänglicher, je älter sie sind. Und deswegen seien positive Behandlungsergebnisse bei Kleinen eher noch unwahrscheinlicher als ohnehin.

Eltern von chronisch kranken oder behinderten Kindern, die solchem Unfug Glauben schenken, verspielen eine Chance. Das jedenfalls lehren mich ermutigende Erfahrungen aus drei Jahrzehnten, in denen ich immer wieder mit Kindern zu tun bekam. Ja, das Gegenteil von dem, was Kritiker verbreiten, trifft zu: Kinder sind im allgemeinen eher *leichter* zu behandeln als Erwachsene - sie sprechen auf Geistiges Heilen meist rascher und tiefgreifender an als Ältere. Dass dies so ist, will ich Ihnen sogleich an ein paar Fällen aus meiner Praxis illustrieren; warum es sich so verhält, werde ich Ihnen anschließend erklären.

Die kleine Marion, die an cerebral bedingter Kinderlähmung ("Little-Syndrom") litt, machte unter meinen Händen enorme Fortschritte, welche die Mutter, eine Ärztin, in ungläubiges Erstaunen versetzten.

Neben den Beispielen, die in diesem Buch bereits erwähnt worden sind - etwa die Arzttochter Marion, die an cerebraler Kinderlähmung litt, oder Michaela, das Mädchen mit dem Hirntumor - fällt mir hier etwa die kleine Jennifer H. aus Kassel ein. Als ich sie 1992 kennenlernte, war die süße Kleine fünf Jahre alt - und spastisch gelähmt, seit ihrer Geburt. "Laut ärztlichem Befund der Orthopädischen Landesklinik Kassel würde sie niemals laufen lernen", berichtete mir ihre Mutter. Fünf Jahre lang schien sich die düstere Prognose zu bewahrheiten. Dann wandten sich Jennifers Eltern an mich: "Seither kann sie immerhin gerade auf den Beinen stehen" - ein für unmöglich gehaltener Fortschritt, wie die Eltern schriftlich bestätigten.

Nicht minder Rätsel geben Fälle von Blindheit auf, die sich unter meinen Händen offenkundig besserten. 24 Jahre ist es jetzt her, dass Christine B. aus Frankfurt ihren Sohn Florian zur Welt brachte - viel zu früh, schon in der 29. Schwangerschaftswoche. "Er war nur ein winziges Bündel Haut und Knochen", erinnert sie sich. Erst nach mehreren Wochen im Brutkasten war Florian außer Lebensgefahr. Doch ehe die Eltern erleichtert aufatmen konnten, musste ihnen der Chefarzt eine Hiobsbotschaft überbringen: "Im Brutkasten hat sich bei Ihrem Jungen die Netzhaut der Augen gelöst. Florian wird für immer blind sein." Elf Jahre lang suchten die Beckers einen Augenspezialisten nach dem anderen auf. Doch keiner sah eine Chance. Da hörte das Ehepaar von mir, brachte Florian in meine Praxis - und "bereits nach der ersten Sitzung war der Junge wie verwandelt", erzählen sie. "Er spürte eine starke Wärme, die offenkundig aus Drossinakis´ Händen strömte." 33 Behandlungen fanden statt. Dann geschah das Unfassbare: Plötzlich stand der kleine Junge selbständig vom Sofa auf, legte seinen Blindenstock beiseite, ging mit unsicheren Schritten auf seine Mutter zu - und fiel ihr weinend in die Arme: "Mama, jetzt kann ich dich endlich

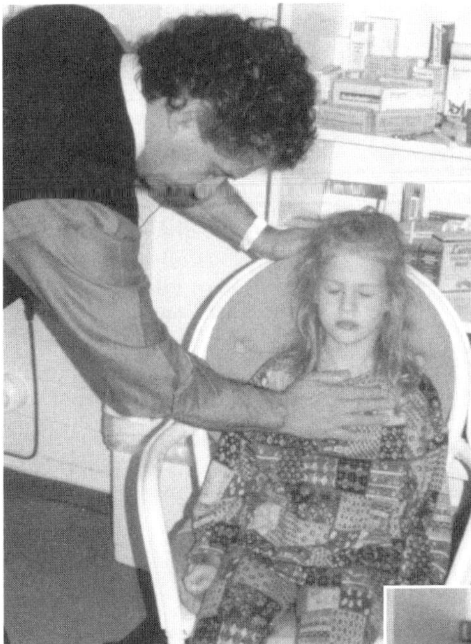

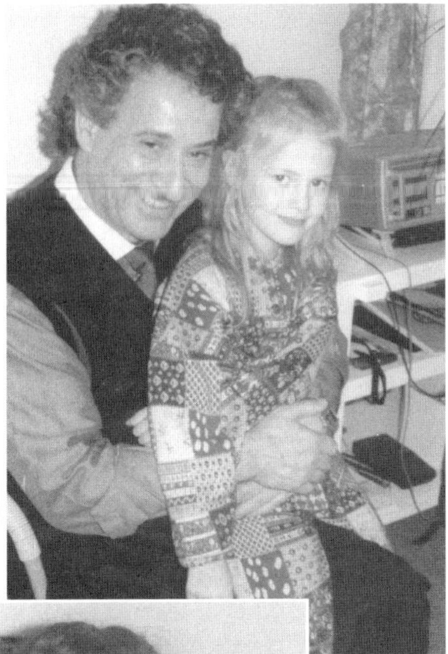

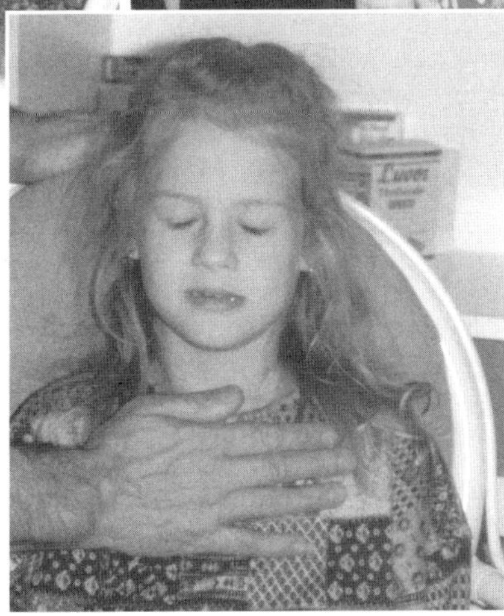

Die sechsjährige Irina war die jüngste von elf Asthmapatienten, um die ich mich im Herbst 1995 in einer Mannheimer Arztpraxis kümmerte. Schon nach der ersten Testwoche konnte das Mädchen jede Nacht wieder ohne Anfall durchschlafen - zuvor war es wegen akuter Atemnot Nacht für Nacht aufgewacht. (Näheres in *Die heilende Kraft der Liebe*, S. 48-56, s. Anhang: Lesetipps).

sehen!" Anfangs konnte Florian nur schemenhafte Umrisse wahrnehmen; doch bald erkannte er in Büchern sogar einzelne Buchstaben - ohne Brille.

Um für ihren elfjährigen Enkel Ronny Hilfe zu finden, reiste eine Rentnerin sogar aus Spremberg in der ehemaligen DDR an. Ronny, im Frühjahr 1979 geboren, war seit seinem fünften Lebensjahr blind. Fachärzte an Kliniken in Berlin, Dresden, Leipzig, Görlitz, Zittau und Hoyerswerda hat-

Der kleine Massimo war die jüngste von 20 Versuchspersonen mit chronischem Asthma, die ich bei einemTest während eines Kongresses in Riccione, Italien, im Frühjahr 1999 unter ärztlicher Kontrolle behandelte - allein mit Handauflegen. Auch bei ihm verschwanden die Symptome vollständig. (Siehe *Die heilende Kraft der Liebe*, S. 57.)

ten ihn für unheilbar erklärt. Am 2. Juli 1990 begann ich den Jungen zum ersten Mal zu behandeln. "Als er seine Hand auf die Augen meines Enkels legte", erklärt die Großmutter, "spürte Ronny eine starke Wärme und Vibration. Danach konnte er Gegenstände unterscheiden." Nach der dritten Sitzung, am 11. Juli, konnte Ronny schreiben; er las seine Blindenuhr ab, ohne sie abzutasten; er erkannte Flugzeuge am Himmel; er identifizierte Autokennzeichen; er unterschied fehlerfrei Farben.

Den kleinen Dominik O. hatte seit seiner Geburt nur Finsternis umgeben. Vom Mai 1990 an, als der Junge zwei Jahre alt war, behandelte ich ihn zehnmal. Danach war Dominik, nach Auskunft der Eltern, "in der Lage, leuchtende und grell gefärbte Gegenstände zu erkennen, wenn man sie vor seine Augen hielt." Diese Sinnesleistung sei zuvor undenkbar gewesen: Schulmediziner hatten die angeborene Blindheit (Rhetinitis pigmentosa) für irreparabel erklärt.

Überhaupt kommen Kinder mit angeborenen organischen Schäden, begleitet von schwersten Funktionsstörungen, in meiner Praxis recht häufig vor. Aus medizinischer Sicht ist ihnen nicht mehr zu helfen - doch kaum werden sie mir anvertraut, da machen sie unfassbare Fortschritte. Wie der kleine Fotios K. aus Velbert: Am 6. Juli 1990, um 4.14 Uhr, war er in einer überstürzten Notoperation per Kaiserschnitt entbunden worden, nachdem sich die Nabelschnur um seinen Hals gewickelt hatte; daran drohte er zu ersticken. In der darauffolgenden Nacht, um 4.30 Uhr, lief der Säugling blau an, bekam keine Luft mehr; nur eine sofortige künstliche Beatmung rettete ihn. Nun wurde festgestellt, dass er Fruchtwasser geschluckt hatte. Einige Tage später traten erstmals heftige Krampfanfälle auf, die bis zu vierzig Minuten anhielten. Im Bereich von Gaumen und Mund war Fotios völlig gelähmt, er konnte nicht schlucken, ja nicht einmal seinen Mund schließen. Eine Magnetspinresonanz-Tomographie (MRT) zeigte, dass sein Gehirn nicht altersgemäß entwickelt war. Im Laufe der nächsten zwei Jahre trat immer deutlicher ein allgemeiner Entwicklungsrückstand zutage, trotz regelmäßiger Krankengymnastik dreimal wöchentlich: Die Motorik von Lippen, Mund und Zunge war erheblich gestört, die Augenlider gelähmt. Sprechen konnte Fotios kaum.

"Aus Sicht der Ärzte gab es für Fotios keine Hoffnung", erinnert sich seine Mutter D. K. an Jahre voller Verzweiflung zurück. "Sie meinten, wir sollten Fotios so akzeptieren, wie er ist. Bessern werde sich sein Zustand nicht mehr." Im April 1992 erhielt der Junge einen Schwerbehindertenausweis. Im März 1993 musste er im Behinderten-Kindergarten angemeldet werden. Ende desselben Monats sah die Mutter zufällig einen Fernsehauftritt von mir. Sofort meldete sie sich bei mir an - und "schon nach der dritten Sitzung bemerkten wir eine große Besserung bei Fotios, die in den drei Jahren zuvor kein Arzt zustandegebracht hatte". Nach Abschluss der Behandlung, mit 20 Sitzungen, konnte Fotios in einen normalen Kindergarten überwechseln.

Ein Sorgenkind war, siebzehn Jahre lang, auch Ingo W. gewesen. Der Junge aus Bad Soden war am 29. August 1976 mit missgebildeten Extremitäten zur Welt gekommen: An beiden Händen fehlte der Mittelfinger, Daumen und Zeigefinger der linken Hand waren zusammengewachsen. Allein deswegen kam Ingo bis 1980 siebenmal unters Messer, zusätzlich zu zwei Augen-, einer Blinddarm- und einer Kieferoperation. Noch größere Sorgen bereitete seinen Eltern aber eine sonderbare Wesensveränderung, die bei dem zuvor aufgeweckten, fröhlichen Kind einsetzte, nachdem es im Alter von drei Jahren gegen Pocken geimpft worden war. Zwei Jahre später wurde am Kinderneurologischen Institut in Mainz eine ausgeprägte Kontakt- und Antriebsstörung festgestellt, zurückzuführen auf eine "minimale cerebrale Schädigung". Wegen dieses Hirndefekts musste Ingo, nach zwei Jahren Grundschule, auf eine Sonderschule überwechseln. Immer häufiger traten plötzliche Anfälle von Müdigkeit auf: "Ob unterwegs im Bus, in der S-Bahn oder wo auch immer er sich gerade befand, Ingo schlief schlagartig ein", berichtet seine Mutter Sieglinde W. Ab 1983 war Ingo W. regelmäßig bei mir in Behandlung. Von da an verloren sich die Müdigkeitsattacken, und auch sonst ging es mit Ingo aufwärts: in seiner Motorik ebenso wie im Rechnen und im Umgang mit Sprache. Er lernte, gut zu lesen und fast fehlerfrei zu schreiben. Im Sommer 1985 legte er seine Gesellenprüfung zum

Korbflechter ab. "Was er heute kann", bestätigt Frau W., "wäre vorher von seinen Ärzten und Lehrern nicht für möglich gehalten worden."

Hin und wieder traten solche kleinen "Wunder" auch im Rahmen von medizinisch kontrollierten Tests auf, bei denen Patienten, bevor und nachdem sie mehrere Wochen bzw. Monate lang von mir behandelt worden waren, von Ärzten vor- und nachuntersucht wurden. Im geschilderten Test von 1994 erlebte der schwer asthmakranke David eine vollständige Spontanremission, ebenso wie die sechsjährige Irina 1996 in einer Mannheimer Arztpraxis und der vierjährige Massimo während des parapsychologischen Kongresses in Riccione. Im ebenfalls erwähnten BIO-Heilertest von 1996 war mein jüngster Patient ein sieben Jahre alter Junge aus Ludwigsburg, Marvin F. "Seit dem Säuglingsalter", so hieß es in einem ärztlichen Befundbericht, "leidet er unter schweren Erkrankungen aus dem atopischen Formenkreis, die wiederum zu weiteren Folgekrankheiten führten". Das heißt unter anderem: drei Blutvergiftungen, schwere Neurodermitis, schwerstes Asthma bronchiale, schwere Asthma- und Erstickungsanfälle, multiple Nahrungsmittelallergie, Wachstumsstörungen, schwere Zahnschmelzdefekte. Nach sieben Besuchen bei mir berichtete die Mutter: "Seit etwa vierzehn Tagen ist Marvin, nach schrittweisem Absetzen von Sultanol, ohne Inhalation mit bronchienerweiternden Mitteln. Dies ist für ihn ungewöhnlich, zumal er sich, beim Spielen mit anderen Kindern draußen, anstrengen kann. Er kann mitlaufen, Ball spielen ohne Atemprobleme! Auch ist er nicht verschleimt, es sind keinerlei Geräusche an den Bronchien und Lungen zu hören. Die Hautrötungen an Ellenbogen und Beinen sind abgeblasst. Der Juckreiz in der Nacht ist auch verschwunden, Marvin kann schlafen. Sein psychischer Allgemeinzustand ist auffallend ruhiger und ausgeglichener geworden. Marvin freut sich jedesmal auf die Behandlung und sagt selbst, es gehe ihm hinterher immer besser."

Mit einem der am schwersten erkrankten Kinder, mit denen ich je zu tun bekam, wurde ich im Rahmen des "Fernheil-Tests" von 1998 konfrontiert. Die 13jährige Corinna S. aus dem badischen Wörth brachte eine Krankenakte mit, bei der schon die bloßen Diagnose-Stichworte bestürzen - erst recht tat es der Anblick dieses liebenswerten, aufs Schwerste gehandicappten Kindes. Arztberichte listeten auf: "infantile Cerebralparese, spastischer Typ; Tetraparese (Lähmung an allen vier Extremitäten), Hirnatrophie (Schrumpfung), Microcephalie (pathologisch verkleinerter Umfang des Schädels, im Vergleich zu altersentsprechenden Größenverhältnissen der übrigen Körperteile); Sprachstörungen; ausgeprägte Skoliose (Verkrümmung der Wirbelsäule)." Die meisten Behinderungen bestanden von Geburt an.

Diesen rührenden Dankesbrief schrieb mir mein jüngster Patient im BIO-Heilertest, der 7jährige Marvin F. Laut ärztlicher Diagnose hatte er an "extrem schwerer Neurodermitis mit Eiweißverlust über den Darm infolge allergischer Mitbeteiligung" gelitten, außerdem an "schwerstem Asthma bronchiale mit oft lebensbedrohlichen Anfällen".

Nach sieben Sitzungen bei mir waren nahezu sämtliche Symptome abgeklungen.

(Mehr über diesen Test in *Die heilende Kraft der Liebe*, S. 36-41, s. Anhang: Lesetipps.)

Unter den dreißig Patienten, die ich während des "Fernheil-Tests" fünf Monate lang betreute, stellte Corinna die größte Herausforderung für mich dar. Wie kann ich diesem bemitleidenswerten Mädchen ihr schreckliches Schicksal zumindest erleichtern? Wie konnte ich den Eltern, die sich hingebungsvoll um die Kleine kümmerten, einen kleinen Teil ihrer Last nehmen? Solche Fragen quälten mich nächtelang. Was könnte Geistiges Heilen in einem solchen Fall überhaupt ausrichten? Der Forschungsbericht fasste nach Testende zusammen (siehe *Die heilende Kraft der Liebe*, S. 74f.): "Von der ersten Behandlungswoche an berichtet die Familie über erstaunliche Veränderungen bei dem schwerstbehinderten Mädchen: Corinna sei 'aufgeschlossener' geworden, 'macht in der Schule alles besser, ist am Unterricht interessierter und sehr aufmerksam. Sie redet mehr und macht verbale Äußerungen. Die Aussprache ist besser geworden', manche Sätze spricht

Corinna bereits 'laut und deutlich'. Insgesamt wirkt sie 'vitaler' und fröhlicher, zwischendurch ist ihr Gesichtsausdruck 'ruhig und strahlend'. 'Sie zeigt sehr viel mehr Interesse für alles, früher wäre es ihr egal gewesen, was ist. Man kann mit ihr sprechen, und sie gibt die passenden Antworten darauf.'

Zeitgleich mit meinen Fernbehandlungen, von deren Terminen sie nichts wissen konnte, reagierte das schwerstbehinderte Mädchen wiederholt mit "einem mehrmaligen Zucken der Arme und Beine".

Besonders stark sprach Corinna auf meine Bemühungen an, wenn sie zu mir gebracht wurde. Während eines Besuchs bei mir am 1. September 1998, so berichtete die sie begleitende Großmutter, "blieb sie etwa zwei Minuten auf ihren Beinchen stehen. So lange hat sie es noch nie ausgehalten."

Gegen ihre Krampfbereitschaft musste Corinna seit ihrem ersten Lebensjahr schon 12.000 Tabletten (Phenemaletten) schlucken, wie ihre Oma ausgerechnet hat. Ende Juni 1998, knapp zwei Monate nach Testbeginn, konnten die krampfhemmenden Medikamente abgesetzt werden. In einem Kontroll-EEG am 7. August "war nicht mehr Krampfbereitschaft zu sehen als zu der Zeit, als sie noch Medikamente nehmen musste".

Seit Jahren verunstalteten großflächige rote Flecken Corinnas Gesicht - der Hautarzt hatte nichts dagegen tun können. Anfang Juni traten die gleichen Flecken auch an beiden Händen auf - anfangs hellrot, dann tiefbraun. Bis Anfang August waren die Handflecken wieder weg - und die Flecken im Gesicht "fast verschwunden".

Die Ärztin Dr. Margarethe W., die Corinna während des Tests begleitete, notierte abschließend ebenso trocken wie vielsagend: "Weitgehend gebessert: Allgemeinzustand, Wachsamkeit, Kooperationsbereitschaft. Antikonvulsiva konnten abgesetzt werden, seit drei Monaten keine Krampfanfälle (nach Angaben der Angehörigen)."

Warum sprechen Kinder auf Geistiges Heilen so gut an? Auf den Punkt brachte es der amerikanische Psychiater und Heiler Dr. Daniel Benor, den ich kennenlernte, als wir gemeinsam beim Zweiten Weltkongress für Geistiges Heilen 1994 in Basel auftraten; seit seinem mehrbändigen Standardwerk *Healing Research*, das mehrere hundert der überzeugendsten Heilerstudien weltweit zusammenfasst und auswertet, gilt er als führender Experte, was den wissenschaftlichen Forschungsstand betrifft. "Kinder sind nicht so voller Zweifel", sagt Benor schlicht. In die gleiche Richtung zielt, was mein englischer Kollege Philip Chave auf seiner Homepage über das Geheimnis von "geistigen Heilerfolgen" bei Kindern schreibt: "Wenn ich Kinder behandle, erfassen sie intuitiv, was ich für sie zu tun versuche, ohne in 'erwachsener' Weise alles fürchterlich zu verkomplizieren, was sie nicht verstehen. Sie sagen einfach, wie es sich anfühlt. Sie sind offen dafür und für die Heilenergie empfänglich. Die 'rationale' Neigung, rätselhafte Phänomene in Schubladen zu pressen, ist ihnen fremd." Dies deckt sich voll und ganz mit meiner eigenen Erfahrung. Aber über eine mysteriöse "Energie" hinaus kommt noch ein ganz wesentlicher Faktor hinzu, der auch bei meinen kleinsten Patienten über Behandlungserfolge stets mitentscheidet: *Liebe*. Ein guter Heiler ist schließlich mehr als ein Supertechniker für Psi-Energie - er muss seinen Patienten von ganzem Herzen annehmen, ihn spüren lassen, wie sehr ihn dessen tragisches Schicksal berührt, wie sehr er mitempfindet. Dass es ein Fremder gut mit ihnen meint, dass er ihnen aufrichtig helfen will: das spüren Kinder intuitiv noch viel deutlicher als Erwachsene, und viel unverkrampfter, angstfreier, offener lassen sie es zu. Und dieses Gefühl von Angenommensein, von Geborgenheit, von emotionaler Nähe ist unter allen unsichtbaren Medikamenten das mit Abstand mächtigste, glauben Sie mir.

Überflüssig, gefährlich, unbewiesen?

Die Irrtümer der unheiligen Irmgard

Außerhalb der Esoterikszene haftet Geistheilern immer noch ein übler Ruf an. Ihre Arbeit gilt weithin als wirkungsloses Getue und Geldschneiderei; Erfolgsberichte über sie entbehren angeblich jeglichen wissenschaftlichen Belegs. Besonderes Gewicht erhalten solche Vorurteile, wenn sie von einer Professorin für Medizin verbreitet werden, erst recht, wenn sie dies anscheinend als führende Vertreterin einer Vereinigung von Wissenschaftlern tut, die für sich in Anspuch nimmt, Phänomene wie das Geistige Heilen unvoreingenommen unter die Lupe zu nehmen.

In dieser Rolle gefällt sich eine gewisse Irmgard Oepen seit langem, und je größere öffentliche Aufmerksamkeit ein Heiler findet, desto zuverlässiger trifft ihn der Bannstrahl der streitbaren Dame. Von 1987 bis 1996 fungierte sie als Präsidentin der "Gesellschaft zur wissenschaftlichen Untersuchung von Parawissenschaften" (GWUP), inzwischen gehört sie nur noch deren "Wissenschaftsrat" an. Ein Konzentrat sämtlicher Anschuldigungen, die Frau Oepen seit über zwei Jahrzehnten beharrlich gegen das Geistige Heilen richtet, findet sich in einem an Polemik kaum zu überbietenden Pamphlet, das sie unter der Überschrift "Brauchen wir Wunderheiler?" Anfang 1998 in der Zeitschrift *Der Skeptiker* veröffentlichte. Schon in den ersten Zeilen ihres sieben Seiten langen infamen Artikels stellt sie kurz und bündig fest: "Geist- und Wunderheiler werden in unserem Gesundheitssystem nicht benötigt, vielmehr gehen von ihrer Tätigkeit auch Gefahren für Patienten aus." Einige Abschnitte später heißt es: "Über Placebo-Effekte hinausgehende Heilungen wurden ... zwar behauptet, aber nicht überzeugend belegt." Es sei nicht zu "erkennen, dass der propagierte Nutzen einer sogenannten Geistheilung gegenüber den Risiken der Anwendung überwiegt".

Zunächst fällt auf, dass Frau Oepen Menschen wie mir ein Etikett anklebt, das ich selbst, aber auch so gut wie all meine Kollegen, niemals verwenden würden, um zu charakterisieren, was unsereins auszeichnet: "*Wunder*heiler". Denn in dieser Bezeichnung liegt ein Versprechen, das seriöserweise kein verantwortungsbewusster Heiler geben kann und will ("Ich vollbringe Wunder"); außerdem wird das Geistige Heilen dabei zu etwas "Über"natürlichem, zu einem Phänomen außer Reichweite von Physikern, Chemikern und Biologen, wohingegen die allermeisten Heiler in ihrem Wirken durchaus natürliche Vorgänge am Werk sehen, auch wenn diese auf dem gegenwärtigen wissenschaftlichen Entwicklungsstand noch nicht zuverlässig gemessen, geschweige denn theoretisch eingeordnet, d.h. erklärt werden können. Der Name "Wunderheiler" ist vielmehr durch Massenmedien in Umlauf gebracht worden, vor allem durch Redaktionen aus dem journalistischen Boulevard, die sich von dem reißerischen Titel höhere Auflagen und Einschaltquoten versprechen; ihre Rechnung ging leider auf, zum Schaden unseres öffentlichen Ansehens.

Wie steht es nun mit den Vorhaltungen, die Frau Professor unsereinem macht? Analysieren wir sie der Reihe nach. **(1.) Geistiges Heilen ist gefährlich. (2.) Geistiges Heilen ist überflüssig. (3.) Geistiges Heilen ist unbewiesen.**

Die größte Gefahr beim Geistigen Heilen geht vom Patienten aus: dann nämlich, wenn er ärztliche Maßnahmen unterlässt, hinauszögert oder abbricht, im Vertrauen auf die vermeintlichen Kräfte des Heilers. Um einem solchen fatalen Missverständnis vorzubeugen, lege ich in meiner Praxis ein Informationsblatt aus, das meine Klienten unter anderem eindringlich davor warnt, in mir einen Ersatzdoktor zu sehen, der eine Alternative zur

Schulmedizin bieten kann. Ich konkurriere nicht mit Ärzten - ich will ergänzen, was sie tun.

Gefahren können auch vom Heiler ausgehen: wenn er zuviel verspricht, wenn er droht, wenn er Hilfesuchende unter Druck setzt. Auch davon distanziere ich mich auf dem genannten Infoblatt nachdrücklich. Kein seriöser Heiler kann und darf Heilung, oder auch nur Linderung, garantieren; darf Kranke dazu nötigen, eine Behandlung bei ihm zu beginnen oder fortzusetzen, auf Kosten ärztlicher Maßnahmen. Und in über drei Jahrzehnten Praxis hat mir noch in keinem einzigen Fall vorgeworfen werden können, dass ich mich an dieses wichtige Stück Standesethik nicht penibel halte.

Welche weiteren schlimmen "Gefahren" Frau Oepen auch immer meinen, aber nicht belegen mag: Ich plädiere nachdrücklich dafür, sie ins Verhältnis zu setzen zu den Gefahren, die von der Schulmedizin ausgehen, als deren autorisiertes Sprachrohr sich die Dame aufspielt: zu nachlässigen und überforderten Ärzten, denen alljährlich Abertausende von Kunstfehlern unterlaufen, welche den Betroffenen schwersten körperlichen Schaden zufügen, schlimmstenfalls sogar das Leben kosten können. In unserem Gesundheitswesen gibt es nichts Brandgefährlicheres als die konventionelle Medizin.

Ist Geistiges Heilen überflüssig? Hier kann ich Frau Oepen nur raten, sich gelegentlich bei ihren englischen Kollegen schlau zu machen: In Hunderten von britischen Kliniken und Arztpraxen arbeiten inzwischen Heiler mit, zur Zufriedenheit aller Beteiligten. Und gerne würde ich Frau Oepen auch ins Gespräch bringen mit all den Ärzten, die sich mir mit eigenen chronischen Leiden anvertraut haben, nachdem die Schulmedizin in ihrem Fall an Grenzen stieß; oder mit all jenen Ärzten, die mich im Laufe der Jahre in Dutzenden von Tests mit Schwerkranken arbeiten erlebten, meine Behandlungsergebnisse überprüften und dokumentierten. Die Behauptung, meine Bemühungen seien "überflüssig" gewesen, würden diese Ärzte bestenfalls mit einem milden Lächeln quittieren. Oder mag Frau Oepen unterstellen, all diese Ärzte seien "esoterisch verblendet"?

Ist Geistiges Heilen "unbewiesen"? Nun, in einem strengen Sinne gibt es keine schlüssigen Beweise außerhalb von Logik und Mathematik. In allen Erfahrungswissenschaften, einschließlich der Medizin, lassen sich immer bloß *Evidenzen* zusammentragen, Anhaltspunkte, die eine bestimmte Hypothese mehr oder minder stützen - aber niemals zweifelsfrei sicherstellen, dass die Hypothese wahr ist, gleichgültig wieviele Hinweise sich dafür angesammelt haben. Was in meinem Praxisalltag geschieht und sich in mittlerweile über sechzig wissenschaftlichen Studien gezeigt hat, liefert zwar keine zwingenden Beweise, wohl aber triftige Anhaltspunkte für die Vermutung, dass bei Geistigem Heilen hin und wieder etwas geschieht, was sich allein durch "Placebo-Effekte" und andere psychologische Vorgänge nicht befriedigend erklären lässt. Dass Frau Oepen diese Anhaltspunkte nicht kennt, ist ihr Problem, nicht meines.

Dazu zähle ich unter anderem Fälle, in denen Patienten auf meine Heilbemühungen reagieren, obwohl sie gar nicht wissen können, dass ich sie überhaupt behandle. Zahlreiche Beispiele dafür habe ich in diesem Buch bereits erwähnt; die eindrucksvollsten ergaben sich bei sogenannten "Blind"tests, bei denen die Versuchspersonen im Ungewissen darüber gelassen wurden, ob und wann mit ihnen "Geistiges Heilen" stattfindet.

Nicht minder überzeugend scheinen mir Effekte Geistigen Heilens, die ich bei niederen Tieren und Pflanzen, bei Pilzen und Bakterien, bei isolierten Zellen, ja sogar bei Wasser und anderem anorganischen Material zustande gebracht habe - nicht bloß einmal, sondern bei zahlreichen Wiederholungen von Testreihen; festgestellt nicht bloß von einem Wissenschaftler, sondern von mehreren, aus unterschiedlichsten Fachrichtungen und Herkunftsländern. Oder geht Frau Oepen davon aus, dass Wasserproben dazu neigen, für Suggestionen anfällig zu sein und auf Placebos hereinzufallen?

Für besonders eindrücklich halte ich diese Phänomene, wenn sie auf Distanz zustande kommen, aus einem Abstand von mehreren hundert, ja Tausenden Kilometern. Denn dabei lassen sich Bedingungen herstellen, unter denen dem Heiler jegliche Möglichkeit fehlt, mit psychologischen Mitteln - etwa durch Kommunikation, Körperhaltung, Mimik und Gestik - oder mit bekannten physikalischen Mitteln auf die behandelten Personen oder Objekte einzuwirken. Wenn selbst unter solchen Umständen Effekte auftreten: Was, liebe Frau Oepen, fehlt Ihnen dann noch? In dem Buch *Die heilende Kraft der Liebe* (s. Anhang: Lesetipps) werden entsprechende Studien ausführlich vorgestellt. Hier möchte ich nur zwei herausgreifen, die meines Erachtens das Phänomen einer geistigen Fernwirkung besonders überzeugend belegen: das "15'000 km-Experiment" und die "Thessaloniki-Studie".

Für das "15'000 km-Experiment" flog ich Anfang 2002 nach Kyoto in Japan. Von dort aus versuchte ich, zu vorher verabredeten Zeitpunkten vorgegebene Ziele in drei europäischen Forschungseinrichtungen "geistig", durch bloße Konzentration, zu erreichen: Wasserproben in der Technischen Universität von St. Petersburg, Russland, und im *Scientific Research Center for Medical Biophysics* (SRCMB) in Sofia, Bulgarien; sowie das Gehirn einer Versuchsperson, die sich im "Institut für Kommunikation und Gehirnforschung" in Stuttgart aufhielt. In allen drei Fällen gelang es mir, in den Zielobjekten messbare Spuren zu hinterlassen, wie Gutachten der beteiligten Wissenschaftler bestätigen. (Siehe *Die heilende Kraft der Liebe*, S. 166-169.)

Anderthalb Jahre zuvor, im September 2000, war ich nach Thessaloniki in Griechenland geflogen; von einer dortigen Arztpraxis aus versuchte ich, das Gehirn einer Versuchsperson zu "erreichen", die unterdessen im Stuttgarter "Institut für Kommunikation und Gehirnforschung", 2400 Kilometer entfernt, an ein EEG-Gerät angeschlossen war, einen Elektroenzephalographen, der Gehirnströme misst. Abermals wurden im Hirnstrombild deutliche Veränderungen sichtbar - zu genau jenen Messzeitpunkten, in denen ich "fernbehandelte", ohne dass die Versuchsperson davon wusste.

Was, verehrte Frau Oepen, bewegt Sie dazu, über solche spektakulären Forschungsergebnisse hinwegzugehen? Warum mögen Sie sie nicht zur Kenntnis nehmen?

Welche wahren Motive die Professorin und ihre Bundesgenossen umtreiben, wenn sie Geistheiler wie mich pauschal verunglimpfen, lässt ein Eklat ahnen, zu dem es Anfang 1999 innerhalb von Oepens Skeptikerorganisation GWUP kam. (Sie war 1987 entstanden.) Dabei kam ans Tageslicht, wie blamabel diese Vereinigung sich an ihren eigenen Ansprüchen wissenschaftlicher Neutralität und Unvoreingenommenheit versündigt. Wenn ich auf diesen Skandal hier näher eingehe, so deshalb, weil er uns meines Erachtens vor Augen führt, wie kompromisslose Gegner Geistigen Heilens zu ihren Vorurteilen kommen.

Was war geschehen? Plötzlich kursierte in Kreisen, die sich mit sogenannten Parawissenschaften beschäftigen, ein umfangreiches Dokument mit dem Titel "Das Skeptiker-Syndrom", das eines von 19 Gründungsmitgliedern der GWUP verfasst hatte: Dr. Edgar Wunder, Wissenschaftlicher Mitarbeiter am Geographischen Institut der Universität Heidelberg. Von 1992 bis Dezember 1998 war er der GWUP-Bereichsleiter für das Thema Astrologie, von 1996 bis Juli 1998 Mitglied des Verwaltungsrats der GWUP, von 1994 bis Dezember 1998 Mitglied der Redaktion der von der GWUP herausgegebenen Zeitschrift *Skeptiker* und von September 1997 bis Dezember 1998 der verantwortliche Redaktionsleiter der Zeitschrift *Skeptiker*.

Was Dr. Edgar Wunder nun unter der vielsagenden Ankündigung *"Warum ich nicht mehr glaube, dass die `Gesellschaft zur wissenschaftlichen Untersuchung von Parawissenschaften' (GWUP) ihren selbst gesetzten Ansprüchen gerecht wird"* an Praktiken, Taktiken, Lügen und Verfälschungen beschrieb, belegt einen erschreckenden, ja skandalösen Verfall wissenschaftlicher Ethik und gesellschaftlicher Verantwortung - bemerkenswerterweise also gerade solcher Untugenden, die mir, dem angeblichen "Wunderheiler", seitens der GWUP angelastet wurden.

Eine kleine, aber bezeichnende Zitatenauswahl aus dem umfangreichen GWUP-Insiderbericht möchte ich im Folgenden für sich sprechen lassen. Da heißt es unter anderem:

"Vor diesem Hintergrund kenne ich die GWUP aus der Innenperspektive wie nur sehr wenige andere. Laut Satzung ist es das selbsterklärte Ziel der GWUP, 'behauptete paranormale Phänomene ohne Voreingenommenheit mit wissenschaftlichen Methoden zu untersuchen, sowie solche Untersuchungen zu fördern und über deren Ergebnisse zu berichten', `kritisches Denken zu fördern', eine entsprechende `Aufklärung der Öffentlichkeit' zu betreiben und `mit gleichgesinnten Personen, Organisationen und Institutionen zusammenzuarbeiten'". Nach Aussagen des GWUP-Vorstandsmitglieds R.R. in einem Editorial der Zeitschrift *Skeptiker* (Heft 4/97) bedeute dies, ,eine echt neutrale Mitte einzunehmen', d.h. ,Urteile, positive wie negative, erst nach einer sorgfältigen Überprüfung, und dann mit der gebotenen Umsicht zu treffen'."

"Lobenswerte Ziele, aber meine Erfahrungen mit vielen Mitgliedern der GWUP sind leider andere. Es gibt innerhalb der GWUP eine ganze Reihe von Mitgliedern, die ohne hinreichende fachliche Kenntnis der jeweiligen Materie eine Art Weltanschauungskampf gegen alles führen wollen, was sie mit dem Begriff `paranormal' assoziieren, die dabei auch (bewusst oder unbewusst) eine selektiv-einseitige Darstellung der Fakten und Argumente sowie zuweilen auch emotional-unsachliche rhetorische Taktiken in Kauf nehmen, während sie an wissenschaftlichen Untersuchungen zu Parawissenschaften höchstens insofern interessiert sind, als deren Ergebnisse 'Kanonenfutter' für öffentliche Kampagnen liefern könnten."

"Ich habe - zusammen mit anderen Personen - jahrelang versucht, innerhalb der GWUP eine derartige Haltung zurückzudrängen und den satzungsmäßigen Ansprüchen der Organisation Geltung zu verschaffen. Entsprechende interne Konflikte waren dabei leider vorprogrammiert. Mit der Entwicklung im zweiten Halbjahr 1998 habe ich und andere den Glauben daran verloren, dass die GWUP in dieser Hinsicht noch kurierbar ist, und ich will nachfolgend schildern, warum ..."

"Als im Herbst 1998 der Geschäftsführer der GWUP im Namen des Vorstands von mir als verantwortlichem Redaktionsleiter unverhohlen forderte, der *Skeptiker* solle zukünftig nicht mehr der offenen, kontroversen und kritischen Diskussion von Parawissenschaften dienen, sondern vielmehr 'der Meinungsmache' (Zitat), weshalb - unabhängig von der wissenschaftlichen Qualität - bestimmte inhaltliche Positionen und sogar konkrete Personen im *Skeptiker* systematisch benachteiligt oder ausgegrenzt werden sollten, war für mich klar, dass ich diesen Weg nicht länger mitgehen konnte. Ich erklärte - nach einer von mir gestellten Vertrauensfrage, die keine Mehrheit fand - meinen Rücktritt von all meinen Funktionen innerhalb der GWUP mit Ausnahme meiner Funktion als *Skeptiker*-Redaktionsleiter und kündigte an, dass ich diese letzte Funktion auf der nächsten Mitgliederversammlung zur Disposition und Abstimmung stellen würde, da ich es für unverantwortlich gegenüber der Leserschaft hielt, durch eine plötzliche und unvermittelte Niederlegung der Redaktionsleiteraufgaben das reguläre Erscheinen der Publikation zu gefährden. Der Vorstand, der nach eigenem Bekunden eine Debatte auf der Mitgliederversammlung aber unbedingt vermeiden wollte, entließ mich jedoch schon zwei Tage später fristlos von meiner Funktion als Redaktionsleiter, da man - so die offizielle Begründung - sich nun bei mir angeblich 'nicht mehr darauf verlassen konnte, dass die Redaktionsarbeit korrekt weitergeführt werde'."

"Als Zusammenfassung meiner jahrelangen Erfahrungen in und mit der GWUP möchte ich .... zunächst allgemein schildern, an welchen symptomatischen strukturellen Problemen sogenannte 'Skeptiker'-Organisationen' fast unheilbar kranken. Ich nenne dies das 'Skeptiker-Syndrom' ...

Ich habe innerhalb der GWUP Gremiensitzungen erlebt, bei denen sich alle Teilnehmer gegenseitig versicherten, dass eine bestimmte Studie 'Unsinn' und 'widerlegt' sei, ohne dass auch nur ein einziger Teilnehmer jene Studie gelesen hätte, relevante Argumente oder eine 'Widerlegung' hätte anführen können.

Sogar entdeckte, teils peinliche nachweisliche Fehler und Falschbehauptungen von einzelnen Mitgliedern werden organisationsintern kaum kritisiert (und schon gar nicht öffentlich!), sondern werden geduldet, solange sie hinsichtlich ihrer Zielrichtung den eigenen Überzeugungen nicht zuwider laufen. 'Hauptsache, dagegen!' scheint für viele die Devise zu sein.

So war es beispielsweise möglich, dass ein früheres GWUP-Mitglied jahrelang Gauquelins These eines 'Mars-Effekts' mit nachweislich falschen Argumenten heftig attackierte. Sogar als diese Person (aus anderen Gründen) nicht mehr GWUP-Mitglied war, sah sich außer mir keiner zu einer kritischen Aufarbeitung genötigt. In vielen anderen Beispielen haben mir Mitglieder unter vier Augen gesagt, dass sie diese und jene Behauptung anderer Mitglieder für nachweislich falsch hielten, sie aber nicht offen kritisieren wollten, 'um der skeptischen Bewegung nicht zu schaden. ...

Fragt man jene `Skeptiker', warum sie sich überhaupt mit solchen Themen beschäftigen, erhält man nicht etwa die Antwort, weil sie diese oder, jene Frage interessant fänden, sondern es werden bedrohliche Gefahren ausgemalt, weshalb man gegen gewisse Vorstellungen angehen müsse ...

Die Anhänger von 'paranormalen Überzeugungen' - oder überhaupt Andersdenkende - werden pathologisiert. Ihnen wird ein Mangel an kognitiven Fähigkeiten ('Spinner', 'Dummköpfe', 'geisteskrank' usw.) oder kriminelle Absichten unterstellt ('Betrüger', 'Scharlatane' usw.). Damit einher geht nicht selten Repressionsbereitschaft, der Ruf nach den Gerichten, nach dem Staat, nach aggressiven Kampagnen, um z. B. zu erreichen, dass bestimmte Personen etwa in Volkshochschulen nicht mehr eingeladen werden u.a.m. Auffällig ist auch, dass viel derartige 'Skeptiker' nach außen hin, öffentlich, mit solchen Pathologisierungen ihrer 'Gegner' eher vorsichtig sind, da sie erkannt haben, dass dies kontraproduktiv sein kann;

gruppenintern nehmen sie aber kein Blatt vor den Mund ('intern muss man das offen sagen dürfen'), woran erkennbar ist, dass ihre öffentlichen Erklärungen taktischen Charakter haben, aber nicht ihren tatsächlichen Überzeugungen entsprechen...Es war für mich frappierend, wie schnell eine ganze Reihe von GWUP-Mitgliedern bereits (zuweilen drastische) Urteile über (ihnen ansonsten unbekannte) Personen oder gar über die (ihnen erst recht unbekannte) wissenschaftliche Qualität von deren Arbeiten fällten, sobald nur deren Zugehörigkeit zu einer bestimmten existierenden Gruppe bekannt oder auch nur behauptet (!) wurde - oder sobald die betreffende Person von einem anderen GWUP-Mitglied kurzum mit einem bestimmten 'Label' versehen wurde (besonders beliebt ist 'Esoteriker') ....

Gleichzeitig lesen derartige 'Skeptiker' auch keine Publikationen aus dem parawissenschaftlichen Bereich (z.B. *Zeitschrift für Parapsychologie und Grenzgebiete der Psychologie, Journal of Scientic Exploration*), genausowenig aus dem esoterischen Bereich (z.B. *Esotera, Magazin 2000*). Nach einer von mir 1997 durchgeführten Umfrage unter *Skeptiker*-Beziehern lesen ca. 90% der GWUP-Mitglieder keine einzige derartige Zeitschrift. Sie sind entsprechend schlecht informiert, und zwar sowohl über aktuelle Entwicklungen in der 'Esoterik-Szene', als auch - und dies ist bedeutsamer - über diverse Untersuchungen bzw. auch den Diskussionsstand allgemein, wie sie immer wieder z.B. in den genannten 'parawissenschaftlichen' Zeitschriften publiziert werden ...

Eine Untersuchungstätigkeit zu Parawissenschaften tritt in der Regel gar nicht auf, denn es sei ja ohnehin schon klar, dass alles 'Quatsch' ist, was solle man denn noch untersuchen. Wenn überhaupt `Untersuchungen' vorgenommen werden, dann nur, um einer breiten Öffentlichkeit zu demonstrieren, was man ohnehin schon für gesichert hält. (...)

Man fragt sich, welche Funktion die Gruppe überhaupt für viele Mitglieder der GWUP hat. Unzählige Male habe ich als verantwortlicher Redaktionsleiter des *Skeptiker* aus der Leserschaft und aus der Mitgliedschaft der GWUP Anfragen und Aussagen folgenden Sinngehalts bekommen: 'Dass Parawissenschaften Quatsch sind, weiß ich ohnehin. Die GWUP brauche ich vor allem deshalb, um gut begründen zu können, warum es Quatsch ist'. Eine wissenschaftliche Haltung verbirgt sich dahinter freilich nicht. Es geht für viele Mitglieder der GWUP offensichtlich darum, in der Gruppe soziale Sicherheit für ihre schon fest bestehenden Überzeugungen und Vorurteile zu gewinnen, sie sozial durch eine Gruppe bekräftigt zu bekommen, die als autoritativ empfunden wird, sowie Argumentationshilfen für entsprechende Diskussionen im eigenen sozialen Umfeld zu erhalten ...

Besonders irritiert war ich über die Angewohnheit der damaligen Redaktionsleiterin Irmgard Oepen, dass für sie offenbar in erster Linie entscheidend war, wer einen Artikel geschrieben hatte, aber nicht, was darin geschrieben stand. So erlebte ich gleich in den ersten Tagen meiner Redaktionsmitgliedschaft, wie ein haarsträubend pseudowissenschaftlicher Artikel, in dem mathematisch bewiesen werden sollte, dass 'Angst unvermeidlich ist', unbesehen im *Skeptiker* (Heft 4/94) erschien, nur weil der Autor eine Professorenstelle hatte und er auf Frau Oepen einen sympathischen Eindruck gemacht hatte. Auch nachdem in diesem Fall nachträglich der

Fehler intern eingesehen wurde, nicht zuletzt weil eine Reihe kritischer Leserbriefe eingingen, war es ein redaktionsinterner Kampf, bis ich Frau Oepen dazu bewegen konnte, dass diese kritischen Leserbriefe nicht einfach unter den Tisch fallen dürften, sondern veröffentlicht werden müssten. Wieder und wieder erlebte ich es in den folgenden zwei Jahren, dass eingereichte Artikel, an denen inhaltlich eingestandenermaßen kaum etwas auszusetzen war, abgelehnt wurden, da sie den 'falschen' Autor hatten oder er im falschen 'Lager' vermutet wurde, dass Leserbriefe nicht veröffentlicht wurden, nur weil sie kritisch waren, und dass Personen mit 'Namen' innerhalb der GWUP sich beinahe alles erlauben konnten, es wurde veröffentlicht ...

Nach einem Jahr war ich der ständig nach dem gleichen Schema ablaufenden Auseinandersetzungen leid und schon kurz davor, frustiert wieder aus der Redaktion auszuscheiden; da regten sich innerhalb des GWUP-Vorstands hinter vorgehaltener Hand Bestrebungen, Frau Oepen als 'Präsidentin' der GWUP sanft in den Ruhestand zu schicken, da auch im GWUP-Vorstand (aus anderen Gründen) viele Personen Probleme mit ihr hatten. Die Ablösung Oepens wurde von langer Hand vorbereitet...."

Der Verfasser dieses wahrlich deprimierenden Dokuments beendet seinen ausführlichen Bericht mit den "Schlussfolgerungen":

"Mein schwerster Vorwurf an die GWUP lautet, dass bei ihr ... Anspruch und Wirklichkeit auseinanderfallen. Nach außen hin gibt man sich als objektiv, unparteiisch und unvoreingenommen, als eine 'wissenschaftliche (Forschungs-)Gemeinschaft', nur an leidenschaftsloser Wahrheitsfindung und 'Verbraucherschutz' interessiert. Tatsächlich handelt es sich aber im Kern schlicht um eine Gruppe von Advokaten für eine vorgegebene Position, eine 'verschworene Gesinnungsgemeinschaft' mit dem Ziel von Lobby-Arbeit, nicht von wissenschaftlicher Forschung ..."

So also kommen "wissenschaftliche" Verurteilungen des Geistigen Heilens zustande.

Ich möchte den Lesern dieses dunkle Kapitel einer neuzeitlichen Inquisition nicht vorenthalten. Denn nur mit dem entsprechenden Insider-Wissen wird es möglich, die Hintergründe von öffentlich vorgetragenen Anklagen gegen mich - wie auch gegen andere Heiler und Personen, die nicht in das vorgegebene Schema einer unser Leben weitgehend prägenden und bestimmenden Wissenschaftslehre passen - zu verstehen und angemessen zu bewerten.

"Was nichts kostet, kann nichts wert sein"
Die leidige Honorarfrage

An einen mäßig warmen Frühsommertag kam unangemeldet ein gepflegt gekleideter Herr zu mir. Dass etwas mit ihm nicht in Ordnung sein musste, habe ich schon gleich bei der Begrüßung gespürt, ungeachtet seiner überaus seriös wirkenden Erscheinung. Doch verriet sein Gesicht Anzeichen von äußerster Anspannung, Zerrissenheit und Verzweiflung. Diesen Mann kannte ich bereits: Es war Walter D., ein gutsituierter Architekt, der mit seiner Familie in einer noblen Gegend im Taunus, vor der Stadtgrenze der Businessmetropole Frankfurt, eine stattliche Villa bewohnte. Von seinen Aufträgen hatte er mehr als sorgenfrei leben können.

Dass er gesundheitliche Probleme hatte, wusste ich von einer früheren Begegnung her. Aber danach habe ich einige Jahre lang nichts mehr von ihm gehört. Ich musste also annehmen, dass seine gesundheitlichen Beschwerden durch den damaligen Besuch bei mir behoben worden waren und dass er seither ein beruflich und familiär erfülltes Leben führte.

Nun also saß Walter D. vor mir, doch nicht als der selbstsichere Architekt, dem viele Probleme und Schwierigkeiten des Lebens, unter denen Millionen andere Menschen zu leiden haben, erspart geblieben waren. Sondern als ein Mann, der mit leiser, brüchiger Stimme sprach, begleitet von unsicher wirkenden Gesten. Ich ermunterte ihn, mir offen von seinem körperlichen Leiden zu berichten - äußerlich war allerdings nichts davon zu erkennen - und mir zu sagen, weshalb er so überraschend zu mir gekommen war und was ich für ihn tun könnte.

Nach einigen unbeholfenen, schwerfälligen Ansätzen gelang es ihm schließlich, darüber zu sprechen, was ihn bedrückte.

Er hatte starke Depressionen und Selbstmordgedanken.

Ich hörte ihm aufmerksam zu. Dabei fühlte ich, dass er eine große, schwere Last mit sich herumtrug. Eine Last, die ihn niederdrückte. Mir war bewusst, dass er Zuspruch und Aufmunterung brauchte. Ich wollte sie ihm gerne und von Herzen geben, denn gerade das ist für einen Kranken eine "Nahrung" von unschätzbarem, unbezahlbarem Wert: wieder eine Perspektive, eine neue Hoffnung zu bekommen.

Ich sagte ihm, dass ich auch in psychischen Leiden kein Hindernis sähe, ihm zu helfen und ihn von seiner Depression zu befreien, damit sein Leben wieder lebenswert wurde.

Doch er zeigte darauf keinerlei Anzeichen von Freude oder Erleichterung. Er verharrte in seiner bedrückten Haltung, sah mich nur mit unsicheren, umherschweifenden Blicken an. Ich spürte, dass es über seine gesundheitlichen Beschwerden hinaus noch mehr geben musste, was ihn bedrückte und belastete.

Ich wollte es wissen, es war für mich keine Frage, dass ich ihn mit einem solchen ungeklärten, unausgesprochenen Geheimnis nicht wieder gehen lassen konnte. Zumal ich ihn ja kannte.

Das Unausgesprochene stand zwischen uns wie eine Wand. Ich sah ihn aufmunternd an, vermied dabei jedoch jeden Eindruck von drängender Erwartung.

Da sagte er leise und stockend: "Ich. brauche Ihre Hilfe, ich weiß, Sie können mir helfen wegen der Depressionen. Sie haben mir schon einmal geholfen. Als ich Krebs mit Metastasen hatte. Von dieser Krankheit bin ich völlig genesen. Aber jetzt - *ich kann nichts bezahlen*."

Mir war sofort klar: das war keine gespielte, geheuchelte Szene eines Menschen, der sich von krankhaftem Geiz zu einem unwürdigen Auftritt verleiten ließ. Das war echt.

Als er mein fassungsloses Erstaunen spürte, erzählte er mir, wie sich innerhalb kurzer Zeit sein so gesichert und solide erschienenes Leben vollständig verändert hatte: Sein einträgliches Architekturbüro war zusammengebrochen. Weil er sich den sehr aufwendigen Lebensstil seiner Frau nicht mehr leisten konnte, hatte sie ihn verlassen und war zu einem anderen Mann gegangen. Sein Haus musste er aufgeben, um Schulden- und Unterhaltszahlungen leisten zu können. Nun lebte er von der Hand in den Mund, mittellos und entwurzelt wie ein Obdachloser. Ja, er war ein gebrochener Mann, der mich mit vor Unsicherheit flackernden Augen ansah und mit diesen Blicken wortlos um ein wenig Hilfe flehte.

Was geschieht wohl in einer solchen Situation in einer normalen Arztpraxis? Wir wissen es, viele haben es in weit weniger dramatischen und traurigen Situationen erlebt: Ohne Krankenschein, ohne Versicherungsnachweis gibt es keine Behandlung und keine Hilfe.

Nun, bei mir gibt es weder die Notwendigkeit, einen Krankenschein vorzulegen, noch den Zwang, eine Krankenversicherung nachweisen. Denn ich "behandle" nicht; ich helfe mit einer göttlichen Kraft vor allem solchen Menschen, denen auf andere Weise bisher nicht geholfen werden konnte.

Ich musste also auch bei Walter D. nicht erst lange nachdenken, was ich ihm auf sein "Geständnis" hin zu antworten hatte: "Machen Sie sich deshalb keine Sorgen, wir fangen heute an und machen weiter, bis Sie wieder gesund sind." Lächelnd und mit Heiterkeit in der Stimme sagte ich zu ihm, ob er freiwillig eine Tasse Kaffee mit mir trinken wolle. "Und nach der Behandlung lade ich Sie zum Essen ein."

Ungläubig starrte er mich an. Ich nickte ihm aufmunternd zu: "Wie ich es gesagt habe, so machen wir es. Vergessen Sie die Sorge um die Bezahlung."

Erst jetzt reagierte er mit sichtlicher Erleichterung. In diesem Moment muss ihm der berühmte Stein von Herzen gefallen sein. Seine in der Stille weinenden Augen, die Liebe und Menschlichkeit suchten, berührten mich, sie brachten mein Herz zum Schwingen. Aus einer solchen Situation schöpfe ich die Kraft zum Helfen und Heilen. Dafür habe ich mich bei ihm bedankt.

Ich schildere diese Begebenheit, die sich tatsächlich so zugetragen hat, hier zum ersten Mal. Denn mit derartigen Geschichten und Erfahrungen gehe ich ungern "hausieren". Lieber verfahre ich zurückhaltend damit, anstatt mit meiner Mildtätigkeit zu protzen. Diese Tugend ist für mich nämlich eine Selbstverständlichkeit, wenn sie erforderlich und angebracht scheint.

Bedauerlicherweise kommen zu mir aber nicht nur lautere, aufrichtige Menschen, sondern auch solche, die ganz einfach nicht fair sind. Ständig spekulieren sie, wie sie für sich einen Vorteil herausschlagen können. Sie jammern und wehklagen über Geldnöte, nachdem sie vor dem Eingang zu meiner Praxis eine Luxuslimousine geparkt haben. Würde ich mit großzügiger Geste verkünden: Kommt alle her, ihr Mühseligen und Beladenen, Christos Drossinakis bietet euch seine Dienste unentgeltlich an, ihr braucht nicht zu bezahlen - dann entstünde ein Missverständnis, und das Verhältnis von Leistung und Gegenleistung geriete aus dem Gleichgewicht. Das aber will und darf ich nicht zulassen - auch um all derjenigen willen, die aufrichtig zu mir kommen, mit dem Bewusstsein und Verständnis, dass ihnen die erhoffte Hilfe buchstäblich etwas *wert* ist, so viel, dass sie selbst, als die Hauptbetroffenen, dafür aufkommen, anstatt die Erledigung der "Formalitäten", also der Bezahlung, nicht auf eine anonym funktionierende Krankenkasse abzuschieben. Denn wer zu mir kommt, der hat es leibhaftig mit mir, Christos Drossinakis, zu tun, nicht mit einem medizinisch-industriellen Komplex.

Für manche ernüchternden Erfahrungen werde ich allerdings immer wieder auch entschädigt. Auch davon möchte ich erzählen, auch wenn solche Erfahrungen nicht gerade alltäglich sind. Wie der überraschend verarmte Architekt Walter D. eines Tages, immer noch gut gekleidet, vor mir stand, weil er Hilfe brauchte, so kam an einem regnerischen, kühlen Herbsttag eine ärmlich aussehende ältere Frau zu mir.

Ihr Mantel war abgetragen, an den Rändern verschlissen und stellenweise fettig verschmutzt. Ihre Habseligkeiten trug sie in ein paar Plastiktüten mit dem Aufdruck einer bekannten Supermarktkette bei sich. Einzige Erleichterung verschaffte ihr ein kleiner, zweirädriger Handrollkarren, auf dem sie die Tüten offenbar durch die Gegend fuhr. Kein Zweifel, sie zählte wohl zu dem Heer der Zukurzgekommenen und Verlierer, die im reichen Deutschland keine feste Bleibe mehr haben und auf der Suche nach ein wenig Wärme und Geborgenheit rastlos umherziehen. Ich wusste nicht, was diese sichtlich verarmte Frau Mitte Fünfzig aus der Bahn geworfen hatte. Doch ihre Erscheinung erzählte mehr als tausend Worte. So war mir schnell klar, dass ich von ihr nichts zu erwarten hatte, nichts erwarten durfte, wenn es an das Honorieren meiner Dienste ging

Ich hörte mir also die Erklärung ihrer Beschwerden an, die sie hustend vorbrachte. Die nasskalte Witterung hatte auch bei ihr für die typischen Symptome gesorgt wie bei vielen anderen Menschen, die bei jedem Wetter auf der Straße leben. Seit elf Iahren machte ihr schweres Asthma bronchiale zu schaffen.

Kurz nachdem die Heilsitzung begonnen hatte, spürte ich, wie sie die wohltuende Ruhe und Wärme im Zimmer regelrecht einatmete; wie sie es genoss, ein paar Momente der Zuwendung und Aufmerksamkeit, der Fürsorge und Geborgenheit zu erleben. Allein dies musste sie, in ihrer schwierigen, wohl schon viele Jahre dauernden elenden Lebenssituation, wie ein kostbares Geschenk empfunden haben. Und dieses Geschenk wollte ich ihr in voller Liebe machen, kostenlos und ohne viel Aufhebens.

Die Zeit bei mir, vor allem die fünfzehn, zwanzig Minuten nach dem Handauflegen, ließ ich sie uneingeschränkt genießen.. Es müssen für sie paradiesische Minuten gewesen sein, denn gerade in dieser Phase spüren und erleben viele Menschen eine beglückende Verbundenheit mit der göttlichen Kraft der Liebe und Geborgenheit und einen tiefen Frieden, der ihren Körper durchströmt.

Nach einer Weile kam die Frau aus dem Ruhezimmer heraus und auf mich zu. Voller Dankbarkeit drückte sie meine Hände. "Was bin ich Ihnen schuldig?" fragte sie.

Ich muss gestehen, dass ich in diesem Moment überrascht und irritiert war, denn diese Frage hatte ich ausgerechnet von ihr zuallerletzt erwartet. Eher hatte ich mit einem kleinlauten, verschämten Geständnis gerechnet, dass sie kein Geld geben könne.

"Ich kann Ihnen nichts abnehmen, was Sie nicht haben", antwortete ich. "Ich habe es für Sie getan, mit Gottes Hilfe und in seinem Namen. Ihm müssen Sie danken."

"Doch, doch", wehrte sie ab, "ich möchte für Ihre Hilfe etwas bezahlen. "Sagen Sie mir, wie hoch Ihr Honorar gewöhnlich ist". Dann ging sie zu dem Handroller mit den Plastiktüten, beugte sich darüber und winkte mich zu sich. "Sehen Sie, ich bin nicht so arm, wie Sie denken."

Und sie zeigte mir ein unter schmutzigen Tüchern geschickt verstecktes Bargeldvermögen von einigen zigtausend Mark.

Nun konnte ich das Honorar, das sie unbedingt leisten wollte, ohne Skrupel annehmen. Und dabei war ich um eine wichtige Erfahrung reicher geworden: "Nichts ist, wie es scheint." Der wohlgekleidete, vermeintlich gutsituierte Architekt aus bester Gesellschaft war in die Armut abgestürzt. Man sah es ihm nicht an. Die ärmlich gekleidete und so bedauernswerte Obdachlose dagegen trug ein kleines Vermögen in einer verschmutzten Plastiktüte mit sich herum, ohne dass man ihr ihren kleinen Reichtum ansehen konnte.

Verstehen Sie nun, warum es für jemanden, der seine heilerischen Dienste anbietet, so schwierig ist, einen in jedem Fall angemessenen Umgang mit dem Thema Geld zu finden - und jedem gerecht zu werden?

Gerade an diesem heiklen Streitpunkt prallen, so scheint es, zwei Welten aufeinander. Die einen betrachten Honorare für Heilbemühungen als regelrechtes Teufelszeug, als Ausdruck von Unmoral und ethischer Verkommenheit, die bei jeder Gelegenheit gebrandmarkt und geächtet werden muss. Für Andere ist es ein mehr oder weniger selbstverständliches Mittel, Leistung mit Gegenleistung zu vergelten.

Gerade in esoterischen Kreisen überwiegt eine verblüffend übereinstimmende Empörung über Heiler, die für ihr Tun und Auftreten Geld nehmen,

Honorare "berechnen". Die verurteilenden Stimmen äußern sich allerdings häufig mit einem Moralverständnis, dessen Kriterien sich bei genauer Betrachtung als unverständlich bis dubios, im günstigsten Fall als verschwommen und nicht nachvollziehbar erweisen.

Der Krieg der Positionen und Meinungen wird schon seit Jahren auch unter Heilern selbst unnachgiebig geführt. Selbst hier werden mitunter recht schlichte Ansichten über den Umgang mit dem "Dämon" Geld verbreitet.

So verkündete eine berühmte bulgarische Heilerin auf einem der Internationalen Kongresse für Geistiges Heilen in Basel nachdrücklich, sie heile nicht gegen Geld, sondern "nur aus Liebe", was selbstverständlich großen Eindruck auf die Kongressbesucher und angereisten Pressevertreter machte. Allerdings hatte sie vergessen zu erwähnen, dass sie sich um ihren Lebensunterhalt nicht zu sorgen brauchte, weil ihr Mann für diese Sorge zuständig war. So lässt es sich trefflich verurteilen, wenn es um den Umgang mit Geld geht.

“Stimmt es wirklich, dass Heilen und Geldnehmen sich nicht miteinander vertragen? Im Gegenteil. Um auf Dauer wirksam helfen zu können, muss ein Heiler frei sein von den Belastungen ständiger, ewig neuer Existenzsorgen. Er soll seine Kräfte darauf konzentrieren können, zu heilen. Der asketische Verzicht auf eine stetige Einkommensquelle und Existenzsicherung durch das Heilen blockiert langfristig Heilkräfte und hilft letztlich niemandem. Heilerisch aktiv zu sein, hat nichts zu tun mit einem bohèmehaften Künstlerleben, das sich dadurch auszeichnet, dass es ständig auf ein finanzielles Desaster zusteuert.

Aber betrachte nicht auch ich die Fähigkeit zum Heilen als Gottesgabe? Wie kann ich ein Geschäft aus etwas machen, das mir selbst geschenkt worden ist? Wer darin einen Widerspruch sieht, müsste konsequenterweise dafür plädieren, dass kein Talent in irgendeiner Weise “vermarktet” werden darf - denn weshalb sollte das Heilenkönnen “göttlicher” sein als beispielsweise eine musikalische oder literarische Begabung? Erst recht unsittlich verhielten sich dann Geistliche, die sich ihre Stellen bezahlen lassen, statt sich mit reinem “Gotteslohn” zu begnügen. Damit Berufungen gelebt werden, Talente sich entfalten können, bedarf es materieller Sicherheit.

Auch an der Höhe von Heilerhonoraren entzündet sich immer wieder Streit, und dabei versuchen Kritiker auch mich immer wieder auf die Anklagebank zu setzen. Anderswo sind Heilsitzungen billiger zu haben, das weiß ich. Andererseits macht es einen gewaltigen Unterschied, ob ein Heiler irgendwo auf dem flachen Land praktiziert, womöglich alimentiert von einem gutverdienenden Lebensgefährten und zusätzlich abgesichert durch einen anderen Haupt- oder Nebenberuf - oder ob er in einer Großstadt wie Frankfurt am Main, mit überdurchschnittlich hohen Lebenshaltungskosten wie kaum anderswo in Deutschland, ausschließlich als Heiler tätig ist, im Praxisbetrieb Bürohilfe braucht - und auf eigene Kosten kreuz und quer über den Globus reist, um an Forschungsprojekten mitzuwirken.

Das Moralisieren über das Thema Heilerhonorar treibt geradezu groteske Blüten, wie ein Besucher eines Heilerkongresses in Basel vorführte: Er begann ein Gespräch mit einem dort auftretenden Heiler, indem er gönnerhaft anbot: "Ich bezahle dich, wenn deine Behandlung Erfolg hat."

Welch ein absurder Anspruch! Kaum jemand, der bei wachen Sinnen ist, käme zum Beispiel auf den Gedanken, in einem Restaurant dem Kellner anzukündigen: "Erst wenn mir das Essen gut geschmeckt hat, werde ich dafür bezahlen!" Und in unserem gewöhnlichen Medizinbetrieb ist ein solches Ansinnen erst recht unvorstellbar. Bezahlt der zitierte Kongressbesucher ein Medikament beim Apotheker erst, nachdem sich herausgestellt hat, dass es hilft? Verlangt er von seinem Arzt, ihn kostenlos zu behandeln, bis die Symptome verschwunden sind - und weigert sich im Misserfolgsfall, die Therapiekosten zu bezahlen? Nur bei Heilern soll alles plötzlich ganz anders sein. Sie sollen sich mit einem "Vergelt's Gott!" begnügen. Teilen sie diese Ansicht nicht, so wird ihre Seriosität in Zweifel gezogen - und das ist unseriös.

Verfolgt wie ein Verbrecher
Mein langer Kampf um Gerechtigkeit

Den wenigsten Patienten, die sich mir in den vergangenen drei Jahrzehnten anvertrauten, war klar, welchen juristischen Risiken ich mich aussetzte, indem ich ihnen zu helfen versuchte. Das Damoklesschwert des deutschen "Heilpraktikergesetzes" hing über mir. Es untersagte medizinischen Laien jegliche "Ausübung der Heilkunde"; diese blieb Ärzten und, mit gewissen Einschränkungen, staatlich anerkannten Heilpraktikern vorbehalten. Dass ein Heiler gar keine "Therapie" im medizinischen Sinne durchführt, tat dabei nichts zur Sache. Der bloße *Eindruck* des Klienten, er werde "behandelt", war der Justiz schon Beweis genug dafür, dass eine strafbare Handlung vorliegt.

Diesem himmelschreienden Unrecht wollte ich mich niemals beugen; ich dachte nie daran, deswegen ins liberalere Ausland zu emigrieren oder meine Heiltätigkeit einzustellen. Ebensowenig ließ ich mich dazu zwingen, eine Heilpraktikerausbildung zu absolvieren. Denn für das, was ich Patienten vermittle, benötige ich keinerlei medizinische Vorkenntnisse - bloß Liebe und den Beistand Gottes.

Und deshalb bin ich viele Jahre lang von Gesundheits- und Ordnungsämtern, von Staatsanwälten und Richtern regelrecht "gejagt" worden. Aber ich gab nicht klein bei. Ich wehrte mich, ungeachtet des gigantischen Aufwands an Zeit, Energie und natürlich auch Geld, den ich dafür betreiben musste. Nein, dieses Heilpraktikergesetz sollte mich nicht brechen - das war ich all den verzweifelten Patienten schuldig, die in mir ihre "letzte Hoffnung" sahen, nachdem sie der herkömmliche Medizinbetrieb schon als "behandlungsresistent", als "austherapiert" aussortiert, beiseitegeschoben und alleingelassen hatte. Unterlag ich in einer Instanz, ging ich in die nächste; unterlag ich auch dort, wandte ich mich an die nächsthöhere - bis ich schließlich beim Bundesverfassungsgericht angelangt war. Und dort, endlich, bekam ich sensationellerweise Recht.

Die Vorgeschichte reicht weit zurück, sie hat sich inzwischen in Hunderten von Anklageschriften, Behördenbescheiden, Anwaltsschreiben, Gutachten, Zeugenbefragungen und Verhandlungsprotokollen niedergeschlagen. Details will ich Ihnen ersparen. Stellvertretend für unzählige juristische Schlachten, die es zu schlagen galt, gebe ich Ihnen im Folgenden wieder, was ein Rechtsanwalt erlebte, als er mich Mitte der neunziger Jahre vertrat. Anschließend berichte ich Ihnen von dem glücklichen Ende, den mein langer Kampf schließlich in einem letztinstanzlichen Urteil des Bundesverfassungsgerichts fand.

Wenn der Rechtsstaat Jagd auf Heiler macht

"Zur Jahreswende 1996/97", so berichtet mein damaliger Anwalt Harald R. in einem Buchbeitrag, "beauftragte mich der in Frankfurt-Höchst ansässige Heiler Christos Drossinakis mit seiner Verteidigung. Wie sich zwischenzeitlich herausstellte, sollte sich dieser Fall zu einer juristischen Herausforderung sondergleichen entwickeln. Dem "Fall Drossinakis" kommt eine übergeordnete Bedeutung für die gesamte Rechtspraxis im Bereich des Geistigen Heilens zu, womit er als Präzedenzfall in die Rechtsgeschichte eingehen kann.

Die Vorgeschichte

Am 23. März 1995 gegen 10.20 Uhr betreten zwei als "Liebespaar" getarnte Polizeibeamte in Zivil die Wohnung von Herrn Drossinakis. Sie verschaffen sich Zutritt, indem sie meinen Mandanten bitten, für sie bei ihrem bisher "unerfüllt gebliebenen Kinderwunsch" unterstützend tätig zu werden. Im Treppenhaus - was Herr Drossinakis zu dieser Zeit nicht weiß - warten unter der Leitung einer Staatsanwältin vier weitere Ermittlungsbeamte, zwei Ärzte des Stadtgesundheitsamtes, ein Abgeordneter des Ordnungsamtes sowie drei weitere Fahnder.

Mit einem Ermittlungsaufgebot, das ich als Rechtsanwalt bislang nur im Rahmen des Vorgehens gegen die organisierte Kriminalität erleben durfte, versucht der Rechtsstaat Spuren zu sichern und Beweise zu finden, um Herrn Drossinakis einer "strafbaren Heilertätigkeit" überführen zu können. Über zwei Stunden lang werden die Räumlichkeiten durchsucht, und man vergisst nicht, im Keller nach Belastungsmaterial Nachschau zu halten.

Von der erwarteten "Praxis" sind die Ermittler enttäuscht, denn sie finden keine Behandlungsräume mit Liegen, medizinischen Geräten oder Medikamenten vor. Auch erhoffte Unterlagen über Krankheitsbilder, Behandlungsmethoden oder eine

Patientenkartei können nicht sichergestellt werden. Als die Ermittler die Räume von Herrn Drossinakis jedoch verlassen, haben sie einen Computer mit neun Disketten, 209 Musik- und 151Videokassetten, mehrere Aktenordner, einen Terminkalender, ein Telefonregister und persönliche Schriftstücke beschlagnahmt.

Die Folgemonate verbringen Polizei und Staatsanwaltschaft damit, die mitgenommenen Musik- und Videokassetten abzuhören bzw. anzusehen und den Schriftwechsel mit verschiedenen Verlagen genau zu überprüfen. Hilfesuchende werden sodann seitens der Staatsanwaltschaft mit einem vierzehn Fragen umfassenden, suggestiven "Fragebogen zur Anhörung von Patienten" angeschrieben und zur Aussage aufgefordert. Es werden Aussagen nach Art, Umfang, Dauer und Kosten der "Behandlung" verlangt. Auch zum Behandlungserfolg und den konkreten Leiden haben die Hilfesuchenden Angaben zu machen.

Nach 21monatiger Ermittlungsarbeit erhebt die Staatsanwaltschaft Frankfurt am Main am 26. November 1996 Anklage. Herrn Drossinakis wird der Vorwurf gemacht, durch 45 rechtlich selbständige Handlungen gegen das Heilpraktikergesetz (HPG) verstoßen zu haben. Nach §§ 1, 5 HPG soll er nach Auffassung der Staatsanwaltschaft verurteilt und bestraft werden, weil er, "ohne zur Ausübung des ärztlichen Berufes berechtigt zu sein und ohne eine Erlaubnis nach § 1 HPG zu besitzen, die Heilkunde ausgeübt" habe. Diesen Tatvorwurf der unberechtigten Ausübung des Heilberufes glaubt die Staatsanwaltschaft durch 47 Zeugen und die sichergestellten Beweismittel darlegen zu können.

Als Verteidiger erhebe ich Einwendungen dagegen bereits im Verfahren vor Eröffnung der Hauptverhandlung. Dabei rege ich die Vorlage des Verfahrens an das Bundesverfassungsgericht an, nach Artikel 100 des Grundgesetzes: wegen Unvereinbarkeit von nationalem Recht mit dem Recht auf freie Entfaltung der Persönlichkeit, der Religionsausübung und den Regeln des Völkerrechts. Meine Erwiderung rügt die unterschiedlichen und zum Teil zulassungsfreien Regelungen zum "paranormalen Heilen" innerhalb der europäischen Union und die Unvereinbarkeit der deutschen Verfahrensweise mit dem EU-Recht und verfassungsrechtlichen Prinzipien. Zudem wird der Staatsanwaltschaft der Vorwurf gemacht, dass es bei einzelnen Anklagepunkten an konkreten Informationen mangelt, die geeignet wären, den Umfang des Tatvorwurfes zu bestimmen. So fehlen beispielsweise Angaben zur Tatzeit oder zur Form der vermeintlichen Tatbegehung.

Unter Beachtung dieser Bedenken eröffnet das Schöffengericht Frankfurt am Main das Hauptverfahren gegen Herrn Drossinakis in vierzig Fällen. Zum Prozessbeginn bestimmt es den 17. Juni 1997.

Der Prozess

Unter großer Beachtung seitens der Öffentlichkeit und der Medien wird vor dem Schöffengericht Frankfurt - ein Berufungsrichter und zwei Schöffen - die "Strafsache Drossinakis" verhandelt.

Die Verteidigungsstrategie baut darauf auf, dass mein Mandant die Selbstheilungskräfte der hilfesuchenden Personen mittels religiöser Riten und Glaubensausformungen unter Anrufung Gottes durch Handauflegen zu stärken versucht. Sie bezieht sich auch darauf, dass Herr Drossinakis jedem Hilfesuchenden erklärt, dass Heilung alleine durch die Selbstheilungskräfte bewirkt werden kann und daher konkrete Krankheitsbilder für den Heiler ohne Bedeutung sind. Weiterhin gründet die Strategie der Verteidigung darauf, dass Herrn Drossinakis jedem Hilfesuchenden ein Informationsblatt zugänglich machte, in dem er ausdrücklich ein Heilungsversprechen verneint und der Hinweis erfolgt, sich auch weiterhin ärztlich behandeln zu lassen.

Die Beweisaufnahme des Gerichts beginnt mit einer Stellungnahme meines Mandanten, worin dieser seine religiösen und moralischen Beweggründe für sein Tun darlegt und jedem Hilfesuchenden ein Recht auf Besserung zugesteht. Das Gericht verliest das Informationsblatt, in dem Herr Drossinakis auf folgendes aufmerksam macht:

"Es werden keine Diagnosen, Therapien, Behandlungen im medizinischen Sinne durchgeführt oder sonst Heilkunde im gesetzlichen Sinne ausgeübt.

Der Heiler versteht sich als spiritueller Lebensberater, der über keinerlei medizinische Kenntnisse und Fertigkeiten verfügt und daher nicht den Eindruck erweckt, dass er eine ärztliche Behandlung durchführt.

Die Sitzungen können eine ärztliche Behandlung nicht ersetzen, vielmehr ist eine Zusammenarbeit mit der Schulmedizin sehr wichtig. Laufende ärztliche Behandlungen sollen daher weder unter- noch abgebrochen noch ganz unterlassen werden. Ein Versprechen auf Heilung erfolgt nicht."

Am ersten Verhandlungstag werden elf Zeugen vernommen. Neben Mitarbeitern des Gesundheits- und Ordnungsamtes - die bekunden, mit der Überprüfung von Heilern ihre Pflicht zu tun - kommen Hilfesuchende zu Wort, die das Dilemma dokumentieren, in dem sich ein Heiler bei der gegenwärtigen Rechtslage befindet. Einerseits geht der Rechtsstaat mittels Strafrecht und verwaltungsrechtlichen Verfügungen gegen den Heiler vor, um seine Hilfeleistungen zu unterbinden; auf der anderen Seite steht jedoch der Hilfesuchende, der sich nach zumeist langen Leidensgeschichten, zahlreichen erfolglosen ärztlichen Therapieversuchen nunmehr aus Überzeugung oder Hoffnung auch paranormalen Methoden zuwendet.

So bekundet die 38jährige Zeugin Dagmar E., dass sie auf Anraten ihrer Hausärztin wegen massivem Haarausfall zu Herrn Drossinakis kam. Dieser legte seine Hand auf und betete - und die Beschwerden der Zeugin gingen rasch zurück. Jeder im Sitzungssaal konnte sich von dem jetzt wieder schönen und dichten Haar der Zeugin überzeugen und sich nicht vorstellen, dass diese jemals in ihrem Leben unter Haarausfall gelitten hatte.

Die 80jährige Zeugin Edeltraud E. litt unter einer resistenten Gürtelrose, derentwegen sie bereits mehrere Fachärzte erfolglos aufgesucht hatte. Auch ihr legte Herr Drossinakis die Hand auf und betete. Die Zeugin war dabei ganz entspannt - und bereits am Nachmittag desselben Tages fieberfrei. Die Pusteln am Körper der Zeugin gingen zurück, sie konnte wieder schlafen und hatte keine Beschwerden mehr. Jeder im Sitzungssaal konnte sich von der Vitalität der alten Dame überzeugen.

Am zweiten Verhandlungstag schilderte die 38jährige Swetlana K. die Leidensgeschichte ihrer minderjährigen Tochter, die bereits zweimal wegen eines Gehirntumors operiert worden war. Da die ärztlichen Behandlungsmethoden keinen Erfolg zeigten, stand eine dritte Operation an. Auch hier legte der Heiler Christos Drossinakis die Hand auf, und der Zustand des Mädchens besserte sich rasch. Gleich einem "Wunder" konnte nach einiger Zeit bei der Computertomographie kein Krankheitsbefund mehr festgestellt werden. Die dritte Operation war somit entbehrlich. Während der Schilderungen der Mutter hätte man im Gerichtssaal das Fallen einer Briefmarke hören können. Der Heilungserfolg war einfach überwältigend.

Nahezu alle vernommenen Zeugen bekundeten vor Gericht, dass sie zumeist einen langen Leidensweg hinter sich hatten, von Arzt zu Arzt gelaufen waren und vielfach als "austherapiert" gegolten hatten. Von Herrn Drossinakis wurden sie freundlich aufgenommen, und in entspannter Atmosphäre legte er ihnen betend die Hand auf. Heilungsversprechen gab er nicht ab; im Gegenteil ermunterte er die Hilfesuchenden, ärztliche Behandlungen fortzusetzen oder wieder aufzunehmen.

Seitens der Verteidigung wurden zudem Beweisanträge zur Vernehmung renommierter Sachverständiger auf dem Gebiet paranormalen Heilens gestellt. Sie sollten Erkenntnisse in den Prozess einführen, wonach der Gang zum Heiler vielfach erst nach dem langen und wiederholten Durchlaufen der Schulmedizin erfolgt. Pilotstudien zum paranormalen Heilen haben belegt, dass zu einem hohen Prozentsatz Besserung bei den Hilfesuchenden eintrat.

Das Schöffengericht hörte die Sachverständigen zwar nicht an, unterstellte die Beweisbehauptungen der Verteidigung jedoch als wahr. In der Urteilsbegründung zeigte sich später, wie wichtig diese Verteidigungsstrategie war.

Am Ende der Beweisaufnahme beantragte die Staatsanwaltschaft, das Verfahren in 17 Fällen einzustellen. Wegen Verstoßes gegen das HPG in den verbleibenden 28 Fällen forderte die Staatsanwaltschaft jedoch eine drakonische Geldstrafe in Höhe von 54.000 DM.

Der Verteidigung gelang es in ihrem Schlussplädoyer, nochmals das Dilemma zwischen Recht und moralischer bzw. religiöser Verpflichtung zum "Heilen" darzulegen und zu betonen, daß in keinem einzigen Fall durch das Handauflegen von Herrn Drossinakis ein Hilfesuchender zu Schaden kam. Ganz im Gegenteil lag nicht nur keine konkrete Gefährdung vor, sondern gerade bei ausweglosen Fällen trat Besserung ein. Zudem verhinderte das ausgelegte Informationsblatt, dass sich Hilfesuchende falsche und unberechtigte Vorstellungen und Hoffnungen machten oder die Schulmedizin vernachlässigten.

Auch ließ sich das Gericht davon überzeugen, dass man heute bei dem durch die Massenmedien umfassend informierten und aufgeklärten Bürger davon ausgehen muss, dass dieser in Entscheidungssituationen die "paranormalen Fähigkeiten" Dritter neben schulmedizinischen Methoden in Betracht zieht und damit der von der Rechtsprechung vielfach unterstellte Gegensatz "Wunderheiler statt Schulmedizin" der Vergangenheit angehört.

Die Verteidigung beantragte daher den Freispruch des Heilers Drossinakis.

Das Urteil

Am 27. Juni 1997 sprachen die Richter des Schöffengerichts Frankfurt am Main den Heiler Christos Drossinakis vom Vorwurf des Verstoßes gegen das Heilpraktikergesetz frei. (Az.: 65 Js 2055.0/95 - 917 A Ls.) Die Hauptverhandlung habe keinen strafbaren Nachweis von Verstößen gegen das Heilpraktikergesetz ergeben. Bei einer verfassungsgemäßen Auslegung des HPG, so das Gericht, bedürfe es einer Erlaubnis zur Ausübung der Heilkunde nur, falls die betreffende Tätigkeit

- "als solche gesundheitliche Schäden verursachen kann oder
- in ihren Auswirkungen gefährlich sein kann, weil etwa ein Leiden, dessen Diagnose ärztliches Wissen erfordert, nicht erkannt oder behandelt wird.

Diese Voraussetzungen lagen nach Auffassung des Gerichts bei Herrn Drossinakis offensichtlich nicht vor.

Denn zum einen stelle das Handauflegen als solches keine Gefährdung der Gesundheit dar. Auch darüber hinausgehende Gefährdungen seien auszuschließen, denn wie der Heiler während der Verhandlung glaubhaft dargelegt habe und die befragten Zeugen bestätigten, habe er Hilfesuchende stets darauf aufmerksam gemacht, dass keine Diagnosen, Therapien, Behandlungen im medizinischen Sinne ausgeübt werden, sondern "religiöse Handlungen zum Ziel, die Selbstheilungskräfte des Körpers zu stärken". Er habe die Hilfesuchenden darüber informiert, dass er über keinerlei medizinische Kenntnisse und Fertigkeiten verfügt. Ausdrücklich habe er darauf hingewiesen, dass die Sitzungen eine ärztliche Behandlung nicht ersetzen können und eine Zusammenarbeit mit Schulmedizinern für sehr wichtig erachtet wird. Eine laufende Behandlung sollte daher nicht unter- oder abgebrochen bzw. eine notwendige nicht hinausgeschoben oder unterlassen werden. Ferner habe der Heiler betont, dass kein Heilungsversprechen abgegeben wird und es in der freien Verantwortung und Entscheidung des Ratsuchenden liegt, die Sitzung fortzusetzen oder abzubrechen.

Besonders würdigte das Gericht, dass all diese Hinweise, Ratschläge und Warnungen in einem Informationsblatt zusammengestellt worden sind, das in den Räumen des Heilers ausliegt und den Klienten ausgehändigt wird.

Das Fazit des Gerichts: "Nach alledem geht von der Tätigkeit des Angeklagten Drossinakis keine Gefährdung aus."

Trotz der umfangreichen Beweisaufnahme und der umfassenden Würdigung durch die Richter des Schöffengerichts gab sich die Staatsanwaltschaft mit diesem Ergebnis nicht zufrieden. Sie legte Rechtsmittel ein und beantragte, diese als Revisionsverfahren vor dem Oberlandesgericht Frankfurt am Main durchzuführen. Diese Maßnahme bedeutet, dass die Staatsanwaltschaft zunächst auf eine zweite Tatsacheninstanz verzichtet und das Oberlandesgericht Frankfurt am Main ersucht wird, über die Rechtsfragen dieses Falles zu entscheiden.

Weist das Oberlandesgericht Frankfurt am Main die Revision der Staatsanwaltschaft zurück, so ist der Freispruch von Herrn Drossinakis rechtskräftig, und er kann wegen der Unterstützung der Hilfesuchenden strafrechtlich nicht mehr belangt werden. Hebt das Oberlandesgericht Frankfurt am Main hingegen das freisprechende Urteil auf, so wird der Prozess ganz von vorne aufgerollt, und ein weiteres Schöffengericht des Amtsgerichts Frankfurt am Main hat über die Strafbarkeit des Verhaltens meines Mandanten erneut zu befinden."

Sieg in Karlsruhe - Ein Meilenstein für die deutsche Heilerbewegung

Tatsächlich gab die Staatsanwaltschaft daraufhin keine Ruhe, sondern ging in Revision - bis mein Fall schließlich in Karlsruhe landete, wo ich Verfassungsbeschwerde einreichte. Gute Bekannte und Freunde hatten mir bis dahin dringend geraten, es darauf erst gar nicht ankommen zu lassen ("Der Klügere gibt nach") - sie fürchteten um meine Existenz und waren fassungslos, dass es mir nicht ebenso erging. "Die mächtigen Mühlen der Justiz werden ein kleines Licht wie dich zermalmen", warnte mich einer. Sich mit Unrecht abfinden: das kam für mich aber nicht in Frage. Dafür riskierte ich alles.

Und diese Beharrlichkeit zahlte sich letztlich aus. Am 3. Juni 2004 fasste die Dritte Kammer des Zweiten Senats des obersten deutschen Gerichts einstimmig den Beschluss, meiner Verfassungsbeschwerde stattzugeben (Aktenzeichen: 2 BvR 1802/02). Denn, so begründen die Richter, die gegen mich zuvor gefällten Urteile verletzen mein Grundrecht aus Artikel 12 Absatz 1 des Grundgesetzes: Demzufolge "haben alle Deutschen das Recht, Beruf, Arbeitsplatz und Ausbildungsstätte frei zu wählen".

Aus der Urteilsbegründung des Bundesverfassungsgerichts (mit nachträglichen Hervorhebungen durch mich):

"Die aus dem Heilpraktikergesetz abgeleitete Erlaubnispflicht und die aus diesem Umstand resultierende strafrechtliche Sanktionierung führen zu einer **unverhältnismäßigen Beschränkung der Berufswahlfreiheit** des Beschwerdeführers. Eingriffe in die Freiheit der Berufswahl sind nach ständiger Rechtsprechung nur unter engen Voraussetzungen zum Schutz besonders wichtiger Gemeinschaftsgüter und unter strikter Beachtung des Grundsatzes der Verhältnismäßigkeit statthaft. (...)

Die Erlaubnispflicht nach dem Heilpraktikergesetz ist im Falle des Beschwerdeführers nicht geeignet, den mit ihr erstrebten Zweck des Schutzes der Gesundheit der Bevölkerung zu erreichen. Die Heilertätigkeit des Beschwerdeführers beschränkt sich nach den fachgerichtlichen Feststellungen im Wesentlichen auf das Handauflegen. **Ärztliche Fachkenntnisse sind hierfür nicht erforderlich**, zumal der Beschwerdeführer unabhängig von etwaigen Diagnosen einheitlich durch Handauflegen handelt.

Eine mittelbare Gesundheitsgefährdung durch die Vernachlässigung einer notwendigen ärztlichen Behandlung ist mit letzter Sicherheit nie auszuschließen, wenn Kranke nicht bei Ärzten, sondern bei anderen Menschen Hilfe suchen. Dieser Gefahr kann aber gerade im vorliegenden Fall durch das Erfordernis einer Erlaubnis nach dem Heilpraktikergesetz nicht adäquat vorgebeugt werden. Arzt und Heilpraktiker stehen einander im Behandlungsansatz viel näher als die Heiler. Wer einen Heilpraktiker aufsucht, wird den Arzt eher für entbehrlich halten, weil ein Teil der ärztlichen Funktion vom Heilpraktiker übernommen werden darf. Deshalb wird bei den Heilpraktikern das Vorliegen gewisser medizinischer Kenntnisse geprüft und für die Erteilung der Erlaubnis vorausgesetzt. Die Heilpraktikererlaubnis bestärkt den Patienten in gewisser Hinsicht in der Erwartung, sich in die Hände eines nach heilkundlichen Maßstäben Geprüften zu begeben. (...)

Nach den fachgerichtlichen Feststellungen **vermeidet der Beschwerdeführer diesen Eindruck**. Ungeachtet dessen, dass von dem Handauflegen vornehmlich Personen betroffen waren, deren vorangegangene ärztliche Behandlung erfolglos geblieben war, **hielt der Beschwerdeführer die Kranken in allen Fällen dazu an, weiter mit der Schulmedizin zusammenzuarbeiten und den Kontakt zu den behandelnden Ärzten nicht abzubrechen.**

Ein so genannter Wunderheiler, der spirituell wirkt und den religiösen Riten näher steht als der Medizin, weckt im Allgemeinen die Erwartung auf heilkundlichen Beistand schon gar nicht. Die Gefahr, notwendige ärztliche Hilfe zu versäumen, wird daher eher vergrößert, wenn geistiges Heilen als Teil der Berufsausübung von Heilpraktikern verstanden wird. (...) Jedenfalls zielen die Heilpraktikererlaubnis und die ärztliche Approbation nicht auf rituelle Heilung. Wer Letztere - insbesondere bei einer vorangegangenen Erfolglosigkeit schulmedizinischer Behandlung - in Anspruch nimmt, geht einen **dritten Weg**. Er setzt sein Vertrauen nicht in die Heilkunde und wählt etwas von einer Heilbehandlung Verschiedenes, wenngleich auch von diesem Weg Genesung erhofft wird. Dies zu unterbinden ist nicht Sache des Heilpraktikergesetzes. **Je weiter sich das Erscheinungsbild des Heilers von einer medizinischen Behandlung entfernt, desto geringer wird das Gefährdungspotential**, das im vorliegenden Zusammenhang alleine geeignet ist, die Erlaubnispflicht nach dem Heilpraktikergesetz auszulösen. (...)

Ferner fehlt es hier auch an der Erforderlichkeit der Erlaubnispflicht - und der damit zusammenhängenden Strafdrohung - zum Schutz der Gesundheit.

Da die mit der Tätigkeit verbundenen Gesundheitsgefahren ersichtlich nur im Versäumen ärztlicher Hilfe liegen können, **muss lediglich sichergestellt werden, dass ein solches Unterlassen nicht vom Beschwerdeführer veranlasst oder gestärkt wird. Einer Überprüfung seiner Kenntnisse und Fähigkeiten auf den Gebieten, die den Heilpraktiker kennzeichnen, bedarf es hierzu aber nicht. Ausreichend sind vielmehr charakterliche Zuverlässigkeit und verantwortungsbewusstes Handeln. Es muss gewährleistet sein, dass der Beschwerdeführer die Kranken zu Beginn des Besuchs ausdrücklich darauf hinweist, dass er eine ärztliche Behandlung nicht ersetzt. Hierfür hat der Beschwerdeführer Sorge getragen**; ob darüber hinausgehend das bloße Auslegen entsprechender Informationsblätter ausreichend gewesen wäre, kann daher dahinstehen. (...) Kontrollen der Gewerbeaufsicht können die Einhaltung derartiger Aufklärungsverpflichtungen durchsetzen; eine gewerberechtliche Anzeigepflicht kann eine Kontrolle erleichtern. **Einer Kenntnisprüfung auf der Grundlage des Heilpraktikergesetzes bedarf es für die Bekämpfung von Gesundheitsgefährdungen im vorliegenden Zusammenhang nicht.** (...)

c) Auch im Übrigen genügen die angegriffenen Entscheidungen nicht der hier notwendig strengen Verhältnismäßigkeitsprüfung. Vorliegend ist der Eingriff in die Berufswahlfreiheit nur mit mittelbaren Gefahren für den zu schützenden Gemeinwohlbelang der Gesundheit der Bevölkerung begründet worden. Damit entfernen sich Verbot und Schutzgut so weit voneinander, dass bei der Abwägung besondere Sorgfalt geboten ist. Die Gefahren müssen hinlänglich wahrscheinlich und die gewählten Mittel eindeutig Erfolg versprechend sein. (...) Insbesondere an letzterem fehlt es hier. Der Beschwerdeführer hätte auf der Grundlage der fachgerichtlichen Rechtsauffassung seine Verurteilung nur abwenden können, indem er die für die Erlaubniserteilung nach dem Heilpraktikergesetz erforderliche Heilpraktikerprüfung abgelegt hätte. **Diese Forderung ist jedoch unangemessen, weil eine derartige Prüfung mit der Tätigkeit, die der Beschwerdeführer ausübt, kaum noch in einem erkennbaren Zusammenhang steht. Die in der Prüfung vorausgesetzten Kenntnisse kann der Beschwerdeführer bei seiner Berufstätigkeit nicht verwerten.** (...)

Diese Entscheidung ist unanfechtbar."

Dass ich ausgiebig gefeiert habe, als die frohe Botschaft aus Karlsruhe eintraf, versteht sich von selbst. Grund zum Feiern hat aber auch jeder Hilfesuchende, der sich einem Heiler anvertrauen will: Jetzt endlich darf er beruhigt davon ausgehen, dass er keinem Kriminellen in die Hände fällt.

Heilen lernen

Vom Heiler zum Lehrer - Ein neuer Lebensabschnitt beginnt

Ist Geistiges Heilen erlernbar? Kann man es sich ähnlich aneignen wie eine Fremdsprache, das Musizieren auf einem Instrument?

Hätten Sie mich vor zehn Jahren danach gefragt, so hätten Sie von mir noch ein entschiedenes "Nein!" zu hören bekommen. Bis dahin war ich fest davon überzeugt, dass es sich bei der Fähigkeit zu heilen um eine Gnadengabe Gottes handelt, die nur wenigen Auserwählten schicksalhaft zuteil wird - ein *Charisma*, wie christliche Theologen sagen. Durch nichts lässt sich der Erwerb dieser Fähigkeit erzwingen, mit keinem noch so hohen Geldbetrag erkaufen, mit keinem noch so angestrengten Bemühen aneignen. Stets hatte ich dabei die Worte meines Großvaters im Sinn, der bis heute der begnadetste Heiler geblieben ist, den ich je kennengelernt habe: "Mein Junge, für jeden von uns hat ein göttlicher Plan eine bestimmte Lebensaufgabe vorgesehen. Aus dir soll ein Heiler werden, das weiß ich. Wenn du eines Tages aus ganzem Herzen Ja dazu sagst, so wirst du die Richtigkeit deiner Entscheidung an der tiefen Erfüllung spüren, die du erlebst, wenn du diese Aufgabe erfüllst; und es wird dir an der großartigen Hilfe deutlich werden, die du Leidenden dadurch bieten kannst. Doch nichts und niemand *zwingt* dich dazu, Heiler zu werden. Vielleicht wirst du als Erwachsener ein Leben lang eher Häuser entwerfen, oder Köpfe frisieren, oder auf Bühnen singen, oder Blumen züchten. Doch immer wird dir dabei etwas fehlen, und dieses Zuwenig wird dir zeigen, dass du nicht begriffen hast, wozu du eigentlich da bist." Genauso sah auch ich es: Erkenne, dass du zum Heiler geboren bist - oder lass es besser, dir und Anderen zuliebe.

Vielerlei Auswüchse der Esoterikbewegung bestärkten mich noch darin. Entsetzt, ja angewidert verfolgte ich, wie aus dem Heilenlernen mehr und mehr ein schmutziges Geschäft geworden ist. Inzwischen wetteifern allein in Deutschland mehrere hundert Heilerschulen um Ausbildungswillige, die der Illusion erliegen, sie könnten sich für vier- bis fünfstellige Eurobeträge die Befähigung zum Heilen binnen weniger Wochen, manchmal an einem einzigen Wochenende erkaufen. Heilervereine füllen ihre Kassen, indem sie nach lächerlichen "Prüfungen" werbeträchtige Titel und Urkunden verkaufen ("geprüfter", "anerkannter", "lizenzierter" Heiler, "Meister", "Großmeister" u.a.), mit denen Hilfesuchende an der Nase herumgeführt werden. Wieviele Schulen sind ihr Geld wert? Wo finden verlässliche Prüfungen statt, ob angehende Heiler das Ausbildungsziel tatsächlich erreicht haben - und ob ihr Lehrer wirklich mehr kann als sie? Wer prüft die Prüfer?

Es waren vor allem drei Beweggründe, die mich in letzter Zeit zum Umdenken veranlasst haben. Zum einen führten mir die zahlreichen Studien, an denen ich teilnahm, eindrucksvoll vor Augen, dass es durchaus Möglichkeiten gibt, geistige Heilfähigkeiten zu überprüfen, und das auf wissenschaftlicher Grundlage. Könnten diese Verfahren nicht auch dazu eingesetzt werden, den Nutzen von Heilerausbildungen zu kontrollieren, Lernfortschritte bei Schülern zu verifizieren? Entsprechende Tests brauchen wir dringend - allerdings wissenschaftlich fundierte, und nicht ein Kasperltheater, wie es manche Heilerverbände veranstalten. Nur wer solche aus Forschungsergebnissen hergeleiteten Prüfungen besteht, sollte als Heiler zugelassen werden.

Zum zweiten begann ich bewusster als früher auf meinen gesamten bisherigen Lebensweg zurückzublicken - und ihn weiterzudenken. Wieviel ich auch erreicht habe: Würde ich das Geheimnis, wie ich es zustande brachte, eines Tages mit ins Grab nehmen müssen, ohne es je mit Anderen geteilt zu haben? Wäre es nicht großartig - und für mich persönlich zutiefst erfüllend -, wenn ich meine Fähigkeiten rechtzeitig an Nachfolger weitergeben könnte? Im Zusammenhang damit setzte ich mich - drittens - intensiver als je zuvor mit dem Vermächtnis meines Großvaters auseinander. Dass er im Heilen zeitlebens eine Gottesgabe sah, hatte ja keineswegs ausgeschlossen, dass er mich anleitete und förderte; und möglicherweise hätte mir all meine Begabung nichts genützt, wenn ich nicht in ihm ein großartiges Vorbild gefunden hätte, das zuließ, dass ich ihm nacheiferte, ihn beim Heilen begleitete und aus seiner Vorgehensweise lernte. Könnte ich für Andere nicht sein, was mein Großvater für mich war?

Und so entschloss ich mich Mitte 2006, eine eigene Heilerschule ins Leben zu rufen - keine Kopie bestehender Ausbildungsangebote, sondern etwas grundlegend Neues.

Oberstes Leitmotiv meines Konzepts ist meine feste Überzeugung, dass Geistiges Heilen nur auf dem langen, beschwerlichen Weg wissenschaftlicher Überprüfung und Bestätigung die verdiente öffentliche Anerkennung finden und in unser Gesundheitswesen einbezogen werden kann. Für den Erwerb dieser Fähigkeit gilt das nicht weniger als für ihre Ausübung. Und so gründete ich zunächst 2006 die "Internationale Akademie für Wissenschaftliche Geistheilung" (IAWG), deren Beirat mit international anerkannten Wissenschaftlern besetzt ist. Unter ihrem Dach, in Abstimmung mit dem Beirat und im Vertrauen auf seine Expertise, entwickelte ich ein Ausbildungsprogra,m, das auf dreifache Weise durch Forschung untermauert ist:

- Vermittelt werden Heilmethoden, deren verblüffende Wirksamkeit in wissenschaftlichen Studien mit mir wiederholt überprüft und bestätigt worden sind.

- Der Ausbildungserfolg wird im Schulungsverlauf wiederholt wissenschaftlich kontrolliert, mittels bioenergetischer Messungen, in Zusammenarbeit mit Forschungsinstituten im In- und Ausland.

- Wissenschaftler, die sich mit der Erforschung Geistigen Heilens international einen Namen gemacht haben, treten als Gastreferenten auf, halten Vorträge und Seminare ab.

Aus dieser betont wissenschaftlichen Ausrichtung meines Ausbildungsangebots ergibt sich ein weiterer gravierender Unterschied zu herkömmlichen Heilerschulen: Ob ein Kandidat sie erfolgreich durchläuft, hängt nicht in erster Linie von dem persönlichen Gutdünken des Lehrers, seinen Sympathien und Abneigungen ab, ebensowenig bloß von der Zahlungswilligkeit, dem Fleiß und Durchhaltevermögen des Schülers. Letztlich sind es wissenschaftliche Mess- und Testergebnisse, die maßgeblich darüber entscheiden. Und dieser objektive Maßstab verhindert, dass die Feststellung des Ausbildungserfolgs vornehmlich ein Akt subjektiver Willkür ist, der wohl dem Kontostand des Ausbilders nützt, aber kaum dem frischgekürten "Heiler", der ohne glaubhaften Befähigungsnachweis in einen ungewissen Praxisalltag entlassen würde. Ein verantwortungsbewusster Lehrer kann seinen Schülern keinen größeren Gefallen erweisen, als sie möglichst oft auf einen Prüfstand zu stellen, auf dem sie frühzeitig scheitern können - und daran merken, dass ihre wahre Berufung woanders liegt.

Näheres über Termine, Inhalte, Dauer und Kosten erfahren Sie beim

Sekretariat der "Internationalen Akademie für Wissenschaftliche Geistheilung" (IAWG), Königsteiner Str. 61 A, 65929 Frankfurt-Höchst, Tel. 0 69 - 30 41 77, Fax 308 71 65, eMail: iawgf@web.de, Internet: www.heilerschule-drossinakis.de www.drossinakis.de. Deshalb will ich hier nicht weiter ins Detail gehen, sondern Ihnen nur kurz die vier Hauptelemente meines Ausbildungskonzepts vorstellen:

1. Intensivkurse in Frankfurt am Main.

In regelmäßigen Abständen kommen die Kursteilnehmer in meinem «Institut für parapsychologische und suggestiologische Forschung» im Frankfurter Stadtteil Höchst zusammen. Im Vordergrund steht das intensive Einüben und Anwenden von Heilmethoden, deren spirituelle und wissenschaftliche Hintergründe ich eingehend erläutere und praktisch demonstriere. Namhafte Forscher und erfahrene Therapeuten treten als Gastdozenten auf.

2. Wissenschaftliche Kontrollen des Lernerfolgs

Die während der Ausbildung erworbenen Heilfähigkeiten werden durch bioenergetische Messungen überprüft und bestätigt. Die Messergebnisse werden von den beteiligten Forschungseinrichtungen in Gutachten bescheinigt.

3. Intensivwoche in Griechenland

Die Ausbildung schließt eine Intensivtrainingswoche auf einer zauberhaften griechischen Insel in der Ägäis ein. Großzügige Räumlichkeiten, inmitten einer phantastischen Naturlandschaft, schaffen einen wunderbaren Rahmen, um dem Geheimnis Geistigen Heilens näherzukommen. Die Kursteilnehmer wohnen in umliegenden Pensionen.

4. Fernbetreuung

Schon immer habe ich mich meinen Patienten auf einer geistigen Ebene verbunden gefühlt, auch wenn sie meine Praxis längst wieder verlassen haben; und stets hatte ich den Eindruck, dass meine Behandlungen nicht in dem Moment enden, in dem ich meine Hand zurückziehe - sondern weitergehen, wann immer ich mich geistig mit einem Patienten verbinde. Dass ich dabei keiner bloßen Einbildung erliege, gehört zu den spannendsten Erfahrungen, die ich in der Welt der Wissenschaft sammeln durfte. Wie eine Fülle von Studien, an denen ich beteiligt war, überzeugend belegt, ist Geistiges Heilen tatsächlich eine Therapie ohne Grenzen: Die räumliche Entfernung vom Behandelten spielt dabei keine Rolle. Wenn ich Patienten auf

Distanz energetisch beeinflussen kann - warum dann nicht auch meine Schüler? Deshalb "arbeite" ich mit ihnen auch dann intensiv, wenn sie nicht leibhaftig bei mir sind. Mehrmals pro Woche trete ich, zu verabredeten Zeitpunkten, mit jedem einzelnen von ihnen in mentale Verbindung, aktiviere telepathisch ihr unbewusstes Potential und "energetisiere" sie.

Nach erfolgreichem Abschluss der Ausbildung erhalten meine Schüler von der Akademie eine Urkunde, die sie dazu berechtigen, künftig den Titel "Geprüfter Heiler IAWG" zu führen. Damit erwerben sie ein Gütesiegel, an dem Hilfesuchende erkennen sollen: Hier hat jemand tatsächlich unter Beweis gestellt, dass er kann, was sein Name verspricht.

In einer der frühesten Erinnerungen, die ich mir aus meiner Kindheit bewahrt habe, sitze ich an einem lauen Sommerabend neben meinem Großvater in einem Olivenhain über Chalkida. Vor uns überzieht die untergehende Sonne das ägäische Meer mit einem silbernen Schimmer, während sie am Horizont als oranger Feuerball langsam verschwindet. Seltsam still ist es um uns herum: Das ewige Geräusch der Brandung verweht ein sanfter Nordwind, ehe es zu uns dringen kann; der Lärm von Fabriken, aber auch von Autos und Motorrädern, von kreischenden Kindern und kläffenden Hunden ist schlagartig verstummt, erstickt wie von Zauberhand. Die Zikaden haben ihr Nachtkonzert noch nicht begonnen. Unheimlich still ist es. Totenstill. "Warum müssen wir alle sterben?", frage ich unvermitelt.

Nie habe ich erlebt, dass meinen Großvater eine Frage unvorbereitet traf, und auch diesmal ist es nicht anders. Er lächelt sanft, dann fährt er mir mit seiner Rechten zärtlich durchs Haar.

"Das tun wir doch gar nicht", antwortet er mir. "Was eines Tages sterben wird, ist der unwichtigere Teil von uns. Das, was uns ausmacht, lebt weiter."

"Aber wo denn, Großvater?"

"Ein Teil von uns wird an einem Ort sein, den nur Gott kennt. Ein anderer Teil bleibt in den Herzen aller, die fortsetzen, was wir begonnen haben."

Das ist es, was mein besonderes Verhältnis zu jedem einzelnen meiner Schüler ausmacht: Sie werden lebendig halten, was mir auf meinem sonderbaren Weg voller Wunder am allerwichtigsten gewesen ist.

Im Laufe von drei Jahrzehnten hat Christos Drossinakis Zehntausenden von Patienten helfen können, bei denen alle Hoffnung vergeblich schien - den "Behandlungsresistenten", den "Austherapierten" unseres Medizinbetriebs. In Dutzenden von Tests bescheinigten ihm Ärzte Erfolgsquoten von mindestens 50, zumeist 70 bis 80, vereinzelt sogar von 100 Prozent - bei Leidenden wohlgemerkt, bei denen herkömmliche Behandlungsversuche versagt hatten.

"Wie machen Sie das?", wird er immer wieder staunend gefragt. Seine Antwort ist stets die gleiche: "Ich 'mache' überhaupt nichts. 'Es' wirkt durch mich. Ich bin nichts weiter als ein Werkzeug, dessen sich eine göttliche Kraft bedient. Diese Kraft zu begreifen, überfordert unseren Verstand vielleicht für immer. Aber müssen wir sie überhaupt begreifen? Sie wirkt, und diese Effekte sind beobachtbar, messbar, fühlbar. Genügt das nicht?"

Diese Broschüre verschafft einen kompakten Überblick über Drossinakis´ sensationelle Ergebnisse bei wissenschaftlichen Tests. Darüber hinaus stellt sie die überzeugendsten Behandlungserfolge aus seiner 30jährigen Praxis vor..

3. erw. Aufl. 2007, 64 Seiten, A 4, durchgehend vierfarbig
10 EUR / 20 CHF (incl. Versandkosten).

Zu bestellen bei:

Christos Drossinakis
Königsteiner Str. 61 A, D - 65929 Frankfurt-Höchst
Tel. 0 69 - 30 41 77, Fax 308 71 65
eMail: IAWGF@web.de

Immer noch gilt Geistiges Heilen weithin als Hokuspokus, auf den nur verzweifelte Kranke hereinfallen können, die in ihrer Not nach jedem Strohhalm greifen. Immer noch behaupten Kritiker, Geistigem Heilen fehle jegliche wissenschaftliche Grundlage, es wirke bestenfalls als Placebo, sei pure Scharlatanerie.

Dieses Vorurteil zu widerlegen, bemüht sich Christos Drossinakis seit nunmehr zwölf Jahren. In dieser Zeit hat der berühmte Heiler aus Griechenland, der seit 1969 in Frankfurt am Main lebt und praktiziert, an über 70 wissenschaftlichen Studien teilgenommen. Von Medizinern, Biologen und Psychologen, von Physikern und Chemikern ließ er sich auf die Probe stellen. In fast allen Untersuchungen bestätigte sich: Von herausragenden Heilern wie ihm geht eine Kraft aus, deren physikalische Natur noch weitgehend im Dunkeln liegt - deren Wirkungen sich aber zweifellos messen lassen, an den unterschiedlichsten Objekten, mit den unterschiedlichsten Methoden und Apparaturen.

Inzwischen gilt Christos Drossinakis als meistgetesteter Heiler der Welt. Kein anderer ist häufiger und intensiver von Ärzten und Wissenschaftlern beobachtet und geprüft worden. Dieses Buch macht die sensationellen Forschungen mit Christos Drossinakis erstmals öffentlich. Ohne Zweifel werden sie eines Tages als Meilensteine auf dem Weg zur wissenschaftlichen Ergründung des Phänomens "Geistiges Heilen" gewürdigt werden.

25 EUR / 40 CHF (incl. Versandkosten).

Zu bestellen bei:

Christos Drossinakis
Königsteiner Str. 61 A, D - 65929 Frankfurt-Höchst
Tel. 0 69 - 30 41 77, Fax 308 71 65
eMail: IAWGF@web.de

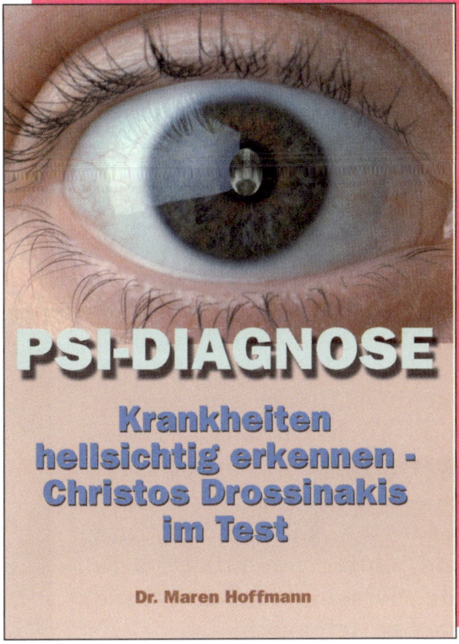

Können Heiler hellsichtig Krankheiten erkennen? Dreimal stand Christos Drossinakis im Mittelpunkt öffentlicher Tests, die dieser Frage nachgingen. Bei den "Weltkongressen für Geistiges Heilen" 2003, 2004 und 2006 in Basel versuchte er unter ärztlicher Aufsicht, versteckte Leiden von Patienten zu diagnostizieren, denen er nie zuvor begegnet war. Lediglich Fotos lagen ihm vor. Über 70 weitere Heiler nahmen ebenfalls an den drei Versuchen teil.

Doch nur Drossinakis gelang es, in jedem Fall die vorliegenden Krankheiten zu kennzeichnen: klar, präzise, fehlerfrei. Darüber hinaus beschrieb er ihre Entstehungsgeschichte sowie Stationen des Lebenswegs der Patienten in verblüffenden Einzelheiten - und stellte ihnen Prognosen, die sich bewahrheiteten. Anwesende Ärzte und Wissenschaftler zollten ihm dafür uneingeschränkte Anerkennung, die Fachpresse sprach von einer "Weltsensation".

Dieses Buch dokumentiert erstmals die überragende Leistung, die Christos Drossinakis erbracht hat. Im Detail belegt es, mit welcher Genauigkeit er Diagnosen stellen kann - auch unter medizinischer Kontrolle. Es verdeutlicht die Risiken, die er dabei einging, und untermauert seine Ausnahmestellung als herausragender Heiler unserer Zeit.

2. erw. Aufl. 2007, 132 Seiten, mit zahlreichen Abb. (teilweise 4farbig)
20 EUR / 35 CHF (incl. Versand)

Zu bestellen bei:

Christos Drossinakis
Königsteiner Str. 61 A, D - 65929 Frankfurt-Höchst
Tel. 0 69 - 30 41 77, Fax 308 71 65
eMail: IAWGF@web.de

Für seine herausragenden Leistungen als Geistheiler ist Christos Drossinakis viel Lob und Anerkennung zuteil geworden - durch Ärzte, durch Wissenschaftler verschiedener Fachrichtungen, durch Presse, Funk und Fernsehen.

Aber "je höher du steigst, desto stärker ist der Wind, der dir entgegenbläst", sagt ein Sprichwort. Auch Christos Drossinakis ist diese Erfahrung nicht erspart geblieben. Wiederholt wurde er Zielscheibe von Neid, Opfer von übler Nachrede. Seinem Ansehen wurde dabei gezielt geschadet.

In diesem Buch stellt er Tatsachen gegen Verleumdungen: Sachlich schildert er drei besonders bestürzende Fälle, in denen ihn Journalisten kaltblütig an den Pranger gestellt haben - in der durchsichtigen Absicht, Auflagen und Einschaltquoten zu erhöhen. Punkt für Punkt weist Drossinakis nach, welches Schindluder dabei mit ihm getrieben, auf welch schamlose Weise er, aber auch Leser und Zuschauer hintergangen worden sind - letztlich auf Kosten von Hilfesuchenden, deren Vertrauen in Geistheiler wie ihn zerstört wurde.

Dabei ist dieses Buch weit mehr als bloß eine persönliche Abrechnung mit Schreibtischtätern. Es enthüllt Machenschaften, die überhaupt bezeichnend für das heutige Mediengeschäft sind - für einen zunehmend gewissenloseren, von journalistischer Standesethik immer weiter entfernten Umgang mit der Wahrheit.

15 EUR / 25 CHF (incl. Versandkosten).

Zu bestellen bei:

Christos Drossinakis
Königsteiner Str. 61 A, D - 65929 Frankfurt-Höchst
Tel. 0 69 - 30 41 77, Fax 308 71 65, eMail: IAWGF@web.de